질적 연구의 자료 분석

Graham R. Gibbs 저
김종훈 · 조현희 · 엄수정 역

ANALYZING QUALITATIVE DATA

SAGE
박영story

Editorial Introduction

Uwe Flick

SAGE 출판사의 질적 연구 시리즈

질적 연구는 최근 다양한 분야와 맥락에 걸친 연구 방법으로 자리매김하면서 전례 없이 성장하고 다변화되어 왔다. 점점 더 많은 학생, 교사, 실천가들이 일반적으로 또는 개인적인 구체적 목적에 따라 질적 연구 수행 방법에 대한 질문과 문제에 봉착하고 있다. 이번 SAGE에서 출판한 질적 연구 시리즈는 이러한 질문에 응답하기 위해, 그리고 구체적인 실천 방법 수준에서의 문제들을 해결하는 데 도움을 주기 위한 목적을 가지고 있다.

SAGE 질적 연구 시리즈를 구성하는 책들은 모두 우리가 실제로 질적 연구를 수행할 때 제기되는 핵심적인 이슈를 다루고 있다. 각각의 책은 질적인 접근 방법으로 사회의 현상을 연구하는 데에 활용되는 핵심적인 방법(예를 들면, 면담 방법이나 포커스 그룹 연구)이나 자료(예를 들면, 시각 자료나 담화)에 초점을 두고 있다. 또한, 이 시리즈는 매우 다양한 유형의 독자들의 필요를 염두에 두고 제작되었다. 따라서 이 시리즈와 각각의 책은 다음과 같은 사용자들에게 도움이 될 것이다.

- 다음 분야의 질적 연구자: 사회과학, 의학, 마케팅, 평가, 조직 연구, 경영과 관리, 인지 과학 등. 질적 연구 방법을 활용하여 구체적

인 연구를 계획하고 수행하는 과정에서 여러 문제를 마주하게 될 때 참고할 수 있음

- 위 분야에서 질적 연구를 수행하는 대학의 연구자와 교·강사: 이 시리즈를 수업에서 교재로 활용할 수 있음
- 학부생 및 대학원생: 사회과학, 간호학, 교육학, 심리학, 그리고 질적 연구 방법이 활용되는 대학 교육에서, 특히 실제적인 활용(예를 들어, 논문 작성)에 도움이 됨

SAGE 질적 연구 시리즈 저술에는 각자의 분야에서 질적 연구 방법에 따라 연구와 실천을 수행해 온 우수한 저자들이 참여했다. 이 시리즈의 처음부터 끝까지 읽어가다 보면 여러분들은 연구 윤리, 연구의 설계, 질적인 수준에 대한 평가와 같이 시리즈를 관통하는 몇 가지 중요한 주제를 반복해서 만나게 될 것이다. 그러나 각각의 책에서 이런 주제들은 저자들이 취하는 구체적인 방법론으로서의 관점과 접근 방법에 따라 소개되어 있다. 그러므로 여러분은 같은 이슈라고 하더라도 서로 다른 접근, 질적 연구에 있어서 자료를 어떻게 분석할 것인가에 대한 서로 다른 제안을 발견하게 될 것이며, 이를 통해 전체적으로 큰 그림을 조망하게 될 것이다.

질적 연구란 무엇인가?

질적 연구가 무엇인지 대다수의 질적 연구자들이 받아들일 만한 합의된 정의를 찾기란 갈수록 쉽지 않다. 질적 연구는 더 이상 "양적 연구가 아닌 연구 방법"이 아니며, 그 자체로 연구 방법론으로서의 정체성(또는 아마도 복합적인 정체성들)을 발전시켜 나아가고 있다.

이렇듯 질적 연구는 다양한 측면을 가지고 있지만, 몇 가지 공통적인

특성도 발견된다. 질적 연구는 이 세계를 실험실과 같이 특정한 연구 상황을 의도적으로 조성하지 않고 "거기 그렇게 있는"(out there) 대상으로 접근하여, 다음과 같은 여러 방법에 따라 사회 현상을 "그 내부로부터"(from the inside) 이해하고, 기술하며, 때로는 설명하려는 연구 방법이다.

- 개인 또는 집단의 경험을 분석함으로써. 경험이란 개인의 자서전적 삶의 자취 또는 일상적이거나 전문적인 실천과 연결될 수 있다. 경험은 일상적인 지식, 설명, 이야기들을 분석함으로써 드러난다.
- 상호작용과 의사소통을 분석함으로써. 이는 상호작용과 의사소통의 과정을 관찰하고 기록하며, 그 가운데 수집된 자료들을 분석함으로써 가능하다.
- 문서 자료(텍스트, 이미지, 영상이나 음악을 포함한) 또는 그와 유사한 경험이나 상호작용의 흔적을 분석함으로써.

이와 같은 방법들의 공통점은 사람들이 그들을 둘러싼 세계를 구성하는 방식, 그들의 행위, 그리고 그들에게 벌어지는 다양한 일들로부터 나름의 의미와 통찰을 찾아내고자 한다는 것이다. 따라서 질적 연구에서 상호작용과 문서 자료는 사회적 과정과 인공물을 협력적인 방법으로 (또는 상호 충돌하는 방식으로) 구성하는 수단이 된다. 이 모든 접근 방법은 연구자들이 사회적이고 때로는 심리학적인 이슈를 설명하고 기술하는 가운데 모델, 유형, 이론들을 개발하도록 하는 다양한 질적 연구 방법들을 통해 의미를 재구성하고 분석하는 방식을 보여준다.

질적 연구를 어떻게 수행할 것인가?

질적 연구에 대한 다양한 이론적, 인식론적, 방법론적 접근이 존재하며, 이와 관련하여 논의 중인 쟁점 또한 많은 상황에서 질적 연구를 수행하는 공통의 방법이 무엇인지를 설명할 수 있을까? 아마도 질적 연구가 어떻게 이루어지는지 몇 가지 공통적인 특징을 말할 수 있을 것이다.

- 질적 연구자는 자연적인 맥락으로부터 나오는 경험, 상호작용, 문서를 다루는 일에, 그리고 이들의 특별함과 연구의 대상에 공간을 부여하는 방식에 관심을 둔다.
- 질적 연구는 연구 대상에 대해 잘 정의된 개념을 설정하고 이를 검증하기 위해 연구에 앞서 가설을 공식적으로 설정하는 일을 경계한다. 오히려 연구의 과정 중 개념(또는 가설이 사용되는 경우)이 개발되고 정련된다.
- 질적 연구는 방법과 이론이 연구 대상에 적합해야 한다는 생각에서 출발한다. 기존의 방법이 구체적인 문제나 분야에 맞지 않으면 수정하거나 새로운 방법 또는 접근 방식을 개발한다.
- 연구자 자신은 연구자로서의 개인적 존재 측면에서 또는 연구 중인 분야의 구성원과 마찬가지로 현장에서의 경험과 역할에 대한 성찰의 측면에서 연구 과정의 중요한 부분이다.
- 질적 연구는 연구 중인 문제를 이해하기 위해 맥락과 사례를 진지하게 받아들인다. 많은 질적 연구는 사례 연구 또는 일련의 사례 연구를 기반으로 하며 종종 사례(그것의 역사와 복잡성) 자체가 연구 대상을 이해하는 데 중요한 맥락이 된다.
- 질적 연구는 현장 노트와 전사 자료에서 설명과 해석, 그리고 마지막으로 연구 결과와 전체 연구의 발표에 이르기까지 텍스트(글)를

기반으로 한다. 따라서 복잡한 사회적 상황(또는 이미지와 같은 기타 자료)을 텍스트로 변환하는 문제(일반적으로 전사 및 글쓰기)는 질적 연구의 주요 관심사이다.

- 방법이 연구에 적합하다고 판단되면 질적 연구의 질을 정의하고 평가하는 접근 방식은 질적 연구와 심지어 질적 연구의 특정한 접근 방식에 적합한 특정 방식으로 논의되어야 한다.

SAGE 질적 연구 시리즈의 범위

『질적 연구 설계하기』(Uwe Flick)는 질적 연구를 활용하여 구체적인 연구를 계획하고 설계하는 방법의 관점에서 질적 연구에 대해 간략하게 소개한다. 방법 문제와 연구 과정에서 이러한 과제를 해결하는 방법에 중점을 두어 SAGE 질적 연구 시리즈의 나머지 책에 대한 기본적인 틀을 제공하는 것이다. 이 책은 질적 연구에서 연구 설계를 어떻게 구성할지의 문제를 다룬다. 그것은 연구 프로젝트를 수행하는 데 있어 걸림돌이 무엇인지 설명하고 질적 연구의 자원이 무엇인지 등 실용적인 문제뿐만 아니라 질적 연구의 질적인 수준 및 연구 윤리와 같은 방법론적 문제도 다루고 있다. 각각의 내용은 시리즈의 다른 책에서 자세히 다루고 있다.

시리즈의 다음 세 권의 책은 질적 연구에서 데이터를 수집하고 생산하는 문제를 다룬다. 저자들은 이 세 권의 책에서 구체적인 주제를 선택하여 특정 방법에 대해 매우 자세하고 집중적인 방법으로 접근한다. 첫째, 『인터뷰 수행하기』(Svend Brinkmann & Steinar Kvale)는 특정 주제 또는 삶의 역사에 대해 사람들을 인터뷰하는 이론적, 인식론적, 윤리적, 실천적 문제를 다룬다. 『민속지학 연구 수행하기』(Amanda Coffey)는 질적 데이터를 수집하고 생성하는 두 번째 주요 접근 방식에 중점을 둔다. 여기서 다시 실용적인 문제(예: 연구 장소 선택하기, 민속지학에서 데이터 수집 방법, 특정 분석 방법)는 보다 일반적인 문제(접근 방식으로서의 민속지학의 윤리, 재현, 연구의 질과 적절성)의 맥락에서 논의된다. 『초점 집단 연구 수행하기』(Rosaline Barbour)에서는 데이터를 생성하는 가장 중요한 질적 연구 방법 중 세 번째 방법을 제시한다. 여기서 저자는 데이터 샘플링, 연구 설계 및 분석의 방법, 초점 집단에서 데이터를 수집하는 방법에 중점을 둔다.

다음 세 권의 책은 특정 유형의 질적 데이터 분석을 다룬다. 『질적 연구에서 시각 자료의 사용』(Marcus Banks)은 세 번째 유형의 질적 자료(인터뷰, 초점 집단 및 참여관찰로부터 수집된 구술 자료를 넘는)로 확장한다. 시각 데이터의 활용은 사회학 연구 전반의 주요 트렌드가 되었을 뿐 아니라, 이를 활용하고 분석하는 과정에서 연구자들이 직면하는 새로운 실천적 문제와 윤리적 문제를 낳고 있다. 『질적 연구의 자료 분석』(Graham R. Gibbs)에서는 모든 유형의 질적 데이터를 이해하기 위한 몇 가지 실용적인 접근 방식과 문제를 다룬다. 이 책은 코딩, 비교, 컴퓨터 지원 질적 자료 분석에 특별히 주목하고, 인터뷰나 초점 집단 또는 전기와 같은 구술 자료에 집중한다. 『대화 분석, 담론 분석, 문서 분석 수행하기』(Tim Rapley)는 이러한 초점을 담론 분석과 관련된 다양한 유형의 데이터로 확장한다. 여기서는 기존의 자료 유형(예: 문서)과 일상적인 대화를 녹음하되, 담론의 흔적을 찾는 데 중점을 둔다. 자료 저장 공간의 생성, 영상 자료 전사 및 이러한 유형의 데이터로 담론을 분석하는 방법 등의 실천적인 문제를 다루고 있다.

마지막 세 권은 특정 형태의 데이터나 단일 방법을 넘어 보다 광범위한 접근 방식을 다룬다. 『근거 이론 연구 수행하기』(Uwe Flick)는 질적 연구의 통합 연구 프로그램에 중점을 둔다. 『삼각검증 및 혼합 연구 방법 수행하기』(Uwe Flick)는 질적 연구 또는 양적 방법과 함께 여러 접근 방식의 혼합 문제를 다룬다. 『질적 연구의 질 관리』(Uwe Flick)는 시리즈의 다른 책에서 간략하게 언급된 질적 연구의 질적 수준이라는 문제를 보다 일반적으로 다루고 있다. 여기에서 질은 기존의 기준을 사용 또는 재구성하거나, 질적 연구를 위한 새로운 기준이 무엇인지를 정의하는 방식으로 접근된다. 이 책은 질적 연구 방법론에서 '질'과 타당성을 무엇으로 정의할 것인가에 대한 현재진행형인 논쟁을 검토하고, 질적 연구에서 질적인 수준을 증진하고 관리하기 위한 여러 전략을 제시한다.

책의 본격적인 내용으로 들어가기에 앞서 나는 질적 연구 시리즈를 펴내는 데에 중요한 역할을 한 SAGE 관계자들에 감사의 인사를 전하고 싶다. 일전에 Michael Carmichael이 이 프로젝트를 제안하였고 이로써 시리즈가 시작될 수 있었다. Patrick Brindle, Katie Metzler, Mila Steele이 뒤이어 지원하였고, Victoria Nicholas와 John Nightingale이 저자들의 원고로 책을 제작하는 일에 함께했다.

이 책에 관해

Uwe Flick

경우에 따라 질적 데이터 분석은 일반적으로 질적 연구의 핵심으로 받아들여지지만 데이터 수집은 이를 위한 예비 단계라고 할 수 있다. 질적 연구에서 데이터를 분석하는 다양한 접근 방식이 있으며, 그중 일부는 일반적인 반면 다른 방법은 특정 유형의 데이터에 대해 구체적이다. 그것들은 모두 텍스트 분석을 기반으로 한다는 공통점이 있기 때문에 질적 연구의 모든 종류의 자료는 텍스트 형태로 분석할 수 있도록 준비해야 한다. 어떤 경우에는 텍스트의 내부 구조(예: 내러티브)가 다른 경우(예: 반구조화된 면담)보다 분석에 있어 더 중요하다. 그리고 어떤 경우에는 내용이 분석의 중심에 있기도 하고(때로는 배타적으로), 다른 경우에는 텍스트의 상호작용도 관련이 있으며(초점 집단에서), 분석의 중심적인 초점(대화 분석에서와 같이)이 중요하다.

이 책은 질적 데이터를 분석하기 위한 기본적인 분석 전략에 대해 자세히 다루고 있다. ① 코딩과 분류, ② 내러티브와 전기, ③ 컴퓨터를 활용한 분석이 이 책의 주제에 해당된다. 데이터 분석과 관련된 비교 분석과 질 관리, 윤리 문제에도 상당한 관심을 기울이고 있다. 보다 실천적인 수준에서 질적 데이터 분석을 위한 세 가지 주요 소프트웨어 프로그램(ATLAS.ti, MAXQDA, NVivo)을 비교해 가며 어떻게 사용할지를 다루고, 이를 통해 수행할 수 있는 작업이 무엇인지와 이러한 프로그램이 분석에 어떤 영향을 미치는지를 살핀다.

2쇄를 펴내며 책의 참고문헌과 소프트웨어 사례 화면이 수정·보완되었다. 담론과 내러티브 연구에 질적 분석을 적용하는 방법 등에서 분석을 위해 데이터를 어떻게 준비할 것인가에 대한 논의가 추가되었다. 2쇄에서는 비교 분석에 대한 논의도 확장되었다.

이러한 초점을 가진 이 책은 무엇보다도 어떤 사람의 진술과 이야기 같은 구술 데이터를 질적으로 분석하기 위한 기초를 제공한다. SAGE 질적 연구 시리즈의 관점에서 보면 이 책 내용의 일부는 대화 분석을 설명하는 Rapley(2018)의 책과 시각 자료 분석을 소개한 Banks(2018)의 책에서 더 자세히 다루어진다. 또한, Coffey(2018)의 민속지학, Brinkmann과 Kvale(2019)의 면담, Barbour(2019)의 초점 집단 연구에 대한 책 내용의 주제들이 이 책에 간략하게 소개되고 있다. 마지막으로, Flick(2018d)의 근거 이론에 관한 최근의 저서도 이 책에서 다룬 일부 내용을 구체적으로 다룬다.

SAGE 질적 연구 시리즈의 다른 책에서 다루지 않았지만 이 책이 구체적으로 소개하는 주제는 질적 연구에서 컴퓨터를 활용하는 방법과 데이터를 생성하는 맥락에서 쓰기(현장 노트, 메모, 연구 일지 쓰기 등)에 많은 관심을 기울인다는 점이다. 또한, 구술 데이터의 전사 방법에 대해서도 유용한 제안을 하고 있다. 연구 윤리와 질적 분석의 질 관리에 대한 내용은 연구 절차의 질 관리 설계에 관한 Flick(2018b, 2018c)의 책에 소개되어 있다. 2쇄에서 이 책은 전체 내용이 개선·확장되어 SAGE 질적 연구 시리즈의 최근 출판물과도 연결된다.

역자 서문

최근 사회과학 연구 분야에서 질적 연구 방법의 위상은 날로 높아지고 있다. 학위논문과 학술논문에서 다양한 질적 연구 방법에 의해 이루어진 연구물을 찾는 것은 이제 어렵지 않다. 그만큼 질적 연구 방법은 교육학을 포함한 사회과학 연구자들에 의해 널리 활용되고 있다. 그러나 한 번이라도 질적 연구를 경험해 본 사람이라면 자료를 수집하고 분석하는 일이 결코 녹록지 않다는 사실을 깨닫게 된다. 면담에 참여한 사람의 말을 녹음하여 전사하거나, 연구 현장에서 일어난 상황을 면밀히 관찰하고 기록한다고 해서 모두 높은 수준의 연구로 귀결되는 것은 아니다. 수집된 자료를 잘 분석하여 제대로 해석해 내는 일은 생각보다 많은 시간과 경험을 필요로 한다. 그러하기에 질적 연구에 아직 익숙하지 않은 연구자라면 누구나 도움이 될 만한 방법론 책을 찾기 마련이다.

이 책은 SAGE 출판사에서 기획한 질적 연구 방법론 시리즈(총 10권) 중에서 Graham R. Gibbs가 저술한 『Analyzing Qualitative Data』의 번역서이다. 시리즈 전체의 여섯 번째에 해당하는 이 책을 먼저 번역한 이유는 질적 연구를 수행함에 있어 자료를 분석하는 일이 그만큼 중요한 의미를 가지고 있기 때문이다. 질적 연구 방법을 소개한 기존의 저서들을 살펴보면 '질적 연구는 이러해야 한다'는 당위적인 설명이나, 반대로 '이것은 질적 연구가 아니다'라는 내용은 많이 있지만 구체적으로 어떤 방법과 절차에 따라 연구를 수행해야 하는지에 관한 안내서는 충분하지 않다. 물론, 질적 연구의 본질적인 특성상 정해진 단계와 엄격한 절차를 제시하는 일은 가능하지도, 질적 연구의 성격에도 부합하지도 않다. 질적 연구 경험이 많지 않은 연구자들이 어려움을 겪는 이유가 바로 여기에 있다. 그러나 이 책은 질적 연구 본연의 특성을 잃지 않으면서도 기존의 질적 연구에 관한 저작에 비해 훨씬 더 상세하고 구체적인 방법을 제시한다는 점에서 유용하다. 이 점에서 이 책은 연구자들의 수고와 고충을 더는 데에 적지 않은 도움이 될 것이다.

질적 연구는 사람과 세상, 사건과 현상을 질적인 눈으로 바라보고 이해하는 일이다. 따라서 질적 연구는 어떤 이에게 일어난 일의 의미를 깊이 있게 들여다보고, 일어난 일의 이면에서 작동하는 원리를 포착하는 일에 관심을 둔다. 엘리엇 아이즈너(Elliot Eisner)가 말하듯 세밀한 차이를 감별해 내는 눈, 즉 교육적 감식안(educational connoisseurship)으로 사람과 세상을 바라보고 이해하는 일은 책과 글을 통해서만 이루어질 수 없다. 따라서 나와 타인, 우리를 둘러싼 세계의 얼굴 이면에 감추어진 의미를 발견하여 겉으로 드러내 보이고자 하는 연구자들이라면 사람들을 만나 그들의 세상 속으로 걸어 들어가는 일을 주저하지 않아야 한다.

이 책은 질적 연구자들의 그 길에 동행이 되어준다. 이 책이 포함된 시리즈 전체의 제목인 '질적 연구 키트'(qualitative research kit)에서 알 수 있듯이 책의 내용이 질적 연구를 수행하는 모든 과정을 다 이야기하고 있지는 않지만 연구자가 필요로 할 때 언제든지 꺼내어 쓸 수 있는 도구상자와 같은 역할을 한다. 따라서 이 책은 질적 연구를 수행하는 연구자들, 특히 석·박사 학위 논문을 준비하고 있거나, 질적 연구 방법을 통해 전공 분야의 연구를 수행하려는 연구자들이 필요에 따라 언제든지 연장을 꺼내어 쓸 수 있는 유용한 도구상자가 될 것이다.

역자들은 모두 교육학(교육과정)을 전공한 연구자들로 교육과정 연구뿐만 아니라 교사교육과 다문화교육 등의 분야에서 질적 연구와 관련된 풍부한 경험을 가지고 있다. 이런 공통분모를 바탕으로 역자들은 여러 공동연구를 함께 하며 서로에 대한 지지와 건강한 비판을 이어 왔으며, 그 협업의 결과 중 하나로 이 책을 세상에 내놓게 되었다. 무릇 학문의 길은 외롭고 고되지만 그 길을 함께 걸을 수 있는 동료 학자들이 있다는 것은 서로에게 큰 기쁨이 아닐 수 없다.

책이 세상에 나오기까지 수고를 아끼지 않으신 분들께 감사의 인사를 드린다. 각자, 때로는 함께 질적 연구를 수행하는 가운데 만났던, 자신의 삶의 내러티브를 아낌없이 나누어준 연구 참여자들은 우리에게 '질적 연구자'라는 이름을 부여한 존재들이기에 특별한 감사의 마음을 전한다. 또한, 박영스토리 관계자들께서 계시지 않았다면 이 일이 가능하지 않았음을 역자들 모두 잘 알고 있다. 지면을 빌려 감사의 인사를 드린다. 다시 한번 우리의 번역 작업이 질적 연구를 수행하는 많은 이들에게 조금이나마 도움이 되기를 바란다.

2022년 6월 역자 일동

차 례

제1장

질적 분석의 본질

분석
질적 데이터
질적 분석의 실제
방법론
질적 분석의 목적
연구 윤리

제1장

질적 분석의 본질

• 이 장의 목적 •

- 질적 분석의 고유한 특징이 있다는 점, 동시에 질적 연구자들 사이에 종종 의견의 불일치가 있다는 점을 이해한다.
- 질적 연구의 서로 다른 접근 방법이 있음을 안다.
- 분석을 수행하고, 질적 '영역'의 범위를 파악하며, 질적 분석 연구자가 채택하는 몇 가지 특정 스타일과 접근 방식을 이해한다.

분석

분석은 일종의 변형 과정이다. 질적 데이터의 일부(또는 방대한)를 수집하는 것으로 시작하여 분석적 절차를 거치게 되면 데이터는 명확하고 이해하기 쉬우며 통찰력 있고 신뢰할 수 있는 독창적인 방식으로 처리된다. 이러한 변형의 과정에 대한 의견은 분분하다. 어떤 연구자는 일반적으로 이러한 절차를 활용하여 분석의 아이디어를 생성하는 방법에 대한 일부 논의와 함께 질적 데이터를 분류하고, 수합하며, 색인을 만들고 처리하는, '연구실'에서 이루어지는 분석 과정에 초점을 둔다(Maykut and Morehouse, 2001; Miles et al., 2013; Spencer et al., 2014). 이들이 말하는 분석 절차는 질적 연구, 인터뷰 녹취록(Brinkmann and Kvale, 2018 참조), **현장 노트**(Coffey, 2018 참조), 문서 수집, 음성 녹음 및 영상 녹화(Rapley, 2018 참조) 등을 통해 생성되는 엄청난 양의 데이터를 다루도록 설계되었다. 이렇게 모든 데이터를 분류하고, 검색하는 동시에 해당 데이터에 기반을 둔 일관되고 통찰력 있는 분석을 실시하는 것, 즉 데이터에서 의미 있는 근거를 찾는 일은 결코 쉽지 않다. 분석을 위해서는 데이터를 잘 조직하고 구조화된 방식으로 접근하는 일이 필요하다. 이로 인해 최근에는 컴퓨터 지원 질적 데이터 분석 시스템인 CAQDAS가 인기를 얻고 있다. 소프트웨어가 연구자를 대신해서 분석을 하는 것은 아니지만 '연구실'에서 이루어지는 절차에는 적지 않은 도움이 되기도 한다.

또 다른 연구자들은 분석이 해석과 다시 말하기를 포함하며, 상상적이고 사변적인 특징을 가지고 있다고 주장한다(Denzin, 1997; Giorgi and Giorgi, 2003; Mishler, 1986; Riessman, 1993). 여기에는 대화와 **담론 분석**(Rapley, 2018 참조), 일부 유형의 현상학, 자서전적 및 **내러티브** 접근, 최근에는 민속지학적 방법(Coffey, 2018 참조)을 포함한 다양한 접근 방식이 포함된다. 이러한 접근 방식은 질적 데이터가 의미 있으며, 분석의 과정에서 해석 또한 필요하다는 생각을 강조한다. 사람들이 말하는 주제의 범위를 드러내는 것뿐만 아니라, 대화를 구성하고 형성하는 방식을 인식하고 분석하는 것이다. 이와 같은 의사소통 방식은 그들의 행위를 구성하고 형성한다.

질적 데이터 분석을 연구하는 대부분의 학자들은 분석이 데이터 처리와 해석이라는 분석의 두 측면 모두를 포함한다고 본다. 때로는 동시에 사용되기도 하고 '연구실' 절차에서 시작하여 해석적 분석과 결론을 도출하기 전 단계인 데이터 요약 또는 표기 단계로 이동하는 과정을 분석이라고도 한다.

질적 데이터

앞서 언급한 바와 같이 질적 데이터는 본질적으로 의미 있지만 이를 제외한다면 매우 다양하다는 특징이 있다. 질적 데이터에는 개수와 측정값을 제외한 거의 모든 형태의 인간 상호작용 행위(기록, 음성, 또는 시각), 상징적 또는 문화적 인공물이 포함된다. 질적 데이터로는 다음과 같은 것들이 있다.

- 개인 및 초점 집단을 대상으로 하는 면담 및 면담 전사 자료
- 민속지학적 참여 관찰
- 이메일
- 웹 페이지
- 광고물(인쇄물, 영화, 또는 TV에서의)
- TV 방송 녹화 영상
- 영상 일기
- 면담 및 초점 집단 촬영 영상
- 실험실에서 이루어지는 일에 대한 영상 녹화
- 어떤 기관의 회의 기록 또는 다른 형태의 문서
- 책과 잡지 등의 다양한 문서
- 일기
- 온라인 토론에서의 집단 대화
- 사회관계망 서비스의 게시글
- 온라인 뉴스 모음
- 영화
- 집에서 촬영한 일상적인 영상

분석에 사용되는 질적 데이터의 가장 일반적인 형태는 **텍스트**이다. 텍스트는 면담 **전사본**이거나 민속지학적 작업 또는 또 다른 유형의 문서인 **현장 노트** 등을 포함한다. 대부분의 음성 및 영상 데이터는 분석을 위해 텍스트로 전환된다. 그 이유는 텍스트가 앞서 말한 '연구실' 기법을 활용하여 처리하기에 용이한 형식이기 때문이다. 그러나 디지털 음성 및 영상 녹음의 발전과 이를 분류, 색인화, 검색하는 소프트웨어의 등장으로 인해 앞으로는 전사의 필요성과 욕구가 감소할지도 모른다. 또한 영상 데이터를 사용하게 되면 대화를 전사할 때 종종 손실되고 마는 데이터의 시각적 측면도 보존할 수 있다. 그럼에도 불구하고, 질적 데이터를 유창하고 신속하며 정확하게 검토할 때, 대부분의 경우 여전히 텍스트 형태의 데이터가 가장 다루기 쉽다.

질적 분석의 실제

질적 분석에는 두 가지 활동이 포함된다. 첫째는 조사하는 데이터의 종류가 무엇이고 그 데이터를 어떻게 기술하고 설명할 수 있는지에 대한 인식을 발전시키는 것이고, 둘째는 연구할 필요가 있는 다양한 데이터의 종류와 방대한 양을 지원하는 여러 실제적인 활동이다. 필자는 후자를 질적 분석의 실제라고 부르고자 한다. 이어지는 내용에서 자세히 다룰 예정이나 아래 논의하려는 질적 분석의 실제 중 두 가지는 질적 분석을 여타의 접근 방법과 구별한다.

수집과 분석을 병합하기

어떤 유형의 사회 조사 연구에서는 분석을 시작하기 전에 모든 데이터를 수집하는 것이 일반적이다. 질적 연구는 데이터의 수집과 데이터의 분석이 분리되지 않기 때문에 이와는 다르다. 분석은 현장에서부터 시작될 수 있고 시작되어야 한다. 인터뷰, 현장 노트의 작성, 문서 확보 등을 통해 데이터를 수집하면서 분석이 시작된다. 이 주제는 3장에서 더 자세히 살펴보겠지만, 현장 노트와 연구 일지를 작성하는 일 등은 데이터를 수집하는 방법이자 동시에 분석을 시작하는 방법이기도 하다. 분석에 착수하기 위해 첫 번째 인터뷰나 현장 참여까지 기다릴 필요가 없다. 수집된 문서와 선행 연구에서 검토할 수 있는 데이터는 얼마든지 있다.

사실, 데이터를 수집하는 동시에 분석을 시작하는 일은 가능할 뿐만 아니라 실제로 연구자에게 있어 좋은 습관이 된다. 새로운 연구 문제와 질문을 도출하는 방법으로서도 초기 데이터의 분석은 중요하다. 그만큼 질적 연구는 유연하다. 연구 문제는 연구 후반부에 결정될 수 있다. 예를 들어, 애초에 설정되었던 연구 문제가 연구의 대상의 입장에서 거의 의미가 없는 경우가 그러하다.

데이터의 양: 환원이 아닌 확장하기

질적 분석과 양적 분석 절차의 또 다른 주요 차이점은 전자가 후자와 달리 데이터를 줄이거나 압축(예를 들어, 요약 또는 통계)하지 않는다는 점이다. 질적 분석은 종종 많은 양의 데이터(기록, 녹음, 메모 등)를 다루는 일이다. 대부분의 분석은 연구에 대한 보고의 최종 단계에서 연구자가 데이터를 요약하거나 그로부터 사례를 선택해야 하기도 하지만 그렇다고 해서 데이터의 양이 줄어드는 것은 아니다.

따라서 질적 분석은 일반적으로 데이터를 증진하는 동시에 데이터의 양, 밀도, 복잡성을 증가시킨다. 특히, 많은 분석적 접근은 요약, 개요, 메모, 기록, 초안 등과 같은 형태로 더 많은 텍스트가 생산된다. 질적 분석의 여러 기술은 이 방대한 양의 데이터를 다루는 방법과 관련이 있다. 특히 코딩이 그렇다. 양적 분석에서의 코딩은 데이터를 계수가 가능한 몇 가지 '유형'으로 환원하는 것을 명시적인 목적으로 삼지만, 질적 분석의 코딩은 데이터를 어떻게 조직하고 관리하는지에 관한 방법이다. 이 점에서 모든 원자료는 보존된다. 코드(및 그와 관련된 분석 문서)는 데이터에 해석과 이론을 첨가한다. 사실, 일반적으로 텍스트는 집약적으로 코딩될 수 있다. 대부분의 텍스트에 코드가 할당될 뿐 아니라, 많은 텍스트에는 하나 이상의 코드가 부여된다.

방법론

질적 분석과 관련된 두 번째 활동은 질적 데이터에서 찾을 수 있는 것의 유형과 분석 방법에 대한 인식과 관련이 있다. 데이터를 바라보는 방식은 매우 다양하며, 질적 연구자는 이를 위해 다양한 방법론에 기반을 둔 분석 유형을 택하게 된다. 결과적으로 방법론에 대해서는 여전히 다양한 견해가 엇갈리고 있다.

풍부한 기술(記述)

질적 분석의 주요 관심사는 '지금 여기에서 무슨 일이 일어나고 있는 것일까?'라는 질문에 답하기 위해 일어나는 일을 기술하는 것이다. 이는 기술된 내용이 매우 새롭거나 적어도 잊히기도 하고 무시되기 때문이다. 기술(description)은 상세하기에 연구 상황에 대한 이해와 최종 분석에 기여한다. 특히 Geertz(1975)에 의해 대중화된 용어인 '두터운' 설명을 제공하는 데에 중점을 둔다(Mason, 2002 참조). 두터운 설명은 일어나고 있는 일의 풍부함을 보여주고, 그것이 사람들의 의도와 전략을 포함하는 방식을 강조하는 일이기도 하다. 그러한 '두터운' 설명에서 한 단계 더 나아가 어떤 일이 일어나고 있는지에 대한 설명을 제공하는 일이 가능하다.

연역, 귀납, 그리고 가설적 추론

질적 분석의 기능 중 하나는 패턴을 찾고 그에 대한 설명을 생성하는 일이다. 설명에는 귀납과 **연역**이라는 두 가지 대조되는 논리가 있으며 질적 연구는 실제로 두 가지 접근을 모두 활용한다.

- *귀납적 접근*은 특정하지만 상호 유사한 상황을 많이 축적하고 그에 기초하여 일반적인 설명을 생성하고 정당화하는 접근이다. 따라서 좋은 성적을 내고 있는 축구팀의 팬이나, 형편없는 경기를 하고 있는 팀의 팬이 리그 중반에 침체된 팀의 팬들보다 더 열렬하게 응원을 하고 있다는 특정한 상황이 반복된다면, 팬들의 응원은 팀이 극한의 성공을 거둘 때 가장 큰 힘을 발휘한다는 결론에 도달할 수 있다.
- *연역적 접근*은 상황에 대한 일반적인 설명에서 출발하여 특정 상황을 연역하여 설명한다는 점에서 귀납적 접근과 반대 방향으로 움직인다. 예를 들어, 우리는 사람들이 나이가 들수록 반응 시간이 느려진다는 사실을 알고 있으므로, 80세가 넘은 제니퍼의 반응 시간은 느릴 것으로 추론할 수 있다. 많은 양적 연구는 접근 방식에 있어서 연역적이다. 가설은 일반 법칙에서 도출되며, 이것이 사실임을 보여주거나 보여주지 않는 상황을 찾아 현실과 대조한다.

연역적 접근의 중요한 발전은 철학자 Karl Popper(1989)에 의해 개발된 가설-연역 모델(hypothetico-deductive model)에 의해 이루어졌다. 이 모델에서 과학자(또는 사회과학자)는 올바른 이론이라고 믿는 것으로부터 대담한 추측이나 가설을 도출한다. 그런 다음 실증적 검사를 통해 점검한다. 그러나 추정 이론을 제시하는 일은 결국 연구자의 역량과 상상력에 달려 있다. 사실, 다른 학자들(Peirce, 1958)도 언급한 바와 같이 평범한 일상에서(질적 연구자들에게도 마찬가지) 우리는 종종 우리가 경험하는 현상을 설명하기 위해 일반 이론을 제시한다. 우리가 하는 일은 연역과 귀납의 방법을 결합하며, 이는 가추(가설적 추론; abduction) 또는 역행추론(retroduction)[1]이라고 불린다.

- *가설적 추론*은 관찰된 하나 또는 여러 사실을 설명하기 위해 활용되는 논증 방법이다. 이는 일반 이론에서 시작하지 않고 오히려 우리가 경험하는 현상, 즉 사실로부터 시작하기 때문에 연역적이지 않다. 또한 여러 유사한 관찰로부터 일반화하지 않기 때문에 귀납적이지도 않다. 예를 들어, 우리는 저소득층 가정 출신의 아이들이 학업 성취도가 낮다는 사실을 특정 집단의 아동으로부터 알 수 있다. 그런 다음 우리는 저소득층 가정이 자녀의 학업 능력을 향상시키기 위해 모든 종류의 공식적/비공식적 기회를 감당할 수 없다는 설명을 제공할 수 있다.

가설적 추론(abduction)의 한 가지 문제는 일반적으로 우리가 관찰하는 현상을 설명할 수 있는 몇 가지 다른 설명도 가능하다는 점이다. 예를 들어, 낮은 소득 수준과 낮은 학업 성취도는 모두 유전적인 요인으로도 설명이 가능하다. 한 가지 방법은 최선의 설명을 채택하는 것이다. 그러나 '최선'이 무엇을 의미하는지에 대한 논쟁은 불가피하다. 즉, 여기에서의 최선은 가장 강력한 설명일 수도 있고, 가장 일반적이고, 그럴듯하

1) 역자 주: Meyer와 Lunnay(2013)는 "가추(abduction)는 데이터를 (재)해석하는 방법으로 역행추론과 함께 사용되며, 종종 새로운 개념적 틀이나 이론의 형성으로 이어진다(Danermark et al., 1997). 역행추론(retroduction)은 무언가(예: 신뢰)가 존재할 수 없는 상황을 식별하여 개념화하는 방법이다"라고 정의한다.

거나 간단하고, 기존 이론이나 우리 자신의 경험과 가장 잘 일치하는 설명을 말할 수도, 아니면 이 모든 것을 조합한 것일 수도 있다. 많은 경우, 우리는 만족스럽거나 충분한 설명에 이를 수 있다.

많은 질적 연구는 명시적으로 새로운 이론과 설명을 도출하고자 한다. 그런 의미에서 질적 연구의 기본 논리는 귀납적이거나 가설적 추론의 접근을 취한다. 질적 연구는 점검하거나 조사해야 할 몇 가지 이론과 개념에서 시작하기보다는 새로운 일반화를 도출하고 정당화하여 새로운 지식과 이해를 생성하기 위해 데이터의 수집과 함께 개발되는 접근 방식을 선호한다. 일부 연구자들은 처음부터 선험적이고 이론적인 틀을 부과하기를 거부한다. 그러나 연구자가 이전의 모든 프레임워크를 완전히 배제하는 것은 매우 어렵다. 앞서 살펴보았듯이 이전의 경험과 지식은 가설적 추론에서의 설명을 선택하는 데에 영향을 미칠 수 있다. 필연적으로, 질적 분석은 기존의 아이디어와 개념에 영향을 받고 틀 지워진다. 즉, 질적 연구는 연역적이거나 귀납적으로 설정된 일반 이론에서 특정 설명을 추론한다는 점에서 가설적 추론의 성격을 가지며, 관찰하는 상황이 실제로 일치하는지 확인하는 작업이다(Strübing, 2010).

보편성과 개별성

귀납적 접근과 연역적 접근 모두 일반적인 진술과 관련이 있지만 대부분의 질적 연구는 고유한 사례, 즉 독특하거나 심지어 특수한 사례를 대상으로 한다.

- *보편적(nomothetic)* 접근법은 모든 다양한 개인과 상황의 일반적인 차원에 관심을 둔다. 이 접근 방식은 특정 개인의 행동이 다른 사람들에게도 동일하게 적용되는 법칙의 결과라고 가정한다. 가볍게 이야기하면, 이 방식은 사람, 사건 및 상황이 공통적으로 가지

고 있는 것이 무엇인지를 드러내고 이러한 공통된 특징의 관점에서 설명하고자 한다. 질적 연구에서 보편적 접근법은 변이와 차이점을 찾아 행동, 행위, 결과와 같이 관찰의 결과로 얻게 된 다른 특징들과 연관시키거나 상관관계를 맺음으로써 수행된다.

- *개별적(idiographic)* 접근법은 단일 대상(사람, 장소, 사건, 상황 등)을 독특한 **사례**로 연구한다. 이 접근법은 단일 대상에 매우 구체적으로 영향을 미치는 요인들의 상호작용에 초점을 둔다. 둘 이상의 개인이 몇 가지 공통점을 공유할 수는 있어도, 이들은 불가피하게 그들 사이의 차이점에 의해 실질적으로 영향을 받는다. 따라서 어떤 두 부부는 같은 위치에 같은 나이, 같은 문화, 같은 수의 자녀, 비슷한 가정환경이라는 많은 공통점이 있을 수 있다. 그러나 이와 달리 차이점도 많을 것이다. 그들은 직업이 다르고, 사회적 배경이 다르며, 관심사가 다르고, 자녀의 성격과 부모-자녀 간 관계가 다를 수 있다. 부부에 대한 질적 연구는 그들의 공통점이 그들의 차이점에 의해 결정적으로 형성되어 각 부부가 독특하게 보일 수 있음을 인식해야 한다.

질적 연구에서는 특정 현상의 본질을 탐구하는 데에 중점을 둔다. 물론 사례 연구에서 개별성에 대한 우려가 종종 제기되기도 한다. 이러한 접근 방식은 각 사례의 고유성뿐만 아니라 사회 현실의 전체적인 특성을 강조한다. 즉, 요인과 특성은 다른 요인과 특성이라는 더 넓은 맥락을 고려해야만 적절하게 이해할 수 있다.

보편적 접근과 개별적 접근은 모두 질적 연구에서 일반적으로 활용된다. 개별성은 종종 질적 연구의 중요한 특징이자 강점으로 간주되며, 특히 **자서전** 및 내러티브 연구와 같은 분석 기술과 관련이 있다. 그러나 여러 사례를 결합하고 대조하는 일은 종종 연구자에게 보편적 접근을 취할 근거를 제공한다.

실재론과 구성주의

질적 연구자들은 그들이 분석하려는 세계의 실재에 대해 모두 같은 입장을 취하지 않는다. 특히 우리와 독립적으로 존재하고 우리 분석의 **타당성**의 궁극적 기준으로 작용하는 특성을 가진 물질적 세계가 존재하는지의 여부에 대해 의견이 일치하지 않는다.

- ***실재론***: 아마도 실재론은 대부분의 사람들이 삶을 살아가면서 하는 일상적인 가정일 것이다. 실재론자들은 어떤 의미에서 우리와 우리의 삶과는 별개로 존재하는 특징과 구조를 가진 세계가 있다고 믿는다. 가장 기본적이고 아마도 가장 논쟁의 여지가 적은 것은 우리가 존재하기 이전부터 존재했고 우리 모두가 죽더라도 계속 존재할 것이라는 물체의 물리적 세계가 있다는 견해이다. 이것은 물리적 물체, 풍경, 동식물, 행성과 별, 그리고 보고, 느끼고, 듣고, 맛보고, 냄새를 맡을 수 있는 모든 것의 세계이다. 실재론적 관점은 우리가 더 이론적이고 직접적으로 감지할 수 없는 것에 대해 생각하기 시작할 때 논란이 발생한다. 여기에는 원자, 약한 핵의 힘, 중성자, 확률 및 허수와 같은 물리학과 수학의 추상적인 개념, 그리고 사회 계급, 정치권력, 학습 유형, 태도, 준거 집단, 사회적 관습과 법률 등과 같이 질적 연구자들이 논의할 수 있는 대상이 포함된다. 실재론자들이 보기에 이러한 것들은 실제로 존재하고, 우리와 무관하거나 직접 보고 느낄 수는 없더라도 일련의 효과로 작동한다고 본다. 세상이 존재하는 방식은 오직 단 하나이다. 그것에 대한 우리의 서술과 설명은 그 세계의 다양성을 정확히 묘사하고, 현실 세계와도 정확하게 일치한다.

- ***이상주의*/*구성주의*.** 실재론과는 대조적으로 이상주의자들은 우리가 실제로 현실 세계에 대해 아무것도 알지 못한다고 주장한다. 우리가 말하고 경험하는 모든 것은 우리의 구성체와 아이디어를 통해 이루어진다. 현실 그 자체에 대한 관념조차 인간의 구성물이다. 우리가 경험하는 세계는 이러한 개념을 반영하므로 그것이 달라지거나 변하면 세계도 달라진다. 예전에 사람들은 마녀에게 초자연적인 힘이 있다거나, 지구가 평평하다고 믿었다. 지금은 그런 믿음을 가진 사람은 거의 없으며, 결과적으로 그때와 지금의 세상은 다르다. 구성주의는 우리가 경험하는 세계가 **사회적으로 구성된** 여러 현실로부터 형성된다고 보는 이상주의의 한 흐름이다. 세계가 구성되는 것은 한 개인이 자신의 경험을 이해하기를 원하기 때문에 일어난다. 구성물로서의 세계는 자주 공유되나, '더 현실적이지는 않을지라도, 더 일반적으로 동의를 얻을 수 있다'(Guba & Lincoln, 1989, p. 89). 따라서 구성주의 입장은 기본 또는 공유된 현실에 대한 간섭 없이 가능한 한 구성을 충실하게 반영하려고 한다. 어떤 경우 현실에 대한 객관적인 설명으로 보이기도 하지만 필연적으로 '이론과 무관하지 않으며' 우리 또는 연구 참여자의 세계가 구성되는 과정에는 우리의 선입관과 편견이 반영된다. 이상주의와 구성주의 입장에서 볼 때, 우리는 세상이 어떻다고 단정하여 말할 수 없고, 단지 일부 사람들이 그것을 보는 방식을 이야기할 뿐이다. 이러한 관점은 어떤 사건에 대해 사람들이 서술하거나 이야기하는 상황을 쉽게 설명할 수 있다. 다시 말해 사건은 부분적이고 편향되어 있으며, 그에 대해 이야기하는 사람들의 세계 구조를 반영하는지를 들여다보는 일은 어렵지 않다. 그러나 구성주의자에게 사건은 사람들의 행동을 직접 관찰하는 것과 같이 객관적인 데이터라고 주장할 수 있는 것에 동일하게 적용된다. 구성주의자의 경우,

이러한 데이터는 연구자와 참여자 구성의 상호작용을 동일하게 반영한다.

- ***비판적 실재론***: 최근 들어 주목을 받고 있는 세 번째 접근 방식은 실재론과 구성주의의 입장을 결합하려는 시도이다. 비판적 실재론은 존재론과 인식론을 분리함으로써 이를 수행한다. 존재론이란 거기에 있는 것, 존재하거나 존재할 수 있는 것을 연구한다. 비판적 실재론자는 존재하는 것에 대한 현실주의적 관점을 취한다. 누군가의 견해나 구성과 무관한 현실 세계가 있으며, 철학자 Bhaskar의 연구에 따르면 비판적 실재론은 사건이나 현상보다는 작동 원리나 과정의 관점에서 세상을 이해한다(Bhaskar, 2011). 인식론은 우리가 세상을 어떻게 알 수 있는지에 대한 연구로서, 비판적 실재론자들은 이에 대해 구성주의적 관점을 취한다. 다른 시대의 다른 사람들과 다른 사회는 세계에 대한 다른 이해(구성)를 가진다. 그러나 비판적 실재론자에게 이러한 것들은 독립적이고 서로 다르며 비교할 수 없는 현실을 구성하는 것이 아니라, 오히려 현실에 대한 다른 관점을 구성할 뿐이다. 그렇다면 비교는 어떻게 가능한가? 비판적 실재론자에게 비교는 어떤 것이 현실에 대응하는지(또는 그렇지 않는지)를 참조함으로써 이루어지지 않는다. 오히려 그들은 사물에 대한 이러한 다양한 이해를 평가할 때 실용적인 관점을 취하여 무엇이 효과가 있는지를 묻는다. 즉, '세상을 바꾸는 데 성공적으로 사용할 수 있는 것은 무엇인가?'라는 질문을 던진다.

실제로, 순전히 실재론에 입각한 또는 순수하게 이상주의적인 질적 연구자는 거의 없다. 대부분은 사람들이 실제로 말한 것, 행동한 것, 뜻한 것을 가능한 한 정확하고 충실하게 묘사하는 데 관심을 갖고 있으며 그 점에서 실재론의 성격을 지닌다. 그러나 질적 연구에서는 해석의 문제, 특히 연구 참여자가 말하고 행동하는 것에 대한 연구자의 해석이 중요하다는 데에 모두가 동의할 것이다. 질적 연구의 핵심은 연구 참여자의 눈을 통해 세계를 보는 것이다. 이것은 연구 대상의 관점에서 사건, 행동, 규범, 가치 등을 보려는 것을 의미한다. 연구자는 다른 집단의 사람들이 가지고 있는 다양한 관점, 연구자와 연구 참여자 사이의 관점이 잠재적으로 충돌하는 상황에 민감해야 한다. 따라서 연구 참여자의 견해에 대한 단순하고 진실하며 정확한 연구 결과는 있을 수 없다. 우리의 분석은 그 자체가 해석이며 세계의 구성이다.

질적 분석의 목적

분석을 시작할 때 고려해야 할 또 다른 부분은 질적 분석으로부터 어떤 결과가 도출될 것인가 하는 점이다. 물론 이는 예상되는 결과를 미리 지정하고 정의한 이후에 착수하는 기금 지원 연구 과제, 정책 또는 평가 연구를 수행하는 것처럼 들릴 수도 있다. 그러나 종종 이것은 사실이 아니다. 일반적으로 질적 연구는 '~의 현상에 대한 분석'과 같은 제목을 가진, 훨씬 더 열린 결말을 지향한다. 또한 질적 연구는 탐색적인 성격을 가지고 있어서, 기대하는 연구의 결과가 전혀 명확하지 않은 현상과 분야를 연구한다. 따라서 데이터 분석이 시작될 때까지(때로는 데이터 분석이 끝나더라도) 연구 결과가 무엇인지 명확하게 드러나지 않을 수 있다. 사실, 엄격하게 정의된 연구 과제나 평가의 경우에도 우리가 수집한 데이터를 통해 원리 예견된 목표와 다른 결론에 이를 수 있다. 다음 몇 가지 접근법은 예상과 다른 결론에 이르는 경우이다.

사회 현상에 대한 심층적인 기술

가장 단순하게는 연구하는 현상이 새롭거나 이전에 연구된 적이 없기 때문에 우리가 그에 대해 잘 알지 못하는 경우이다. 일반적으로 이와 같은 일은 대부분의 민속지학적 연구에서 자주 일어난다. 그러나 이것이 단지 연구의 대상이 되는 사람들이 언급한 내용을 요약한 것이 아님을 이해하는 일은 중요하다. 첫째, 심층적인 접근, 즉 사람들이 말하거나 행한 것에 대한 단순한 기록뿐만 아니라 이러한 일이 발생한 전반적인 맥락을 매우 구체적이고 자세하게 포함해야 한다. 둘째, 연구자의 기술은 어떤 일이 일어나고 있는지에 대한 연구 참여자 자신의 설명을 훨씬 뛰어넘을 수 있다. 이는 연구자의 설명이 참여자의 이야기 구조에 주의를 기울이거나 사람들이 목표와 전략을 달성하기 위해 언어를 사용하는 방식에 관심을 둘 때 가능하다.

가설의 설정과 정련

가설의 설정과 정련은 질적 분석이 혼합 연구 방법의 일부로 활용될 때 특히 적합하다. 혼합 연구 방법에서는 일반적으로 연구의 지경(landscape)을 설정하기 위해 질적 연구에서 시작하여, 연구 후반부로 갈수록 질적 연구 질문을 도출하고 드러내는 방식을 적용하곤 한다. 일반적으로 이러한 연구 설계 방식은 연구자가 초반에 연구하는 대상에 대해 충분히 이해하고 있지 않아 양적 연구의 용어로 해결해야 할 명확한 가설을 설정하지 못하는 경우에 사용된다. 이러한 접근법의 목적은 연구 대상으로부터 발견되는 현상의 범위와 이런 현상이 상호작용할 수 있는 방식을 설정하는 데에 있다. 이로써 이후의 양적 연구에서 특정 현상이 얼마나 자주 발생하는지, 어느 정도의 영향을 미치는지, 그리고 이들과 다른 상황 사이에 가장 가능성이 높은(그리고 가장 낮은) 관계는 무엇인지를 확립하는 일이 가능해진다. 그러나 이러한 접근 방식을 양적 연구 절차로 따를 필요는 없다. 질적 분석이 빈도 등과 같이 정확한 계량적 추정치를 제공하지는 않더라도, 최소한 분석을 통해 가장 가능성이 높은 상황 및 연구 대상의 다른 현상과의 관계가 무엇인지를 드러낼 수는 있다.

연구 현상의 결정 요인을 설명하는 모형 개발

이 접근 방식은 연구자가 어떤 정책이나 관행이 요구하는 바를 다루거나 일부 활동 프로그램을 평가하는 것을 목표로 할 때 가장 적절하다. 연구자가 개발하는 **모형**은 그가 연구하고 있는 현상의 모든 중요한 측면과 그것들이 서로 어떤 관계에 있는지를 보여준다. 이를 통해 이러한 현상을 다루는 방식에 변화를 가져오려는 사람들에게 변경 가능한 사항은 무엇인지, 어떤 영향을 미치게 될 것인지에 대한 아이디어를 제공할 수 있다. 연구자의 분석은 모형의 주요 구성 요소(주요 현상)와 이들이 서로 어떻게 영향을 주고받는지(무엇을 유발하는지), 특정 결과를 달성하기 위해 사람들이 채택하는 전략은 무엇인지에 초점을 둔다.

이론 도출

이론 도출은 **근거 이론**(grounded theory)을 따르는 사람들이 선호하는 접근 방식으로, 모형이 도출된다는 점에서 바로 위에서 다룬 접근 방식과 유사한 면이 있다. 여기에서 인식해야 할 핵심은 이론의 종류와 수준이 다르다는 사실이다. 우리는 Goffman, Foucault 또는 Bourdieu를 연상시키는 거창한 이론을 생각할 필요는 없다. 물론 그렇게 된다면 좋기는 해도 말이다. 근거 이론에서는 훨씬 더 국지적이거나 더 작은 규모의 이론이 도출된다. 이론은 핵심 현상에 초점을 맞추고 그것이 사람들의 행동에 영향을 미치는 다양한 방법을 설명할 수 있다. 기존 이론에서 이미 드러난 결과일 수도 있지만 연구하는 특정 상황에 맞게 일부 조정되는 것도 가능하다. 질적 연구에서 이론이 갖는 중요한 특징은 특정 현상과 결과를 설명할 수 있는 힘이 있으며, 연구 참여자가 사용하지 않는 용어를 사용하여 해당 현상을 설명한다는 점이다. 연구 참여자들은 무슨 일이 일어나고 있는지 모르기 때문이 아니라, 자신의 행동을 그런 식으로 말하거나 설명하지 않는다는 것이다.

이상의 접근 방식들은 상호 배타적이지 않으며 실제 분석에서는 두 가지 이상이 결합되기도 하기 때문에 분석은 단일한 방법으로 이루어지지 않는다. 그러나 이 점은 또한 이 장의 초반부에서 논의한 방법론과 철학의 차이점을 반영하기도 한다. 특정 방법론적 입장을 취한다는 것은 특정 연구 목표에 갇힌다는 의미가 아니라, 어떤 목표를 향해 특정한 방식으로 연구를 이끌어간다는 뜻이다. 그러나 질적 분석의 가장 큰 장점은 방법론적으로 유연하기 때문에 분석이 진행되고 현상에 대한 이해가 축적될수록 특정 방법론 및 연구 목표에서 (경향 또는 설계에 의해) 출발하더라도 다른 결과 또는 다른 목표가 도출될 수 있다는 점이다. 이는 바람직한 현상이다. 그래야 분석을 통해 독창적이고 통찰력 있으며 유용한 결과를 얻을 수 있다.

연구 윤리

다른 연구와 마찬가지로 질적 연구에서도 연구 윤리는 매우 중요하다. 그러나 질적 연구에서 연구 윤리는 연구 설계와 데이터 수집 단계에 직접적으로 관련이 있다. 예를 들어, 충분한 정보 제공과 이해를 바탕으로 한 **연구참여 동의**의 원칙은 참여자가 무엇을 위해 자신이 연구에 참여할 것을 허용하는지, 연구 과정에서 그들에게 어떤 일이 일어나는지, 그리고 연구가 종료된 후 그가 제공한 데이터가 어떻게 활용될지를 정확히 알아야 함을 의미한다. 연구 참여자는 연구가 시작되기 전에 이를 인지해야 하고, 언제든지 철회할 수 있는 선택권이 부여되어야 하며 이런 경우 연구 참여자의 요청에 따라 수집된 모든 데이터를 반환하거나 파기한다. 이와 같은 모든 상황은 데이터가 분석되기 훨씬 이전에 발생한다.

그러나 윤리 문제에 관한 질적 데이터 및 그 수집에는 몇 가지 특별한 측면이 있다. 아마도 가장 중요한 사실은 질적 데이터가 매우 개인적이고 개별적이라는 점이다. 데이터가 분석되고 보고될 때 개인정보의 식별은 집계된 통계 뒤로 숨길 수 없다. 특별한 조치를 취하지 않고 질적 데이터를 연구물로 발표하게 되면, 특히 참여자의 말을 직접 인용하면 특정 참여자 또는 그가 처한 상황을 식별할 수 있다. 때로는 이것이 문제가 되지 않는 경우가 있는데, 특히 참여자의 동의가 있을 때 그의 실제 신분과 그가 처한 상황 및 소속 기관의 신원이 드러날 수 있다. 질적 연구자들은 연구에 관련된 사람들의 신원을 보호하기 위해 노력을 기울일 필요가 있다. 다음 2장은 질적 분석의 전사 과정에서 요구되는 **익명표기**에 대해 더 자세히 다루고 있다.

질적 연구가 개인에 관심을 둔다는 점에서 연구자는 그의 연구가 연구 참여자에게 피해와 혼란을 가져다 줄 수도 있다는 사실에 매우 민감해야 한다. 다시 말하지만, 대부분 이러한 문제는 데이터 수집 단계에서 발생한다. 예를 들어, 심층 면담에서는 그 특성상 사람들이 일반적으로 다루지 않는 문제에 대해 길고 깊이 있게 이야기를 나누게 된다. 연구자는 이것이 참여자에게 고통을 유발할 수도 있음을 인식하고, 이러한 상황을 어떻게 다룰지 준비되어 있어야 한다. 데이터가 분석되기 시작할 때에는 이미 이런 문제가 해결되어야 하나, 분석 결과를 공개하는 시점에도 여전히 문제는 사라지지 않는다. 이 점은 이후 7장에서 자세히 다룰 예정이다.

이 장의 핵심 내용

- 질적 데이터는 매우 다양하나 그 모든 데이터는 인간의 의미 있는 의사소통을 담고 있다는 공통점을 지닌다. 연구의 편의를 위해 이러한 데이터는 문서 (또는 입력된) 텍스트로 변환된다. 많은 양의 데이터가 무엇을 말하고 있는지에 대한 분석은 다음 두 가지 특성을 반영한다. 첫째, 데이터가 방대하기 때문에 실용적이고 일관된 방식으로 이를 처리하는 방법이 필요하다. 둘째, 데이터는 분석을 넘어 해석되어야 한다.
- 질적 데이터의 분석을 차별화하는 몇 가지 실천적인 특징이 있다. 구체적으로, 사례를 결정하여 데이터 수집을 완료하기 전에 데이터에 대한 분석이 시작된다는 점, 그리고 데이터 분석은 그 양을 축소하기보다 (최소한 그 시작에서부터) 확장하는 경향이 있다는 점이다.
- 질적 연구는 주로 구성주의, 귀납법, 개별적 접근법에 기반을 두고 있다고 보는 경향이 있다. 즉, 개별 사례의 고유한 특징에 대한 새로운 설명의 해석이 질적 연구라고 보는 것이다. 그러나 이는 심각한 단순화이다. 많은 질적 연구가 사람과 상황의 공통점을 설명하고, 기존의 이론과 개념을 바탕으로 이를 실천하는 일과 관련이 있다. 이 점에서는 보편성, 귀납적 접근 또는 가설적 추론의 성격을 지닌다. 또한 모든 연구자는 자신의 기술 자체가 해석의 여지를 담고 있다는 점에 민감하면서도, 연구 참여자의 견해를 최대한 충실하고 정확하게 표현하는 일이 중요하다고 여길 만큼 충분히 현실적이기도 하다.
- 방법론적 차이는 최소한 연구가 시작될 때부터 질적 분석의 전반적인 과정에 영향을 미친다. 그러나 질적 분석은 매우 유연하여, 최종 분석에서는 처음 연구가 시작될 때 전혀 예견하지 못했던 현상을 연구하기도 한다.
- 질적 연구는 개별적이고 개인적인 특성 때문에 윤리적 문제와 깊은 관련이 있다. 윤리적인 문제는 데이터의 분석이 시작되기 전에 해결되어야 한다. 그럼에도 불구하고 익명성이 유지되고(사전에 약속된 경우) 참여자가 자신이 제공한 데이터에 어떤 일이 일어나는지를 아는 것은 중요하다.

더 읽을거리

다음 연구들은 이 장에서 언급한 주제들을 좀 더 자세히 다루고 있다.

Barbour, R. (2018) Doing Focus Groups (Book 4 of The SAGE Qualitative Research Kit, 2nd ed.). London: Sage.

Brinkmann, S. and Kvale, S. (2018) Doing Interviews (Book 2 of The SAGE Qualitative Research Kit, 2nd ed.). London: Sage.

Coffey, A. (2018) Doing Ethnography (Book 3 of The SAGE Qualitative Research Kit, 2nd ed.). London: Sage.

Crotty, M. (1998) The Foundations of Social Research: Meaning and Perspective in the Research Process. London and Thousand Oaks, CA: Sage.

Flick, U. (2018) Designing Qualitative Research (Book 1 of The SAGE Qualitative Research Kit, 2nd ed.). London: Sage.

Flick, U., von Kardorff, E. and Steinke, I. (eds) (2004) A Companion to Qualitative Research. London: Sage. See especially Parts 3A and 4.

Hesse-Biber, S. N. and Leavy, P. (eds) (2004) Approaches to Qualitative Research: A Reader on Theory and Practice. New York and Oxford: Oxford University Press. See especially Part I.

Howell, K. (2012) An Introduction to the Philosophy of Methodology. London: Sage.

Maxwell, J. A. (2012) A Realist Approach for Qualitative Research. London: Sage.

Rapley, T. (2018) Doing Conversation, Discourse and Document Analysis (Book 7 of The SAGE Qualitative Research Kit, 2nd ed.). London: Sage.

제2장

데이터 준비하기

제2장

데이터 준비하기

• 이 장의 목적 •

- 대부분의 연구자는 간결하게 전사된 텍스트 데이터로 분석을 수행한다는 사실을 이해한다.
- 전사 작업은 많은 시간이 소요되고, 매체가 바뀌는 과정이며, 필연적으로 어느 정도의 해석을 포함하기 때문에 사전에 면밀한 계획을 수립하여 수행해야 함을 안다.
- 연구자는 전사, 이름 붙이기, 익명표기와 서식 결정의 과정과 수준을 결정해야 함을 이해한다.

전사

대부분의 질적 연구자는 면담 녹음, 관찰 및 현장 메모를 전사하여 간결하게 타이핑된 사본을 만든다. 녹음을 텍스트로 변환해야 분석이 훨씬 더 용이하기 때문이다. 지금은 대부분의 녹음이 디지털 형태로 이루어지기 때문에 재생할 수 있는 좋은 소프트웨어가 있음에도 불구하고 일반적으로 전사된 자료를 탐색해 가면서 메모와 아이디어 등을 표기하는 것이 더 수월하다. 이러한 과정은 여러 번 읽고, 다시 읽고, 상호 대조를 해야 하기 때문에 분석에서 특히 중요하다. 면담 전사본의 양이 많을 때 그로부터 연구 참여자가 한 중요한 언급을 기억해 내어 그 요점을 찾는 일은 결코 쉽지 않다. 그러나 전사본을 빠르게 살펴보면서 대화의 흐름을 기억하게 되면 찾고자 하는 지점을 발견할 수 있다. 이런 작업을 음성 또는 영상 파일로 작업하게 되면 훨씬 더 어렵고 많은 시간이 소요된다.

그러나 전사를 수행하기에 앞서 기억해야 할 두 가지 중요한 사실이 있다. 첫째는 전사에 많은 시간과 노력이 든다는 점이고, 둘째는 전사가 해석의 과정이라는 사실이다. 녹취록을 작성하는 데에 드는 시간은 연구자마다 다르며, 전사 내용의 수준과 전사를 수행하는 사람의 능력에 따라 다르다. 일반적으로는 가장 간단한 전사라도 데이터를 수집하는 데에 걸리는 시간보다 4~6배 더 걸린다. 이는 전사를 직접 수행해야 하는 연구자에게 작업이 쌓일 수 있음을 의미한다. 질적 연구 방법을 사용하는 많은 대학원생들은 전사되기 전의 녹음 자료와 메모 '더미'가 쌓이면서 현장 연구의 후반부에 이르러 불안을 경험하게 된다. 따르기 쉽지 않겠지만 여기에서 할 수 있는 단 하나의 진정성 있는 조언은 누군가에게 전사 비용을 지불하기 어렵다면 '조금씩 계속해서' 전사를 해야 한다는 것이다.

특히 면담의 전사는 매체의 변화이며 정확성, 충실성 및 해석의 문제가 개입된다. Kvale(1988, p. 97)은 우리에게 '전사 자료를 조심하라'고 경고한다. 그는 피상적인 코딩, 탈맥락화, 참여자의 설명 전후에 있었던 상황의 누락, 더 포괄적인 대화 내용의 손실과 같이 면담이 갖는 구어의 맥락이 문서로 타이핑될 때 주의해야 한다고 말한다. 뒤에서 살펴보겠지만 이러한 매체의 변화는 연구자들이 주의해야 하는 특정 유형의 오류와 관련이 있다. 이를 극복하기 위한 한 가지 방법은 녹음 자료로 돌아가 녹취록의 해석을 확인하는 것이다. 목소리를 들으면 의미가 더 명확해지고 심지어 다른 해석도 가능하다는 사실을 알게 된다. 게다가, 대부분의 녹취록은 면담에서 나온 특정 부분만 포착하기 때문에 당시의 상황, 맥락, 몸

짓이나 당시의 '느낌'은 놓치기 마련이다. Mishler(1991)는 전사 자료와 사진 사이의 유사한 특징을 다룬 바 있다. 사진은 현실의 어떤 순간을 포착하여 액자에 넣고 인쇄하여 편집한 결과물이다. 녹취록도 마찬가지다. 중요한 점은 녹취록이 최종적인 의미에서 정확한지의 여부가 아니라 면담의 일부분을 포착하기 위한 적절하면서도 주의 깊은 시도를 드러내고 있는가의 여부이다. 말을 문자로 변환하는 과정에는 언제나 문제가 있기 마련이다. 문법에 맞는 산문체로 말하는 사람은 거의 없으므로 연구자는 녹음 내용으로부터 전사해야 할 내용의 양을 결정해야 한다. 나중에 다시 언급하겠지만 이러한 결정에는 몇 가지 선택지가 있다. 그러나 어떤 선택을 하게 되더라도 녹취록이 완전히 정확할 수는 없다는 사실을 인정해야 한다.

면담이나 현장 연구가 이루어지는 중에 쓴 메모의 흐름에 대해서도 비슷한 지적을 할 수 있다. 여기에서 말하는 전사에는 일반적으로 연구자가 '작성'하는 메모도 포함된다. 이는 단순한 기계적 복제가 아니라 창조적인 활동이다. 전사는 메모를 아이디어로 표현하는 것, 특정한 유형의 관찰을 표현해 내는 것, 데이터 분석의 시작을 나타내는 것이기도 하다. 다음 장에서 이 주제에 대해 더 자세히 논의하고자 한다.

전사를 하는 이유

연구 과제를 수행하는 과정에서 수집한 정보의 전부 또는 일부를 반드시 전사해야 하는 것은 아니다. 어떤 경우에는 수집된 자료와 면담, 텍스트, 또는 관찰 내용을 전사하지 않아도 매우 생산적인 연구 수행이 가능하다. 실제로 일부 연구자들은 녹음이나 녹화 자료를 전사하지 않고 직접 분석하는 것을 선호하기도 한다. 물론, 이렇게 되면 듣거나 보는 내용을 메모해 가면서 여러 번 반복하여 들어야 할 것이다. 전사를 하지 않고 직접 분석을 하면 더 큰 그림에 집중할 수 있고 사람들이 말한 세부적인 내용에 얽매이지 않을 수 있다. 이런 방법은 정책 연구나 평가 연구와 같은 일부 유형의 분석에 적합하다. 상황에 대한 매우 명확한 이론을 토대로 연구를 수행하기 때문에 분석하고자 하는 것이 무엇인지 잘 알고 있어서 데이터를 선택적으로 다룰 여유가 있다. 그러나 대부분의 접근 방식, 특히 담화 및 대화 분석의 경우에는 자세한 기록이 필요하다. 전사는 녹음된 내용을 주의 깊게 듣고 메모한 내용을 세심하게 살펴보며 이 과정을 필요한 만큼 여러 번 반복할 수 있는, 쉽게 읽을 수 있는 자료를 제공한다. 또한 전사 자료가 있으면 분석 작업을 공유해야 하고 데이터 해석에 대한 충분한 합의가 있어야 하는 공동 연구에서 보다 용이하게 연구를 진척할 수 있다. 전사본(typescript)이란 모든 사람이 읽을 수 있고 사본을 가질 수 있는 자료를 말한다.

인터뷰 전사를 위한 전략

전사를 할 때 선택할 수 있는 다양한 전략이 있다. 예를 들어 녹음의 일부만 전사를 할 수 있다. 나머지는 메모를 하고 코딩 및 분석에 사용하거나 녹음 또는 손으로 기록한 메모를 직접 코딩할 수도 있다. 어떤 경우에 연구자는 면담이나 연구 일지의 내용을 통해 특정 시점에서 참여자가 주제에서 벗어났기 때문에 무시해도 괜찮다는 사실을 깨닫기도 한다. 이러한 접근 방식은 분명히 시간을 절약하고 더 큰 주제에 집중하여 특정 단어에 얽매이지 않도록 한다. 그러나 이 방법에는 몇 가지 단점이 있다. 연구자는 자신이 전사한 부분이 문맥을 빼놓고는 그것이 실제로 의미하는 바가 무엇인지를 해석하는 일이 더 어렵다는 사실을 알게 된다. 또한 분석을 시작할 때 어떤 부분을 전사해야 하는지 결정하는 데 도움이 될 수 있는 아이디어가 나중에 연구를 발전시켜 나아가는 아이디어와 다를 수 있다.

이름

일반적인 방법은 어떤 이가 말할 때마다 그 사람의 이름을 대문자로 표시하는 것이다(예: 연구자의 질문에 대한 각각의 답변 또는 초점 집단 면담(FGI)에서 차례대로 말한 내용). 이름을 대문자로 표시하면 전사본에서도 눈에 잘 띌 뿐만 아니라 대소문자를 구분하는 검색을 사용하거나 컴퓨터 소프트웨어에서 찾기 기능을 사용하여 면담 참여자(interviewee)가 말한 특정 내용이나 면담의 다른 곳에서 다른 사람들에 의해 그 이름이 언급된 부분을 찾을 수 있다. 이 방법은 FGI 내용을 분석할 때 특히 유용하다. 면담 대상자를 가장 쉽게 기억할 수 있는 이름으로 표시하는 것이 좋다. 일반적으로는 성을 제외한 이름(first name)을 사용한다. 그런 다음 실제 텍스트 앞에 콜론과 탭을 입력하거나 새 줄에서 텍스트를 시작하면 된다. 많은 수의 참여자를 대해야 하는 경우 'MARY C:'와 같이 이름과 성(또는 성의 첫 글자)으로 그를 표시하여 같은 이름을 가진 다른 사람과 구별할 수 있다. 같은 방법으로 면담 진행자(interviewer)의 말을 표기한다. 앞에 I:, IV: 또는 INT:를 붙이거나, 면담자가 여러 명이고 이를 전사 자료에서 구분하려면 I－JOHN:이나 I－KATE:와 같은 방법을 사용하면 된다. 모든 이름의 철자가 정확하고 일관성 있는지를 확인할 필요가 있다. 이렇게 해야 워드 프로세서에서 검색이나 찾기를 사용하여 나중에 익명처리를 하고, CAQDAS 프로그램에서 같은 사람이 한 모든 말을 검색할 수 있다.

익명처리

연구자는 자신의 연구 결과물에 결국 전사 자료를 인용하게 되며, 다른 연구자가 접근할 수 있도록 데이터를 공개된 저장 장소에 보관할 수도 있으므로 **비밀유지** 방법을 반드시 고려해야 한다. 연구 참여자(예를 들어, 그들이 불법을 저지르는 경우)의 안전과 연구자 본인의 안전(예를 들어, 비밀기관이나 군사기밀에 준하는 기관을 연구하는 경우)을 위해 사람과 장소의 이름은 익명으로 처리한다. 전사 직후에 전사본에 들어 있는 이름을 즉시 익명으로 바꾸는 것이 가장 쉬운 방법이다. 물론 실명과 장소의 원래 이름을 알고 있으면 더 쉽게 분석할 수 있으므로 익명처리를 하지 않는 것이 편할 수 있다. 그러나 많은 연구자들은 분석 초기에 익명처리를 하게 되면 곧 그 익명에 익숙해진다고 말한다.

모든 이름(사람, 장소, 조직, 회사, 제품)을 바꾸어 익명처리한 모든 이름을 별도의 파일로 작성하여 안전한 곳에 보관해야 한다. 워드 프로세서에서 검색 및 찾기 기능을 사용하여 이름이 나온 모든 곳을 익명으로 대체하라. 참여자의 이름이 일반적인 텍스트로 사용된 경우(MARY)는 물론, 다른 참여자와의 대화에 식별이 가능한 형태로 나오는 모든 경우(MARY:)를 검색해야 한다. 대충 빈칸으로 두거나, 별표, 코드 번호를 사용하기보다는 가명을 붙이는 것이 가장 좋다. 사람, 장소 또는 기관과 관련하여 미세하지만 그가 누구인지를 식별하는 명백한 단서가 포함되어 있지 않은지를 확인하기 위해 전사본을 주의 깊게 읽어야 한다. 데이터를 **자료 보관소**에 보관하는 경우, 접근 가능한 익명 버전과 함께 익명처리되기 전의 원래 버전을 유지하고 보관해야 함을 기억하라.

전사의 수준

우리는 앞서 전사라는 행위가 매체의 변화이고 따라서 필연적으로 데이터의 변형을 포함한다는 사실을 살펴보았다. 녹음(또는 손으로 쓴 메모)에 있는 내용을 어느 정도의 수준으로 선택할 것인지의 정도는 저마다 다를 수 있으며 연구의 목적에 따라 결정되어야 한다. 때로는 말한 내용을 옮긴 초안 버전으로 충분하다. 이런 방법은 사람들이 말한 내용에서 두드러진 사실을 분석하는 것만으로도 충분한 경우, 즉 정책, 조직 및 평가 연구에 적합하다. 그러나 적어도 연구 참여자의 세계에 대한 해석에 관심을 두는 대부분의 연구자는 이보다 더 자세한 내용을 필요로 한다. 이 경우에는 사용된 말들을 잘 담아낸 일반적인 텍스트의 모습을 한 전사본이 적합하다. 간단해 보이지만 여기에서도 결정해야 할 사항이 남아 있다. 말이 계속 진행되는 과정 속에는 잘 구조화된 문장이 많지 않다. 화자는 문장 중간에 잠시 말을 멈추기도 하고, 문법 규칙을 엄밀하게 따르지 않으며, 종종 이전에 했던 말을 되풀이하기도 한다. 말을 글로 옮겼을 때 포착되지 않는 다양한 종류의 특징들이 있다(다음 Box 2.1 참조). 따라서 연구자는 그들의 말을 '깔끔하게 정리'하고 싶은 유혹을 느끼게 된다. 이 작업을 수행해야 하는지의 여부는 연구 목적에 따라 다르다. 깔끔하고 문법적인 전사본은 읽거나 분석하기 쉽다. 만일 현재 수행 중인 연구가 사람의 표현과 언어 사용의 세부적인 사항에 큰 관심을 두지 않고 그 사실적 내용에 초점을 둔 경우라면 화자의 말을 다듬는 일이 허용될 수 있다. 반면에 응답자가 자신을 표현하는 방식에 대한 느낌이 상실되고, 그것이 연구에서 중요하다면 전사본에도 이를 담기 위한 시도가 필요하다. 이 경우의 단점은 텍스트로 옮기는 일이 더 어려워진다는 것이다. 응답자가 강한 억양으로 말하거나 사투리를 쓸 때에도 이와 비슷한 딜레마가 발생한다. 일반적으로 모든 방언과 사투리 및 문법적인 표현을 보존하더라도, 단어의 철자를 바꾸면서까지 강조하는 실제 소리를 담으려고 시도하지는 않는다. 분석을 수월하게 하기 위해 소프트웨어의 검색 기능을 사용하는 경우, 표준되고 일관된 철자를 유지하는 일은 중요하다(제8장 참조). 용어를 일관된 방식으로 표기하지 않으면 찾고자 하는 모든 텍스트를 찾는 일은 더 어려워진다. 컴퓨터로 특정 텍스트를 검색하려면 일관된 방식으로 철자를 표기하는 일이 중요하다. 다음 Box 2.2는 다양한 전사 유형의 몇 가지 사례를 보여준다.

Box 2.1 대화체의 특징

- **축약(abbreviations)**: 예를 들어 '난(나는)', '우린(우리는)', '걔가(그 아이가)', '거긴(거기는)', '없죠(없지요)', '뭔가(무언가)' 등. 전사하는 사람에 의해 축약된 표현이 풀어지기도 한다.
- **말 습관(verbal tics)**: '어...', '음...', '아...' 등과 같은 말 습관. 전사에서 무시되기도 하나, '그러니까', '그니까', '있잖아'의 경우에는 보통 포함되기도 한다.
- **잠시 멈춤(pause)**: 말하는 중간에 잠시 멈추는 구간은 생략하기도 하고 …로 표기하기도 한다.
- **반복(repetitions)**: '내 말은', '무슨 말이냐면', '말하자면', '내가 하려는 말이 뭐냐면' 등은 생략하고 그 뒤에 진짜 말하려는 내용만 남기기도 한다.

(Arksey and Knight, 1999, p. 146에서 발췌)

Box 2.2 전사를 어느 수준으로 할 것인가를 보여주는 사례

- **요점 간추리기(just the gist)**: "제가 하는 일의 90%는 … 그 영업 담당자를 응대하는데요. 그에게 저는 1% 비중밖에 안 되죠. 한발 앞서 나가려고 노력하고 준비하고 있어요. … 왜냐면 그는 지금 하는 프로젝트에서 … 또 다른 프로젝트로 … 넘어가거든요. … 오늘 아침에 A 프로젝트를 하고, 오후에는 B 프로젝트를 했는데, 아직 A도 다 끝난 건 아녜요." (…는 중요하지 않아서 생략된 내용을 뜻함)
- **내용을 그대로 옮기기(verbatim)**: "잘 모르겠어요. 그들이 어떤 마음인지 더 잘 보여줄 수 있다고 생각했어요. 사별은 종교와 문화의 일부라는 생각이 들어요. 어쨌든 그들은 종교적인 성향이 있었죠. 저는 종교가 있는 사람이 아니라 그런 부분은 잘 모르겠습니다."
- **말버릇까지 포함해서 그대로 옮기기(verbatim with dialect)**: "어… 처음에 함께 했을 때… 난 학생이었고 열다섯 살이었어요. … 음 … 내,

내 동생은 군에 입대를 했어요. … 그리곤 엄마 아버지가 뭐랬냐면 … 일이 잘 안 풀리니까 … 집에서 … 집을 … 아, 그러니까, 모르겠어요. … 저 보고 나가라고 하대요. … 그러라고 해서 저는 나가 가지고 사촌하고 … 같이 살았죠."

· **담화 수준의 분석(discourse analysis)**

범수: 그의 책을 집필하는 일을 개인적으로 도와준 일이 있습니까? (0.8)

공주: 나 말고도 많은 사람들이, 흠흠흠(목소리를 가다듬으며) 제 삶이 처한 고통을 보았어요. (.) 그리고 그들은 (.) 해 오던 방식으로 (0.2) 도움이 되는 일이라고 생각했을 거예요.

(Silverman, 2004, p. 208에서 발췌)

담론 분석이나 대화 분석을 수행하는 경우 매우 상세한 전사가 필요하다. 자연스러운 말은 종종 문법에 어긋나기도 하고(적어도 서면 규칙에 따르면) 다른 현상들이 개입된다. 사람들은 말을 할 때 머뭇거리기도 하고, 특정 단어와 음절을 강조하기도 하며, 둘 이상의 말이 겹치고, 말하는 내용에 특정한 의미를 부여하기 위해 음량과 톤을 높이거나 낮추기도 한다. 이러한 특징을 기록해야 하는 경우 따를 수 있는 다양한 전사 규칙이 있다. 가장 일반적으로 사용되는 것 중 하나는 제퍼슨 시스템(Jefferson system; Atkinson & Heritage, 1984 참조)이고, 이와 유사하게 Silverman(2004, p. 367; 또한 Rapley, 2018, Brinkmann & Kvale, 2018도 참조할 것)이 제시한 시스템도 있다.

전사하기

연구자

전사를 어느 정도의 수준으로 할 것인지에 대한 선택은 일반적으로 당신에게, 또는 연구자나 전사 비용을 지불하는 사람에게 달려 있다. 지루할 수 있는 과정임에도 불구하고 매우 숙련된 타이피스트가 아니라면 전사는 연구자가 직접 하는 것이 좋다. 이는 데이터 분석을 시작할 수 있는 기회를 제공한다는 점에서 중요하다. 녹음된 내용을 주의 깊게 듣고 난 후 작성한 전사본을 읽고 확인하면 그 내용에 매우 익숙해진다. 이 과정에서 필연적으로 데이터에 대한 새로운 아이디어가 생성되기 시작한다. 실은 일반적인 경우 연구자들은 다른 선택의 여지가 없기 때문에 전사를 직접 수행한다. 전문 타이피스트를 고용할 충분한 예산이 없거나 다른 사람이 전사하기에 녹음 내용이 적합하지 않기 때문에 그렇다. 예를 들어, 어떤 면담은 고도로 기술적인 주제에 관한 것일 수도 있고, 인류학 연구에서 흔히 볼 수 있는 것처럼 소수의 특정 사람들만이 이해할 수 있는 언어로 이루어진 경우도 있다.

오늘날 면담, 초점 집단 면담(FGI)의 내용을 녹음하는 대부분의 사람들은 디지털 녹음 기기(디지털 오디오 녹음기 또는 디지털 비디오 카메라)를 사용한다. 좋은 품질의 디지털 녹음기는 저렴하지 않지만 소속 기관에서 대여할 수 있는 경우도 있다. 비디오 카메라도 마찬가지다. 대부분의 오디오 녹음기와 비디오 카메라는 이동식 메모리 카드에 내용이 녹음된다. 녹음한 내용을 기기 자체에서 재생할 수도 있지만 훨씬 더 나은 음질의 재생을 위해 (카드 리더기 또는 USB 케이블에 연결하여) 컴퓨터로 전송할 수도 있다. 그러나 요즘은 대부분의 사람들이 스마트폰(휴대폰) 형태의 자신만의 디지털 오디오 녹음기와 카메라를 가지고 있다. 스마트폰 마이크의 품질은 최상은 아니더라도 조용한 환경에서 간단한 인터뷰를 수행할 때 매우 우수한 품질의 녹음이 가능하다. 스마트폰으로 녹음할 때 주의해야 할 점은 일부 제품의 경우 내부 메모리가 제한되어 있고 이동식 메모리 카드 사용이 불가하기 때문에 필요한 녹음을 하기 위해 충분한 메모리 여유가 있는지 확인해야 한다는 점이다. 대부분의 경우 이러한 모든 장치는 디지털 파일을 mp3 형식으로 기록한다. 이것은 압축된 형식이며, 작은 파일 크기를 생성하지만 품질은 매우 우수하다(일반적으로 팟캐스트에서 사용되는 것과 동일). 다운로드가 가능한 앱을 사용하는 오디오 녹음기 및 스마트폰도 압축되지 않은 wav 파일로 녹음하는 것이 가능하다. 이것은 훨씬 더 나은 품질(CD 음질과 유사)이지만 mp3 파일보다 대체로 10배의 용량이 소요된다. 그러나 음질이 훨씬 더 좋기 때문에 시끄러운 상황에서 녹음하거나 초점 집단 토론을 녹음하는 경우에는 이 형식을 사용하는 것이 좋다(물론 녹음을 할 수 있는 충분한 메모리가 있는지를 확인해야 함). 실제로 이러한 종류의 테스트 상황에서는 매우 좋은 품질의 내장 마이크가 있는 오디오 레코더를 사용하거나 스마트폰에 외부 마이크를 연결하여 사용하는 방법이 가장 좋다.

녹음기에서 직접 전사하는 방법은 바람직하지 않다. 그보다는 파일을 컴퓨터로 전송해야 한다(이렇게 하면 사본을 하나 더 만들 수 있으며, 보안상의 이유로도 좋다). 그런 다음 소프트웨어를 사용하여 파일을 재생한다. 타이핑할 때 재생 조절이 가능하도록 전사 작업을 위해 설계된 저렴하거나 무료인 좋은 소프트웨어가 있다. 예를 들어, 어떤 프로그램의 경우 녹음 내용을 들으면서 텍스트 상자에 입력한 다음 기능키를 사용하여 대화를 일시 중지했다가 다시 시작할 수 있다. 디지털 녹음의 장점은 일시정지가 즉각적이며, 재생을 다시 시작하더라도 단어가 손실되지 않고 되감을 필요가 거의 없다는 것이다. 그러나 일부 프로그램에서는 자동 되감기를 설정할 수도 있다. 0.5초 또는 1초면 일반적으로 어떤 단어도 놓치지 않도록 하는 데에 충분하다. 또 다른 프로그램의 경우, 음성을 전사하는 동안 통제하기 쉬운 짧은 구 단위로 분할하는 것이 가능하다. 일부 소프트웨어는 발로 조절하는 페달(USB 케이블을 통해 연결)로 작동하여 재생을 중지하고 시작한다. 당신이 오디오 타이핑에 숙련되어 있다면 일시 정지와 재생이 이루어지는 동안 키보드에서 손을 떼지 않아도 되는 좋은 도구이다. 타이핑 속도가 조금 느리다면 재생 속도를 느리게 하면서 동시에 음조(音調)를 조정할 수 있는 유용한 기능을 가진 소프트웨어를 사용할 수 있다. 이렇게 하면 녹음은 정상적으로 들리지만 원래보다 훨씬 느리게 재생된다. 이런 기술은 전사를 정확하게 하는 데에 매우 유용하다. Windows와 Mac 모두에서 구동 가능한 전사 소프트웨어에는 Express Scribe(무료), F4Transkript, F5Transkript가 있으며, 여러 CAQDAS 프로그램도 이러한 전사 기능을 제공한다.

여유가 있다면 다른 사람을 고용하여 전사를 의뢰하는 것도 좋은 방법이다. 특히 녹음 내용이 쉽게 이해할 수 있는 것이거나 전사가 필요한 메모와 문서가 읽기 쉬운 경우라면 더욱 그렇다. 고용하고자 하는 타이피스트가 면담 주제와 맥락에 대해 어느 정도 알고 있다면 더할 나위 없이 좋다. 또한 어느 정도의 수준으로 전사를 해야 하는지를 알려줄 필요가 있다. 작업 초기에 원하는 전사 형식이 잘 이루어지고 있는지 확인해야 한다. 필요 이상으로 지나치게 상세한 전사본에 많은 비용을 지불할 필요는 없기 때문이다. 누구에게 의뢰하든지 간에 생성된 문서를 녹음 또는 원본 텍스트와 비교해가며 오류를 제거해야 한다. 그러나 그렇게 하더라도 전사본을 읽는 일 (그리고 녹음 자료를 듣는 일) 자체가 분석의 시작이기 때문에 결코 시간을 낭비하는 것이 아니다.

타이피스트가 모든 데이터를 듣거나 읽게 된다는 사실을 잊어서는 안 된다. Gregory 등(1997)은 그들이 '취약한' 사람들이라고 말한다. 데이터의 내용이 감정적으로 무겁고 민감한 경우라면 윤리적으로 고려해야 할 사항의 범위 안에 전사자를 포함하는 것을 고려할 수 있으며 이들을 지원하기 위해 연구 내용의 일부에 대해 설명할 필요도 있다.

광학 문자 인식(OCR)과 음성 인식 소프트웨어

최근에 전사 작업에 도움이 되는 두 가지 새로운 기술이 출시되었다. 입력하거나 인쇄한 문서를 전자 사본으로 만들어야 하는 경우, 스캐너와 함께 사용되는 광학 문자 인식(OCR) 소프트웨어가 도움이 된다. 원본 종이 사본의 질이 좋고, 쿠리어(Courier) 글자체와 같은 표준 글꼴이 사용된다면 이러한 소프트웨어는 종이 사본을 워드 프로세서 파일로 생성하는 데 잘 작동한다. 서식이 지정된 텍스트가 제공하는 레이아웃, 글꼴 등은 분석과는 별로 관련이 없기 때문에 내용은 일반적인 텍스트로 저장하는 것이 좋다. 질적 연구자들이 잘 사용하는 최신 기술 중 하나는 음성 인식 소프트웨어다. 이것은 음성을 특별한 고품질 마이크를 통해 워드 프로세서 파일로 변환한다. 이 소프트웨어는 자연스러운 음성으로 사용할 수 있으며, 영국 영어, 동남아시아 및 인도 영어 등의 영어 버전, 그리고 스페인어와 같은 일부 영어 이외의 언어에도 대응할 수 있다. 그러나 항상 특정 사용자의 음성을 인식하도록 훈련해야 하며, 매우 좋은 음질의 소리 또는 녹음(wav 파일이 이상적임)이 필요하다. 이러한 이유로 응답자의 말이 낮은 음질로 녹음된 경우, 특히 초점 집단 면담에서의 녹음에는 직접 사용하기가 어렵다. 일부 진취적인 연구자들은 녹음을 들을 수 있는 헤드폰 한 쌍이 있는 오디오 플레이어나 컴퓨터를 사용한다. 그런 다음 녹음이 재생될 때 각 구 다음에 일시 정지를 하고 병렬 번역기 방식이 아닌 음성 인식 소프트웨어에 전사를 지시한다. 이 경우 정확도는 가변적일 수 있지만 일반적으로 녹음 내용을 적절하게 확인할 수 있는 전사본 초안으로서는 충분하다. 음성 인식은 컴퓨터 집약적인 기술로서 이 프로그램에는 상당히 성능 좋은 컴퓨터가 필요하다. 따라서 구매 전에 확인이 필요하다.

정확도

OCR, 음성 인식 또는 타이피스트 등, 전사가 어떤 방식으로 이루어지든 간에 원본과의 대조는 필요하다. 전사에서의 오류는 다양한 이유로 발생된다. 우선 간단한 타이핑 오류, 오타 등이 있다. 이들 대부분은 워드 프로세서에 내장된 맞춤법 검사와 문법 검사 기능을 통해 수정이 가능하다. 그럼에도 불구하고 대부분의 경우 연구자는 응답자가 말한 내용이 문법에 맞지 않더라도 말한 그대로 정확하게 기록하기를 원할 것이다. 다음으로 좀 더 까다로운 오류는 전사자가 녹음에서 말한 내용을 잘못 들었을 때 발생한다. 가끔 시끄러운 곳에서 녹음을 하거나 녹음기의 소리를 잡아내서 무슨 말인지 알아듣기 힘든 경우가 있다. 사람은 대면 면담에서 그러한 소음을 걸러내는 데에는 능숙하지만 녹음을 하게 되면 상황은 달라지며 맥락을 통해 듣는 데에 더 어려움을 겪는다. 그러나 소리가 좋은 곳에서도 전사자는 응답자의 말을 잘못 전사하는 경우가 많다. 말하는 것을 정확히 듣는 일에는 이해와 해석이 포함된다. 영국의 코미디언 로니 바커(Ronnie Barker)가 'four candles'(포 캔들)와 'fork handles'(포크 핸들)와 같이 혼동되는 발음을 소재로 만든 코미디 프로그램에서와 같이 소리가 잘 들리더라도 해석이 틀리는 경우가 종종 있다. 즉 해석 과정에서 실제 말한 것이 다르게 들리는 경우가 발생한다. 아래 표 2.1은 캐나다의 한 연구자가 노동조합 활동에 대한 면담을 전사하기 위해 오디오 타이피스트를 고용하여 전사한 내용에 나타난 해석 오류 중 일부를 잘 보여준다.

| 표 2.1 | 전사 오류의 사례

전사자가 타이핑한 내용	면담자가 말한 원래 내용
◦ 임의로 해석한 사례	
– 반성적 협상(reflective bargaining)	– 집단적 협상(collective bargaining)
– 다양한 것들(the various)	– 그런 분야들(those areas)
– 이끌어가기(leading)	– 관계 맺기(relating)
– 이해하는 특정한 방식(certain kinds of ways of understanding)	– 이해하는 표면적 방식(surface kinds of ways of understanding)
– 그리고 우리의(and our)	– 그리고/또는(and/or)
– 일반적으로(generally)	– 성별에 따른 구분(gender lines)
– 혼합 서비스(mixed service)	– 립 서비스(lip service)
– 과잉 평가된(overrated)	– 무시당한(overriden)
– 승인된 위원회(accepted committee)	– 최고 위원회(executive committee)
– 방치되고 소외된(denying neglect)	– 점잖은 무시(benign neglect)
◦ 의미가 정반대로 해석된 사례	
– 언제나 그런 의미로(ever meant to)	– 절대 그런 의미가 아니라(never meant to)
– 말이 되네요(it just makes sense)	– 말이 안 되네요(it doesn't make sense)
– 아이를 맡아주는 일이 없다(there isn't a provision for day care)	– 아이를 맡아준다(there is a provision for day care)
– 형식적인(formal)	– 비형식적인(informal)
– 한 가지 덧붙이자면(there's one thing I can add)	– 더 이상 덧붙일 말이 없다(there's nothing I can add)
– 구별 가능한 행동이 더 있다(there's more discernible actions)	– 구별 가능한 파벌이 없다(there aren't discernible factions)

이러한 오류를 최소화하기 위해 다음과 같은 다양한 방법을 적용할 수 있다. 우선, 가능한 한 음질은 높을수록 좋다. 이를 위해서는 좋은 장비를 사용해야 한다. 그러나 음질이 아무리 좋더라도 들리는 내용에 대한 해석과 이해는 항상 필요하다. 오류를 줄이기 위한 가장 좋은 방법은 전사자가 전사하는 맥락과 주제를 이해하고 말하는 이의 억양, 말을 마치는 지점, 말의 리듬에 익숙해지는 것이다. 따라서 전사자들은 면담 주제에 익숙해지도록 자신을 훈련해야 한다. 이러한 이유로 연구자가 자신의 전사를 직접 수행하는 경우 큰 강점을 갖게 된다. 면담의 맥락과 주제에 대해 잘 알고 있어야 하는 이유가 바로 여기에 있다.

또한 워드 프로세서를 사용하여 텍스트 철자를 검사해야 한다. 일반적인 단어의 철자가 정확해야 하며, 고유명사와 방언, 전문용어도 일관된 철자로 표기되어야 한다. 이렇게 해야 분석을 지원하는 소프트웨어를 사용할 때 대체 철자에 대해 걱정할 필요 없이 검색 기능을 사용할 수 있다.

전사본 출력하기

CAQDAS를 사용하여 모든 분석 과정을 진행하는 경우에도 내용 확인이 보다 용이하기 때문에 여전히 전사본을 출력하는 것이 나을 수 있다. 확인을 위해 응답자에게 보여줄 수 있고 인쇄된 전사본을 사용하여 일부 분석을 수행할 수 있기 때문이다. 이 단계에서 결정해야 할 한 가지는 CAQDAS를 주요 분석에 사용할지 아니면 분석, 특히 코딩에 대한 최종 기록을 유지할지 여부이다. 둘 중 하나를 수행하는 경우 CAQDAS 프로그램으로 전사본을 가져올 때 출력물이 화면에 나타나는 텍스트와 동일한지를 확인해야 한다. 이렇게 하면 전사본에 작성한 메모를 소프트웨어로 쉽게 전송할 수 있다. 이 경우 전사본을 CAQDAS 프로그램으로 가져와서 해당 프로그램을 사용하여 인쇄하는 것이 가장 좋다.

CAQDAS를 사용하지 않는 경우는 워드 프로세서에서 직접 인쇄할 수 있다. 이 경우 다음 세 가지를 고려해야 한다.

1. 줄 번호: 전사본에 줄 번호가 표시되도록 하려면(예: 상호 참조를 하는 일부 접근 방식에서 권장함) 워드 프로세서를 사용하여 이를 설정한다. 대부분 자동으로 넣는 기능이 있기 때문에 수동으로 줄 번호를 넣을 필요가 없다(예: Microsoft Word에서 '페이지 레이아웃' 리본 사용). CAQDAS를 사용하는 경우에는 파일을 프로젝트로 가져 오기 전에 워드 프로세서에서 번호를 넣지 말고, 해당 소프트웨어에서 줄 번호를 삽입해야 한다.
2. 여백: 주석을 달고 코딩 아이디어를 기록할 수 있도록 용지 설정에 여백을 넓게 남겨 둘 필요가 있다. 대부분의 사람들은 오른쪽에 넓은 여백을 남긴다. 워드 프로세서에서 여백 설정하기를 통해 이를 수행할 수 있다(예: Microsoft Word에서 모든 텍스트를 선택한 다음 눈금자에서 여백 탭 이동).
3. 줄 간격: 텍스트는 두 배 간격(double-space)을 두는 것이 좋다(또는 한 줄 반 간격 사용). 이렇게 하면 텍스트에 밑줄을 긋고 주석을 달고 동그라미를 칠 수 있는 여지가 생긴다(Microsoft Word에서는 '홈' 리본에 해당 기능이 있음).

인터넷 데이터

전사 과정에서 발생하는 대부분의 문제를 피하기 위한 한 가지 방법은 인터넷을 통해 데이터를 수집하는 것이다. 이메일, 웹 페이지, 대화방, 상업적인 뉴스 등 인터넷으로부터 수집할 수 있는 모든 텍스트 데이터는 이미 전자 형식을 띠고 있어 전사가 필요하지 않다. 대부분의 이메일은 일반 텍스트이므로 내용 그대로를 저장하는 데 문제가 없다. 그러나 헤더 정보를 유지하는 것도 중요하며, 이를 통해 메시지가 누구로부터 누구에게, 언제 전송되었는지, 어떤 주제에 관한 것인지 알 수 있다. 회신을 반복하여 주고받게 되면 해당 이메일들은 하나로 묶이게 된다. 즉, 동일한 제목 아래 메시지가 시간순으로 함께 연결된다. 분석을 위해서는 이 파일을 묶음으로 보존하는 것이 좋다. 예를 들어, 동일 묶음에 있는 모든 메시지는 시간 순서대로 하나의 파일에 넣는다.

웹 페이지는 다른 한 가지 문제가 생기기도 한다. 물론 URL, 페이지 주소를 저장하고 분석하고자 할 때 브라우저에서 해당 페이지로 이동할 수 있다. 그러나 분석하는 동안 페이지가 변경되거나(예: 집단 토론인 경우, 더 많은 토론이 추가될 수 있음) 사라질 수 있다. 따라서 페이지를 방문할 때 스냅샷 사본을 저장하는 것도 하나의 방법이다. 웹 페이지는 일반 텍스트가 아니라 마크업 언어로 작성된다. HTML을 사용하여 웹 브라우저에서 형식이 지정된 방식에 따라 표시된다. 또한 이미지, 소리, 동영상과 같은 다양한 멀티미디어 요소를 포함하기도 한다. 텍스트만 필요한지(이 경우 페이지를 일반 텍스트로 '다른 이름으로 저장하기'를 통해 저장) 또는 멀티미디어 요소를 포함하여 웹 페이지로 저장할지(또는 웹 아카이브 형태로) 결정해야 한다. 웹 페이지나 웹 아카이브로 저장하는 경우, 웹 브라우저에서 이를 분석하기 위해서는 다시 열어야 한다.

대부분의 CAQDAS 프로그램은 일반 텍스트 파일을 가져와 코딩할 수 있다. 그러나 브라우저를 통해 확인되는 HTML 파일은 직접 코딩이 어렵다. CAQDAS 프로젝트에 웹 데이터를 포함하려면 페이지를 pdf 파일로 저장해야 한다(pdf 저장은 인쇄 설정 기능에서). 이렇게 하면 웹 페이지에 있는 대부분의 시각적인 요소들은 유지되지만 오디오나 비디오 요소는 유지되지 않는다(라이브 웹 버전 링크는 유지됨). 대부분의 CAQDAS

프로그램은 pdf 파일을 읽고 코딩할 수 있다. 대표적으로 NVivo에는 웹 페이지를 pdf 파일로, 트위터 메시지를 데이터베이스 형식으로 캡처할 수 있는 인터넷 익스플로러(Internet Explorer) 및 크롬(Chrome)용 플러그인이 들어 있다.

pdf로 분석하려는 모든 웹 페이지를 CAQDAS 프로젝트로 가져오더라도 해당 페이지의 하이퍼링크는 사라진다. 웹 페이지에는 일반적으로 다른 웹 페이지에 대한 하이퍼링크가 포함되어 있다. 그러므로 그것들은 **상호텍스트성**(intertextuality), 즉 문서들 사이의 연결 및 상호의존성을 보여주는 훌륭한 사례가 된다. 따라서 웹 페이지의 의미가 페이지 자체의 내용으로 표시되는지 아니면 하이퍼링크된 페이지의 일부 또는 전체를 포함해야 하는지의 여부를 잘 판단해야 한다. 웹 사이트를 웹 아카이브로 저장하는 것도 하나의 선택이 될 수 있지만, 외부 웹 사이트에 대한 하이퍼링크와 같은 모든 관련 하이퍼링크를 처리하지 못할 수 있다. 이것이 CAQDAS를 사용하는 일이 까다로운 지점이기도 하다.

상업 뉴스 아카이브에서 자료를 선택할 때와 같은 일부 경우에는 일반 텍스트로 변환하더라도 불필요하고 관련 없는 내용을 제거하기 위해 일부 처리 및 필터링을 수행해야 할 때가 있다. Seale(2002)의 연구에서도 확인된 바와 같이, 상업 뉴스 아카이브에서 암에 관한 기사를 검색할 때 선택의 과정은 충분히 선택적이지 않을 수 있다. 그가 수집한 많은 기사는 별자리인 게자리(Cancer)에 관한 내용이지, 그가 관심을 갖고 있는 질병으로서의 암(cancer)에 관한 기사가 아니었다.

메타 데이터

메타 데이터란 간단히 말해 데이터에 대한 데이터이다. 데이터를 준비하는 상황에서 고려해야 할 중요한 메타 데이터의 형식이 있다. 첫째,

인터뷰, 메모 등에 대한 정보를 포함하여 출처, 내용 개요 및 관련 대상에 관한 정보를 기록해야 한다. 둘째, 연구 수행 방법에 대한 세부 정보 및 응답자에 대한 약력 등과 같이 보관이 필요한 데이터 세부 정보에 대한 정보이다.

문서의 출처에 대한 정보는 문서 요약 또는 표지에 보관된다. 파일 형태의 전사본(예: 워드 프로세서 파일)을 생성하는 경우라면 본문의 내용이 시작되는 첫머리에 메타 정보를 기입하면 된다. 일반적인 메타 정보는 Box 2.3에 나열되어 있는 바와 같다.

Box 2.3 메타 데이터 문서의 전형적인 내용

문서 요약 또는 문서에 대한 설명

일반적으로, 인터뷰에 대한 정보를 요약하고 적절하다면 다음의 내용을 포함함:

· 인터뷰 날짜
· 응답자 약력에 대한 세부 정보
· 인터뷰 주제 및 상황
· 면담자의 이름
· 인터뷰와 관련된 현장 노트의 출처
· 관련이 있는 문서(예: 이전 및 이후 인터뷰)
· 문서 출처(전체 참고문헌)
· 분석을 위한 초기 아이디어
· 인터뷰에 참여한 사람의 가명 및 기타 익명으로 표기한 내용

자료 저장하기

경우에 따라서는 연구자 외의 다른 사람들이 작업을 수행하고 다시

분석할 수 있도록 데이터를 특정 저장소에 보관할 수 있다. 영국에는 데이터 아카이브를 담당하는 영국 데이터 서비스(UK Data Service)라는 조직이 있다. 이 조직의 웹 사이트(www.ukdataservice.ac.uk/deposit-data)에는 관련된 내용이 자세히 제시되어 있다. 앞서 언급했듯이 기록은 익명 처리가 필요하지만 아카이브에서는 일반적으로 익명처리된 원본과 함께 어떻게 익명처리되었는지에 대한 세부 정보가 필요하다. 데이터의 2차 사용자는 연구자가 수행한 것과 같이 익명성을 유지해야 한다. 특히 민감한 자료의 경우, 특정 기간 자료를 폐쇄하거나 접근을 제한할 수도 있다.

자료 저장소에는 일반적으로 연구자가 사용하는 다양한 첨부 자료가 모두 필요하다. 여기에는 방금 언급한 표지, 현장 노트 및 사례 선정 방법, 면담 일정 등에 대한 세부 정보와 함께, 수집된 기타 문서 자료 또는 인쇄물 등이 포함된다. 이러한 모든 자료를 저장하기 위해 저장소에 적합한 상태로 준비하는 일은 많은 시간과 노력이 소요된다. 경제사회연구위원회(ESRC: Economic and Social Research Council)와 같은 기관에서 연구비를 지원받는 프로젝트와 같이 데이터 저장이 필수인 경우, 연구자는 자료를 저장하기에 적합한 형태로 준비해야 한다.

구조화하기

질적 분석에서는 많은 데이터(전사본, 이미지, 영상, 문서 등)를 다루어야 할 뿐만 아니라 분석 과정으로부터 훨씬 더 많은 문서(코딩된 전사본, 메모, 연구 일지, 문서 요약본 등)가 생산된다. 따라서 모든 자료를 적절하게 조직하고 관리하는 방법이 필요하다. 오늘날 연구자들이 선호하는 데이터 관리 방법은 CAQDAS를 활용하는 것이다. ATLAS.ti, MAXQDA, NVivo, QDA Miner 등과 같은 프로그램은 분석에도 도움이 될 뿐만 아니라 보관하고 생성하게 될 모든 자료를 일목요연하게 파악하는 데 도움이 되는 기능을 중심으로 설계되었다. 이러한 프로그램을 사용하면 모든 프로젝트 문서를 한 곳에 보관할 수 있고, 각종 문서들을 의미 있게 조직할 수 있으며, 적절한 메타 데이터를 추가하는 것도 가능하다.

그러나 CAQDAS가 필수적인 것은 아니다. 소프트웨어를 구하기 어렵거나 프로젝트가 소규모인 경우, 소프트웨어 사용 방법을 배우기에 충분한 시간이 없는 경우라면 컴퓨터와 종이를 사용하여 분석을 수행할 수 있다(당연히 컴퓨터가 등장하기 전, 연구자들은 종이를 사용했다). 모든 데이터와 분석 과정을 관리하기 위해 컴퓨터를 사용할 가능성이 가장 높지만, 요즘에도 디지털이 아닌 물리적 형태로만 수집되는 책, 보고서, 문서 등이 존재한다. 이 경우 연구자는 컴퓨터에 이러한 자료의 정보를 보관할 수 있다. 다음 Box 2.4에는 연구자가 관리해야 하는 몇 가지 문서가 제시되어 있다.

Box 2.4 관리가 필요한 데이터와 문서

· 현장 노트
· 면담 전사본(녹음 및 녹화 자료 포함)
· 초점 집단 전사본(녹음 및 녹화 자료 포함)
· 면담, 초점 집단 등의 표지 문서
· 각종 문서(기관이나 조직에서 생산한 문서, 웹 사이트 등 포함)
· 미디어 자료와 소셜 미디어 자료(온라인 신문기사, 트위터 등)
· **연구윤리**와 관련된 문서(연구참여 동의서, 참여자 정보 시트 등)
· 편지, 이메일(참여 동의, 일정 조율 등)
· 설문 응답(응답 완료된 설문지, 설문 결과를 정리한 스프레드시트 등)
· 소속 기관의 차트, 다이어그램 등
· 연구 일지

- 메모, 분석에 관한 각종 기록 등
- 정책 문서, 정부 보고서 등
- 분석을 근거로 연구자가 작성한 보고서나 소논문 등
- 관련 학술 연구물(요즘에는 많은 양의 pdf 파일로 된 형태의 논문 등)과 그에 대한 연구자의 노트

컴퓨터에서 이러한 자료를 정리하는 가장 간단한 방법은 폴더를 사용하는 것이다. 예를 들어, 연구의 각 사례에 대한 폴더와 연구자가 방문한 각각의 상황에 대한 폴더를 만들 수 있다(예: 어떤 학교에 근무하는 교사는 '사례'에 해당하고, 그 교사를 관찰하고 면담하기 위해 찾아간 학교는 '상황'에 해당함). 데이터가 수집된 시기를 기록하기 위해 폴더 이름에 날짜를 포함하는 것이 좋다. 이는 여러 차례에 걸쳐 데이터를 수집하는 경우 특히 필요하다. 또한 수집된 문서(소속 기관에 관한 데이터를 포함하여) 및 설문 데이터(혼합 연구 방법을 적용하는 경우)에 대한 폴더를 만들 수도 있다. CAQDAS 프로그램을 사용하면 프로젝트 파일 내에서 유사한 형태로 폴더를 배열할 수 있다.

또한 프로젝트를 위해 현재 참고하는 문헌과 그에 대한 메모를 보관하기 위한 폴더를 생성하는 일도 가능하다. 그 안에서 주제별로 메모를 조직하는 것이 합리적이므로, 문헌의 각 주제에 따라 폴더를 분리할 수 있다.

다음 장에서는 분석의 일부로 수행하게 될 모든 종류의 글쓰기에 대해 다룰 예정이며, 글쓰기 역시 체계적으로 관리되어야 한다. 컴퓨터의 모든 파일에는 파일이 생성된 날짜와 마지막으로 변경된 날짜가 표시된다. 그러나 손으로 메모를 작성하거나 연구 일지를 직접 손으로 쓰는 경우, 작성할 때와 추가할 때마다 날짜를 기록해 두는 것이 좋다. 아이디어와 생각이 어떤 순서로 떠올랐는지 확인하는 일은 유용할 뿐만 아니라

7장에서 다루게 될 분석적 사고의 검사 추적(audit trail)의 일부로 포함될 수 있다. 연구자는 많은 상호 교차 참조(cross-referencing)를 수행하게 된다(면담 참여자가 근무했던 학교의 교장은 누구였는지, 이 영업 담당자가 작년에 거래했던 고객은 누구인지 등). 따라서 앞서 Box 2.3의 문서 요약(document summary)과 같이 그러한 데이터를 관련 문서(면담 전사본)에 포함하거나 별도로 생성하는 것이 좋다.

폴더와 파일의 배열 방법은 다양하다. 분석이 진행됨에 따라 필요해지는 상황, 점점 더 발전되는 해석이 반영되도록 연구자는 폴더와 파일의 배열을 변경하고 재정렬할 필요가 있다. 연구자는 문서의 폴더 구조 자체가 분석이 진행되는 주요 방법을 반영한다는 사실도 인식하게 된다. 예를 들어, 메모를 주제별로 이름이 지정된 폴더에 보관하면 폴더 이름이 곧 분석 기록을 구성하는 방법과 관련이 있음을 알 수 있다. 하지만 무엇보다도 컴퓨터 바탕 화면에 모든 자료를 저장해 놓고서 어떤 자료가 어디에 있는지 정확하게 파악할 수 있다고 자만하는 실수를 범해서는 안 된다. 처음 몇 주 동안에는 그럴 수 있지만, 시간이 지나고 수십 번에 걸쳐 면담이 진행되면 컴퓨터 바탕화면은 지저분해지고 말 것이다.

이 장의 핵심 내용

- 대부분의 질적 데이터는 타이핑된(또는 워드 프로세서로 처리된) 텍스트 형태로 전사된다. 이는 연구자들이 휘갈겨 쓴 메모나 음성 및 영상 자료보다 타이핑된 전사본으로 분석하는 것이 더 쉽다고 생각하기 때문이다. 그러나 전사에는 매체의 변화가 수반되므로, 어느 정도의 데이터 변환 및 해석이 포함된다는 사실을 알아야 한다.
- 연구자는 휴지(休止), 강세, 음조의 변화, 대화 중 말 겹침 등 모든 내용을 있는 그대로 전사할지 아니면 그보다는 덜 상세하더라도 연구를 수행하는 데에는 충분한지, 전사의 수준을 결정해야 한다.
- 연구자는 이미 주제에 대해서도 잘 알고 있고 실수할 가능성도 적지만, 전사 과정이 분석에 도움이 되기 때문에 직접 전사를 수행하는 것이 가장 좋다. 지금은 광학 문자 인식(OCR)이나 음성 인식 소프트웨어 등의 신기술이 발전했기 때문에 전사 작업은 이전보다 훨씬 더 수월해졌다. 물론 자금이 있는 경우 비용을 지불하고 전사 작업을 전문가에 의뢰하는 것도 가능하다.
- 어떤 선택을 하더라도 정확하게 전사하는 일은 매우 중요하다. 연구자가 직접 전사할 경우에는 자신이 타이핑한 내용을, 다른 사람에게 의뢰한 경우에는 그 전사본을 확인해야 한다. 의미를 근본적으로 바꾸어버리는 실수는 자주 일어난다.
- 인터넷에서 데이터를 수집하는 경우라면 전사의 수고를 줄일 수 있다. 이메일, 대화방, 웹 페이지, 블로그 등에서 수집된 데이터는 다른 사람이 이미 입력을 완료했음을 의미한다. 그러나 데이터를 분석하거나 CAQDAS 프로젝트에 적합한 형태로 변환할 때에는 일부 추가적인 처리가 필요하다.
- 질적 분석은 다양한 유형의 데이터를 사용하며, 분석 과정에서도 많은 글과 문서가 생성된다. 따라서 필요할 때 쉽게 찾을 수 있도록 연구자는 모든 자료를 잘 정리하고 보관해야 한다.

더 읽을거리

다음 연구들은 이 장에서 언급한 주제들을 좀 더 자세히 다루고 있다.

Bird, C. M. (2005) 'How I stopped dreading and learned to love transcription', Qualitative Inquiry, 11 (2): 226–48.

Brinkmann, S. and Kvale, S. (2018) Doing Interviews (Book 2 of The SAGE Qualitative Research Kit, 2nd ed.). London: Sage.

Park, J. and Zeanah, A. E. (2005) 'An evaluation of voice recognition software for use in interview–based research: a research note', Qualitative Research, 5 (2): 245–51.

Poland, B. D. (2001) 'Transcription quality', in J.F. Gubrium and J.A. Holstein (eds), Handbook of Interview Research: Context and Method. Thousand Oaks, CA: Sage, pp. 629–49.

Rapley, T. (2018) Doing Conversation, Discourse and Document Analysis (Book 7 of The SAGE Qualitative Research Kit, 2nd ed.). London: Sage.

Salmons, J. (2016) Doing Qualitative Research Online. London: Sage.

질적 연구의 자료 분석

제3장

글쓰기

연구 일지

현장 노트

메모

보고서 작성

제3장

글쓰기

• 이 장의 목적 •

- 글쓰기가 분석의 일부임을 이해한다.
- 질적 연구에서 일반적으로 사용되는 세 가지 종류의 글이 연구 일지, 현장 노트, 메모라는 것을 안다.
- 분석적 사고를 심화시키는 데 있어 글쓰기가 하는 역할을 이해한다.
- 최종 연구 보고서를 작성하는 시점에 활용 가능한 많은 글이 존재하기 위해서는 연구 전반에 걸쳐 글을 쓰는 것이 필요하다는 것을 인식한다.

연구자의 방법론적 지향에 상관없이, 글쓰기는 중요하다. 아이디어를 적는 것, 현장 노트를 모으는 것, 최종 보고서를 작성하는 것 모두 글쓰기의 일환이며, 따라서 글쓰기가 중요하다는 데 모든 연구자들은 동의한다. 자신이 수집한 자료에 대해 글을 쓰고, 자료가 무엇을 나타내며 어떻게 해석하고 분석할 수 있는지 아이디어를 얻기 위해 글을 쓰는 것은 필수적이다. 본 장은 두 가지 이유로 이 책의 앞부분에 배치되었다.

1. 글쓰기를 연구의 마지막 단계까지 미루는 것은 좋지 않다. 가능한 빨리 글쓰기를 시작해야 한다. 자료 수집과 분석을 수행하면서 글

을 작성하면 아이디어나 목표를 설정하는 데 도움이 된다. 물론, 연구 프로젝트를 진행함에 따라 그러한 아이디어와 목표가 많이 바뀌더라도 글을 작성하는 것은 유용하다. 시간이 부족하여 단순히 노트 형태로 생각을 작성하고 싶을 때가 있으나 그것은 피하는 것이 좋다. 가급적이면 워드 프로세서나 CAQDAS를 활용하여 미루지 않고 내러티브 형태로 글을 써야 한다. 손으로 쓴 모든 필기도 내러티브 형태로 변환하는 것이 좋다. 그 이유는 다음과 같다.

- 연구자가 간단히 메모한다면, 그 당시에는 그 내용을 이해할 수 있겠지만 몇 달 후에는 기억하기 어려울 수 있다.
- 글쓰기는 사고하는 것이다. 글을 쓰기 전에 표현할 것을 명확히 알고 있어야 그것을 그대로 글로 표현할 수 있다고 가정하고 있을 수 있다. 그러나 그렇지 않은 경우가 대부분이다. 다시 말해, 글을 쓰기 전에도 분명한 아이디어가 있다고 생각할 수 있지만, 사실은 그것을 글로 적는 순간에 명확해지는 것이다. 연구자가 아이디어를 언어로 표현하는 것은 본인이 얼마나 명확하게 이해하고 있고 그러한 아이디어가 얼마나 일관성이 있는지를 보여주는 일종의 확인 장치이다. 글쓰기는 이를 확인하기 위한 좋은 방법이다. 표 3.1은 글쓰기를 위한 중요한 팁을 제시한다.

2. 질적 연구에서 노트를 작성하고 연구에 대한 최종 내러티브를 작성하는 것은 분석에서 핵심적인 부분이다. 질적 분석은 해석을 수반한다. 무슨 일이 일어나고 있는지, 그것은 어떤 의미이며 왜 일어나고 있는지 알아내야 한다. 질적 연구자들은 많은 단어, 사진, 소리, 이미지를 마주하게 되는데, 이것이 어떤 의미를 내포하고 있는지 해석할 수 있어야 한다.

| 표 3.1 | 두 개의 '황금' 규칙: (a) 빨리, 자주 글쓰기, (b) 제대로 쓰기보다 그냥 쓰기

가능한 빨리, 자주 글을 써야 하는 이유는 다음과 같다.
1. 더 많이 쓸수록, 쉽게 써진다. 2. 매일 쓰면, 그것은 하나의 습관이 된다. 3. 작은 글 조각들이 모이면 많은 양의 글이 된다. 글쓰기를 작은 부분으로 나누어보자. X에 대해 100자의 글을 쓰고, Y에 대해 200자의 글을 써서 안전하게 저장한다. 이것이 쌓여 글이 될 것이다. 4. 글을 쓰지 않은 상태가 오래 유지되면, 글쓰기 작업은 점점 힘들어진다.
제대로 쓰기보다 그냥 써야 하는 이유는 다음과 같다.
1. 종이에 글을 작성하기 전까지는 그 누구도 그것을 개선시키기 위한 도움을 줄 수 없다. 초고를 작성하고, 그것을 사람들에게 보여준 후 수정하도록 한다. 2. 초고를 작성하는 것은 생각을 명확히 하는 데 있어 중요한 단계이다. 3. 머릿속에서 가장 명확한 부분을 먼저 쓰도록 한다. 도입 부분이 아니라 글의 중간이나 끝 부분을 먼저 작성해도 좋다. 그 부분을 먼저 작성한다면 다른 부분도 명확해질 것이다. 4. 초고는 어떤 부분에 수정이 필요한지 보여준다.

Delamont et al.(1997, p. 121)에서 발췌

연구 일지

많은 연구자들은 자신의 생각이나 동료 연구자들과의 논의, 연구 과정이나 연구 프로젝트 전반에 대한 개념을 기록하기 위해 성찰적인 연구 일지를 작성한다. 이것은 연구 단계에 관계없이 유용한 작업이다. 어떤 연구자들에게 연구 일지는 매우 개인적인 문서로 연구 여정을 기록하는 것이다. 또 다른 연구자들에게는 자료 수집과 분석의 방향에 대한 일상의 기록, 분석에 대한 아이디어나 영감 등을 기록하는 현장일지로서의

의미를 갖는다. 공책의 형태인 다이어리나 낱장의 일지를 묶는 (크게, 페이지 대 1일용 책) 문서철 등 다양한 방법을 활용할 수 있다. 연구 일지에는 다음과 같은 사항을 기록한다.

- 언제, 어디에서, 무엇을, 어떻게, 왜 했는지
- 무엇을 읽었고 그것이 분석에 어떠한 영향을 미쳤는지
- 어떠한 사람, 사건, 상황과 관련된 장면을 보았는지, 어떠한 주제나 이슈가 드러났는지, 새롭게 탐색해야 할 생각이나 질문이 생겼는지
- 어떠한 자료를 수집하였고, 그것을 어떻게 처리하였으며, 그 결과는 무엇인지
- 성과, 풀리지 않은 과제, 혹은 예상치 못한 일은 무엇인지(풀리지 않던 것이 갑자기 명확해졌거나, 특정 이론을 통해 한 상황을 분석할 수 있었던 것에 대해 작성)
- 연구 현장이나 분석 과정에서 무슨 일이 발생하고 있는지(예를 들어, 분석이 지나치게 획일적이거나 강제적이라는 느낌이 든다거나, 제대로 이해하지 못한 부분이 있을 때 그에 대한 내용을 작성)
- 연구와 관련하여 어떠한 생각이 드는지(특히 읽기자료로부터 얻은 새로운 직감이나 뉴스를 통해 알게 된 새로운 가능성에 대해 작성)
- 자료 수집 및 분석의 추후 방향에 대한 생각 등 연구자에게 영향을 주고 있는 모든 것

Cryer(2000, p. 99)와 Miles & Huberman(1994, pp. 50–54)에서 발췌

현장 노트

현장 노트는 연구 상황에서 작성하는 '동시성'을 갖는 노트이다

(Coffey, 2018). 이것은 누구, 무엇, 왜, 언제, 어디서 등의 정보를 기억하기 위한 메모이며, 연구 참여자들이 사용한 핵심 단어나 어구, 행위 등을 기록하기 위해 현장에 있는 동안 또는 현장 밖으로 나온 직후에 작성한다. 현장 노트는 **문화기술지**와 **참여 관찰**에서 주로 사용된다. 자료를 해석하거나 다시 표현하며 노트를 작성하고, 그것을 최종 보고서에서 활용하는 것은 문화기술지에서 핵심적인 과정이다. 현장 노트의 중요한 특성은 다음과 같다.

- 현장 노트는 계획되거나 구조화되어 있지 않다. 개방형이며 형식에서 자유롭다.
- 현장 노트는 어떤 사건을 그대로 담고 있는 것이 아니라 그것을 설명하고 표상하는 것이다. 즉, 연구자가 경험한 세계에 대한 설명이 아니라 해석을 적는 것이다. 현장 노트에 모든 것을 담을 수 없기 때문에 현장 노트는 선택적이다. 연구에 있어 중요하다고 생각되는 것을 식별하는 것이 필요하다.
- 현장 노트는 사람들이 말하거나 행동한 것을 그대로 기록하는 것이 아니라 그것을 기술하는(describe) 것이다. 다시 말해, 현실을 그대로 반영하는 것이 아니다. Emerson et al.이 표현하듯, "기술적인 글쓰기는 특정한 목적이나 지향을 반영하며, 해석과 이해하는 적극적인 과정을 포함한다"(Emerson, et al., 2001, p. 353).
- 누적된 현장 노트는 질적 분석의 근거가 되며, 보고서의 내용을 뒷받침하기 위해 예시 자료로 활용될 수 있다.

현장 노트는 보통 문화기술지와 관련되지만, 포커스 집단이나 면담 등의 접근을 취하는 연구자들에게도 사용된다. 그러한 연구자들은 보통 자료 수집에 대한 자신의 경험에 대해 노트를 작성한다. 예를 들어, 면담을 진행하는 연구자들은 면담 맥락(면담자와 면담 참여자 외에 누가 더 현장에 있었는지, 면담은 어디서 이루어졌는지, 참여자가 편안해 보였는지 또는 서두르거나 방해받는 듯 보였는지)이나 면담 시 발생한 방해 상황(아이들이 들어왔거나, 화재 경보가 울렸거나, 전화가 오는 등)에 대해 작성한다. 어떤 연구자들은 녹음기가 작동되지 않을 만일의 경우를 대비하여 참여자가 말하는 내용과 그 밖의 중요한 정보(신체 동작이나 바디 랭귀지, 표현, 분위기)에 대해 적는다. 면담을 진행하는 연구자들이 종종 겪는 것은 면담 참여자들이 중요한 정보를 말하고 난 후에 녹음기 버튼을 누르지 않았다는 사실을 알게 되거나 비밀유지가 필요한 내용이라 중간에 녹음기를 꺼야 하는 상황이다. 이러한 경우, 연구자들은 현장에서 나온 직후에 차 안이나 버스 정류장에서 들은 내용을 기억하여 노트를 작성한다.

현장 노트 작성하기

연구자들은 단어와 사건이 기억에서 사라지기 전에, 가능한 빨리 현장 노트를 작성해야 한다. 이러한 쓰기 과정은 질적 분석의 첫 단계이다. 노트를 작성할 때, 다음의 내용을 포함해야 한다.

- 무엇이 발생했는지 기록
- 발생한 일과 관련된 연구자 본인의 행동, 질문, 생각을 기록

연구자들이 이런 유형의 노트를 어떻게 작성해야 하는지에 대한 논쟁이 있다. 어떤 연구자들은 초기 자료와 그에 대한 의견과 성찰적·분석적 아이디어를 구분하여 기록하는 것을 선호한다. 예를 들어, 4장에서 다룰 근거 이론 개발자들은 면담과 같은 초기 자료와 메모 형식으로 기록된 연구자의 의견과 분석을 엄격하게 구분해야 한다고 주장한다(Glaser and Strauss, 1967; Flick, 2018d). 반면, 다른 연구자들은 현장 노

트와 같은 초기 자료조차 가치중립적이지 않으며 연구자의 세계관을 반영하는 편향, 관점, 이론을 포함하고 있다고 보기 때문에 그 두 가지를 구분하는 것을 중요하게 여기지 않는다. 원자료와 해석 및 분석을 얼마나 엄격하게 구분해야 하는지는 연구자의 관점에 따라 달라진다. 그럼에도 불구하고, 기술(description)과 해석 간의 관계에 대해 인식하는 것은 유용하다.

후자의 견해는 보통 연구에 대한 구성주의 철학과 관련이 있지만, 글에서 객관성을 주장할 수 없다고 인식하는 문화기술지 연구자들에게서도 볼 수 있다. 이러한 관점에서 볼 때, 연구자들은 정당성 없이 권위적인 목소리를 내는 것에 신중해야 할 뿐만 아니라, 글에는 연구자들의 경험과 느낌, 연구 참여자들의 감정과 같은 주관적인 요소들이 포함된다는 점도 유의해야 한다. van Manen(1988)은 문화기술지에서 연구 결과를 제시하는 세 가지 방식을 구분하며, 그 내용은 아래의 Box 3.1에 요약되어 있다. 이러한 세 가지 방식은 결과를 제시하는 다양한 방법이 존재한다는 것을 보여주고 있으나, 사회과학 분야에서 가장 빈번히 사용되는 것은 '현실주의 이야기(realist tales)' 방식이다. 그러나 van Manen이 주장하는 것처럼, 많은 현실주의 이야기에는 고백적이거나 인상주의적인 내용이 일부 포함되기도 한다.

Box 3.1 van Manen의 이야기 형식

현실주의 이야기(realist tales)

관찰한 내용을 사실처럼 제시하며, 연구 참여자들의 말이나 글을 그대로 담아낸다. 일상생활과 루틴에 대한 구체적인 세부 내용을 보여준다. 연구 참여자들의 관점이나 견해가 강조된다. 현실주의 이야기에서 연구자는 '해석적 전능주의(interpretive omnipotence)'(van Manen, 1988, p.

51)의 입장을 취하는 경향이 있다. 다시 말해, 연구자의 목소리는 글에서 완전히 빠져있으며, 성찰적인 분석 없이 일반적이고 이론적인 연구자의 해석이 사실인 것처럼 제시된다.

고백적 이야기(confessional tales)

이것은 더욱 개인화된 방식의 이야기이다. 연구자의 생각과 견해를 보다 명확히 보여주고, 연구 과정에서 연구자가 어떤 역할을 수행했는지 설명한다. 연구자가 가진 관점은 현장으로 진입할 때 혹은 자료를 수집하는 과정에서 발생하는 방법론적인 문제들처럼 중요한 이슈로 다루어진다. 고백적 이야기는 개인적인 고백과 방법론적인 고백을 구분한다.

인상주의 이야기(impressionist tales)

이것은 중요한 사건이나 연대순으로 조직된 일련의 사건들을 극적으로 서술하는 형태의 이야기이다. 연구자는 최대한 기억을 살려 상세한 것을 이야기에 포함함으로써 자신이 보고 듣고 경험한 감각을 되살린다. 연구자는 소설가와 같이 독자들로 하여금 자신이 현장에 함께 있다고 느낄 수 있도록 서술한다.

van Manen(1988)에서 발췌

현장 노트 작성을 위한 전략

현장 노트를 작성하기 위한 몇 가지 전략을 제시하면 다음과 같다. 적합하다고 생각하는 다양한 전략을 동시에 취할 수 있다.

- 저자의 산문(prose): 현장 노트는 공식 문서가 아니므로 편향적일 수 있다. 현장 노트를 보는 사람은 연구자 외에는 없다. 연구 참여자들도 현장 노트를 볼 수 없으므로 연구자들은 솔직하게 작성할 수 있다.

- 인스크립션(inscription)과 트렌스크립션(transcription): 사건과 활동에 대한 기술(인스크립션)과 참여자의 말에 대한 기록(트렌스크립션)을 포함한다.
- 회상과 순서대로 배열하기: 사건을 시간순으로 배열하여 제시한다. 주요 전환점과 중요 사건 등을 포함하며, 관심 주제와 관련하여 체계화한다. '포스트－혹(post－hoc)' 논리(나중에 등장하는 내용을 통해 정보를 제공하는 방식)나 극적인 표현(당시에 알고 있던 내용만 포함하며 이야기 전개에 따라 놀라움을 야기하는 방식)으로 메모를 작성할 수 있다.
- 행위와 대화에 대한 수사적 재현: 세부적인 이미지를 사용하여 사물에 대한 스냅샷을 제공할 수 있는 스케치를 작성한다. 시간에 따라 달라지거나 때로는 클라이맥스를 이루는 행위에 주목하여 노트를 작성한다. 이것은 현장 노트 '이야기'로 발전시킬 수 있는데, 이러한 이야기는 극적인 논리를 가지는 소설과는 다르며 실제 삶과 같이 목적 없이 전개될 것이다. 연구자가 기억하는 범위 내에서 대화를 포함할 수도 있다.
- 태도: 연구자는 연구 참여자들과의 거리를 결정할 필요가 있다. 연구자로서 연구 참여자와 교감하며 관계를 형성하고 있는가, 아니면 중립적이며 거리를 유지하고 있는가?
- 관점: 현장 노트를 일인칭 관점에서 작성할지, 삼인칭 관점에서 작성할지, 또는 혼용할 것인지를 결정한다.
- 감정: 사건이나 연구 전반에 대한 연구자의 감정을 포함할 수 있다. 이는 연구 참여자의 감정도 보여줄 수 있을 뿐 아니라, 추후에 연구자의 편견을 식별하는 수단으로 활용될 수 있기 때문에 유용하다.

기억할 것이 너무 많다면 이 한 가지만 기억하면 된다. 연구자는 전문가이며, 현장에 대해 잘 알고 있다. Denzin(2004)은 다음과 같이 서술한다.

> 텍스트에 있는 것, 쓰여 있는 것은 연구자의 기억과 현장 노트로 구성되고 만들어진다. 이 질서를 글로 표현한다는 것, 경험을 재규정하고 새롭게 창조할 수 있는 글을 쓴다는 것은 그 자체로 힘과 권위를 가진다. 저자를 제외한 그 누구도 독자를 위해 이렇게 새로운 세계로 안내할 수 없다. (Denzin, 2004, p. 454)

메모

근거 이론 연구자들은 질적 분석 방법으로 메모의 사용을 활성화하는 데 기여했다. 메모는 아이디어의 주제 코딩과 분석틀 개발에 있어 유용한 방법이다. 메모는 연구자 자신 혹은 연구진을 위한 노트이다. 근거 이론의 창시사 중 한 명인 Glaser는 메모를 다음과 같이 정의했다.

> 코딩 과정에서 코드에 대한 아이디어, 그리고 여러 코드들 간의 관계에 대한 아이디어를 이론화하는 것. ... 그것은 문장, 단락 또는 몇 페이지가 될 수 있다. ... 자료에 대한 연구자의 순간적인 생각, 아마도 개념적 정교함이 더해진 연구자의 생각을 촉진시키는 수단이다.

앞에서 언급했듯이, 근거 이론가들은 보통 메모에 쓰는 분석적 아이디어를 원 문서(인터뷰 성적서, 현장 노트, 수집된 문서 등)와 엄격히 분리하는 경향이 있다. 이는 자료에 근거해야 하는 필요성 때문이기도 하다. 따라서 연구자는 자료란 무엇이고 자신의 의견은 무엇인지 구분할 수 있어야 한다. 또한, 메모는 자료 코딩과 관련된 것이다. 다음 장에서 더 자세히 논의될 것이지만, 코딩이란 현장 노트나 면담 전사본에서 특정한 주제 아이디어를 나타내는 부분을 식별하고 그에 '코드'라는 표식을 부여하는 과정을 의미한다. 메모는 코드에 대한 분석적 사고이며 코딩 과정에서 설명과 방향을 제시한다. 메모는 코딩에서 보고에 이르기까지 분석 이후 단계로 나아가는 데 유용한 도구이다. 메모에는 최종 보고서에 포함할 아이디어와 확장된 논의가 포함된 경우가 많다.

메모 사용 방식에 조금 더 유연한 연구자들도 있다. Richardson은 Glaser와 Strauss(1967)를 따르며, 노트를 다음의 네 가지 유형으로 조직한다(연구자는 이것을 현장 노트와 통합하거나 관련 아이디어를 연구 일지에 작성할 수도 있다). 다음과 같이 괄호 안에 있는 약자를 사용하여 각각의 노트가 사용된 곳에 표시를 할 수 있다.

- 관찰 노트(ON): 보고, 듣고, 느끼고, 경험한 것을 가능한 구체적이고 명확하게 작성
- 방법론 노트(MN): 누가 누구에게 이야기했고, 무엇을 입었으며, 언제 전화했는지 등과 같이 자료 수집 방식에 대해 작성
- 이론 노트(TN): 직감, 가설, 연결 지점, 대안적 해석, 연구자의 행위와 사고에 대한 성찰적 비판
- 사적 노트(PN): 불안, 즐거움, 의심 등 연구에 대한 연구자의 느낌을 서술

(Richardson, 2004, p. 489)

연구자는 자료 수집을 시작할 때부터 보고서를 완성할 때까지 연구 과정 전반에 걸쳐 메모를 작성해야 한다. 영감이 떠오르면 메모를 우선적으로 작성해야 한다. 일단 메모 작성을 시작하면 지속할 필요가 있다. 메모의 길이는 중요하지 않다. 필요에 따라 수정하고 나중에 분할할 수 있다. 현장 노트와 마찬가지로 메모는 연구자만을 위한 것이다. 따라서

있는 그대로 솔직하게 작성할 수 있고 타인의 시각을 의식하여 글을 다듬을 필요가 없다. 개념적인 수준에서 메모를 작성하고, 전반적인 개념의 사례를 제외하고는 각각의 세부 특징에 대해서는 언급하지 않도록 한다. 만약 사례 분석을 수행 중이라면 이를 엄격하게 따르지 않을 수 있지만, 사례에 대해 서술할 때 개념적 수준을 유지하도록 노력한다. Box 3.2에는 메모에 포함할 수 있는 내용이 요약되어 있다.

Box 3.2 메모의 사용

1. 코드를 위한 새로운 아이디어: 연구 참여자가 말한 것에서 새로운 아이디어가 떠오르기도 한다. 코드 리스트를 만들면 추후에 코드 간 상호참조(cross-referencing)를 용이하게 할 수 있다.
2. 직감: 연구자가 갖는 직감이나 추측이 무엇이며, 자료에 있는 증거로 뒷받침되는 것은 무엇인지 표시한다. 그렇지 않으면 나중에 자료로 돌아왔을 때 단순한 예감이 실제로 증거에 의해 뒷받침된다고 생각할 것이다.
3. 통합적 논의: 하나 이상의 메모나 코드를 통합적으로 논의하는 것으로, 코드 또는 맥락이나 사례를 서로 비교하는 것이 핵심이다.
4. 연구자들 간의 대화: 메모는 분석적인 아이디어를 동료들과 공유하는 유용한 방법이다. 메모 작성자와 작성 날짜를 적어서 공동 연구진들과 공유하도록 한다.
5. 자료의 질에 대한 의문: 연구자는 연구 참여자가 솔직히 이야기하지 않았다거나 특정 사안에 대해 이야기하기 적합하지 않은 사람이라고 느낄 수 있다. 이처럼 수집된 자료의 질에 대해 의문을 제기해볼 수 있다.
6. 기존 분석틀에 대한 의문: 연구자는 기존 코드가 제대로 작동하는지 시험해보기 위해 그것에 반하는 메모를 작성해볼 수 있다. 각 코드에 대한 메모의 내용이 비슷한 경우, 해당 코드들은 거의 같은 것이라고 볼 수 있기 때문에 코드 간 통합을 고려할 수 있다.

7. 사례에 대한 놀라움: 질적 자료를 검토하는 데 있어 중요한 기술은 놀라운 점을 발견하는 것이다. 우리는 그 상황에 너무나도 익숙해져서 놀라운 것을 발견하지 못하는 경우가 많다.
8. 다른 메모에 대한 대안 가설: 다른 메모 내용을 읽고 그에 대한 또 다른 가설을 세워볼 수 있다. 이것은 공동 연구진들 간의 내부 대화이거나 혼자 연구하는 경우 연구자 자신과의 대화이다.
9. 분석에 대한 어려움: 생각이 떠오르지 않거나 분석에 어려움을 겪을 때, 생각을 글로 적어보면 어디에서 막히는지 확인할 수 있다. 연구자가 기억해야 할 것은 글로 표현한 이후에는 언제든 그 글로 다시 돌아와 그것을 다시 검토할 수 있다는 것이다.
10. 일반적 주제나 비유 생성: 이것은 자료 전체를 아우를 수 있는 통합적인 활동이다. 분석 과정에서 꼭 있어야 하는 절차는 여러 코드나 주제들을 하나로 모으기 시작하는 것이다.

Gibbs(2002, p. 889)에서 발췌

보고서 작성

연구자가 연구를 수행하는 과정 전반에서 일지나 메모를 작성했다면 최종 보고서를 쓰는 것은 크게 어렵지 않을 것이다. 연구자는 이미 많은 문장과 문단들, 심지어 장 전체를 구성할만한 글을 가지고 있을 것이기 때문이다. 그럼에도 보고서를 작성하는 것은 쉬운 일이 아니다. 그러나 반드시 보고서 1장부터 글을 시작할 필요는 없으며, 가장 쉬운 장이나 절부터 쓰기 시작할 수 있다. 접근하기 쉬운 부분부터 글을 써 나가면 보고서 작성 작업을 더욱 손쉽게 할 수 있다. 글을 많이 쓸수록 연구 프로젝트에 대한 감을 잡을 수 있고, 나머지 부분을 작성하는 방식에 대해 명확해질 뿐 아니라 자신감을 가질 수도 있다.

어떤 연구자들은 말하고자 하는 내용의 목록이나 개요를 먼저 작성한 후, 각각에 대한 구체적인 아이디어를 발전시킨다. 어떤 연구자들은 연구의 목적과 목표에서부터 시작한다. 누군가는 한 문장을 쓰고 난 후 다음 문장으로 넘어가기 전에 그것을 여러 번 다듬는다. 반대로, 누군가는 생각의 흐름에 따라 자유롭고 최대한 빠르게 글을 쓴 후, 문장이나 내용을 찬찬히 정리한다. 필자가 아는 한 교수는 한 번에 여러 개의 보고서 작업을 동시에 진행하며, 한 시간 동안에는 한 보고서에, 그다음 한 시간 동안에는 또 다른 보고서에 집중한다. 이것은 나에게는 적합하지 않은 방식이다. 필자는 한 번에 하나의 글에 집중하는 것조차 버거운 사람이기 때문이다. 연구자는 자신에게 적합한 방식이 무엇인지 이해하고, 포기하지 않고 작업해야 한다.

보고서 조직하기

연구자는 다양하고 이질적인 생각들을 일관성 있는 '이야기'로 모을 수 있는 조직 구조를 찾아야 한다. 이러한 구조는 보통 보고서의 장이나 절로 나타난다. 예를 들어, 하나의 사례를 다루는 경우 각 장이나 절을 하나의 에피소드에 대한 내용으로, 여러 사례들을 다루는 경우에는 각 장이나 절을 하나의 사례에 대한 내용으로 구성할 수 있다. 표 3.2는 보고서를 조직하는 그 외의 방식들을 제시한다.

| 표 3.2 | 질적 연구 보고서 조직

1. 개별 사례를 제시한 후, 사례 간의 차이점과 유사점에 대해 논의하는 방식
2. 식별된 주요 주제들을 중심으로 구조화한 후, 면담 전사본이나 다른 자료에 있는 구체적인 예시를 토대로 각 주제에 대해 논의하는 방식
3. 연구를 통해 알게 된 것을 주제에 따라 제시한 후, 개별 사례 연구를 사용하여 각 주제에 대해 논의하는 방식

King(1998)에서 발췌

초점

보고서를 조직하는 데 있어 중요한 요소 중 하나는 보고서의 초점이다. 처음에는 초점이 분명하지 않을 수 있으나, 자료를 분석하고 글을 쓰면서 초점이 점차 명확해진다. '이 연구의 목적은...'이라는 문장을 완성할 수 있을 때 비로소 연구의 초점이 명확해질 것이다. 연구자가 공동연구진이나 동료들과 연구에 대해 논의하는 것은 초점을 명확히 하는 데 도움이 될 수 있다. 연구에 대해 타인에게 설명하기 위해서는 연구에 대한 중심 생각을 파악하고 정리할 필요가 있기 때문이다.

근거 이론 연구자들은 분석 초점이 연구 참여자들로부터 도출된 개념을 토대로 해야 하는지, 사회과학 이론이나 개념을 토대로 해야 하는지에 대해 서로 의견이 다를 수 있다. 그러나 초점을 갖는 것은 근거 이론을 바탕으로 하는 연구자들에게도 중요한 일이다. 코딩과 분석 과정 중에 내러티브와 개념적 기술을 엮을 수 있는 핵심적인 범주가 나타난다는 것은 근거 이론의 주요 가정이다. 근거 이론의 창시자인 Glaser에 따르면, 핵심 범주는 발견될 수 있으며, 그 범주는 수집된 데이터와 밀접히 연결되어 있어야 한다. 핵심 범주란, 다른 범주들과 잘 연결되며, 상당한 분석의 힘을 가진 중심적이고 반복적인 개념체이다. 핵심 범주는 연구 상황에서 참여자들이 보이는 다양한 행동 패턴의 많은 부분을 설명한다(Glaser, 1978, p. 9). Charmaz(1990)와 같은 구성주의 연구자들은 분석을 '새로운 것의 생성'으로 본다. Charmaz에게 핵심 범주는 연구자가 자료에게 부여하는 것이다. 즉, 그것은 해석의 결과로 '생성'되는 것이며, 단순히 '발견'되는 것이 아니다. 이러한 관점에서 볼 때, 핵심 범주를 식별하는 것은 쉽지 않은 일이며, 상당한 시간과 노력을 필요로 하는 일이다.

연구자의 관점에 관계없이 중요한 사실은 핵심 범주가 설명력을 가진다는 점이다. 연구자가 주목하는 많은 아이디어와 주제들은 핵심 범주와 관련되어 이해될 수 있다. 핵심 범주는 행동, 행위, 언어, 경험의 다양한 변화를 포괄할 수 있고, 모순되거나 대안적인 사례를 설명할 수 있다.

퇴고

Becker(2007)는 글을 쓸 때 많은 학부생들이 보이는 나쁜 습관은 초안이 완성본이라고 믿는 것이라고 지적한다. 그는 사회과학 저술에 관한 자신의 저서에서 질 높은 최종 보고서를 작성하기 위해서 얼마나 많은 수정, 보완, 편집이 필요한지 보여준다(Becker, 2007). 퇴고의 목적은 글을 더 명확하게 하고 더욱 잘 읽히도록 만들기 위함이다. 퇴고의 가장 중요한 측면 중 하나는 중복되는 불필요한 부분을 삭제하는 것이다. Box 3.3은 퇴고를 위한 몇 가지 지침을 제시한다.

Box 3.3 퇴고를 위한 지침

1. 글을 꼼꼼하게 읽으며 스스로에게 질문하기
   · 나는 무엇을 말하고자 하는가?
   · 이 글의 독자는 누구인가?
   · 무엇을 바꾸면 글이 보다 명확해지고 이해하기 쉬운가?
2. 대대적인 수정 작업에서 다음 사항을 고려하기
   · 글 일부의 순서를 재조정하기
   · 한 부분을 다시 쓰기
   · 예시를 추가하거나 중복된 예시를 삭제하기
   · 더 나은 예시로 교체하기
   · 혼돈되는 부분을 삭제하기
3. 사소한 수정 작업에서 다음 사항을 고려하기
   · 단순한 단어로 수정

· 짧은 문장으로 수정
· 짧은 단락으로 수정
· 동사를 수동태에서 능동태로 교체
· 부정어를 긍정어로 교체
· 순서에 따라 글의 내용 전개
· 필요시 일부 내용을 개조식으로 표현
4. 고친 글을 읽으며 추가적인 수정 사항은 없는지 확인하기
5. 마지막으로, 수정 작업이 끝난 후에 이와 같은 과정을 되풀이하기

Hartley(1989, p. 90)에서 발췌

타인에게 받는 피드백은 연구자들에게 유용하다. 연구자는 자신이 작성한 글에 거리를 두기가 어렵다. 본인의 글에 너무나도 익숙하기 때문이다. 따라서 친구나 동료들, 가급적이면 연구 주제에 대해 조금이라도 알고 있는 누군가에게 초안을 읽어줄 것을 부탁하는 것이 좋다. 초안을 타인과 공유할 때, 어떠한 유형의 피드백을 구하는지 명확히 하는 것이 도움이 된다. 초안이 너무 긴데 어느 부분을 줄일 수 있는가? 글의 스타일이 의도한 청중에게 적합한가? 글에 대한 정확하고 구체적인 이해를 위해 더 필요한 내용이 있는가? 초안을 검토해줄 사람들에게 어떠한 종류의 피드백이 필요한지 말해주면, 시간 낭비를 줄일 수 있다. 어느 정도의 완성도를 갖춘 초안이 나오기도 전에 타인에게 피드백을 구하는 것은 피하되, 공유할 초안이 완성본 수준으로 완벽하게 정리되어 있을 필요는 없다. 글을 수정하고 보완할 수 있을 정도의 초안이라면 괜찮다. Becker가 언급했듯이, "결국 중요한 것은 완성된 글이다"(Becker, 2007, p. 21).

스타일

전통적으로 보고서와 논문의 스타일은 무미건조하고 기술적이다. 연구자들은 보통 소극적인 목소리와 과거형을 사용하여 이야기를 제시한

다. 연구 참여자의 단어를 활용하되, 예시로 제시하는 인용구에 국한한다. 이는 사회과학자들이 취하고 있는 과학적이고 현실주의적인 입장을 반영하고 있다. 연구는 사회 현실의 근본적인 본질을 밝혀낼 수 있으며, 단순하고 직설적이며 객관적인 방식으로 그 현실을 나타낼 수 있다는 것이다.

그러나 이 접근법에 문제가 있다는 인식이 인류학에서 형성되어 다른 분야로 빠르게 확산되고 있다. 이에 따라 많은 연구자들은 권위, 객관성, 성찰과 같은 이슈에 대해 주목해오고 있다. 연구자는 이 세계가 어떻게 작동하는지에 대해 연구 참여자들이 말해주는 범위를 넘어 설명 가능하다는 주장에 연구자의 권위가 담겨있다. 분석의 질은 편견이나 편파성으로부터 자유롭다는 가정은 객관성이라는 개념을 토대로 한다. 성찰은 연구자가 지식을 생성하는 과정에서 자신이 수행한 역할에 대한 인식을 의미한다. 성찰 문제의 기저에 있는 것은 모든 질적 연구가 해석을 포함하기 때문에 연구자들은 사회 세계에 대한 지식 생성을 위한 그들의 방법, 가치, 편견, 결정 등이 갖는 함의에 대해 면밀히 살펴볼 필요가 있다는 가정이다(7장 참조).

이는 사회과학 연구가 수행되는 방식, 특히 글이 어떻게 작성되는지에 대해 중요한 시사점을 제공한다. 그중 하나가 사회과학 글쓰기에서 기대되는 기준의 확대를 가져온다는 것이다. 전통적인 보고서 작성 방식과 근본적으로 다른 형태의 글쓰기를 가능하게 한다. 질적 분석 결과를 글로 표현할 수 있는 스타일의 범위를 확장시킨다. 이에 대한 예로 앞에서 제시한 van Manen의 문화기술지 결과에 대한 세 가지 이야기 형식을 들 수 있다.

연구자는 연구 결과를 어떻게 제시할 것인지 다양한 방식으로 실험할 수 있다. 다만, 다음을 인식할 필요가 있다. 독자들은 일반적으로 하나의 장르나 스타일에 부합하는 글을 예상한다. 인류학 모노그래프, 평가 보고서, 과학 보고서, 대중 잡지 스타일이 그러한 예이다. 학위 논문을 포함한 학술 저널에서 일반적으로 사용되는 형식은 다음과 같다.

서론 - 선행 연구 - 연구 방법 - 결과 및 분석 - 논의 - 결론

질적 연구에서 결과 및 분석과 논의 파트는 통합되기도 하지만, 이것이 일반적인 학술적인 글의 구조이다. 연구자가 연구 결과를 글로 작성할 때 해당 분야에서 전통적으로 사용되는 글의 스타일을 인식하고 있는 것은 중요하다. 비록 그러한 형식을 따르지 않을 때에도 그렇다. 연구자는 연구 결과를 읽을 독자들을 인식하는 것이 필요하다. 독자들은 자신이 무엇을 읽을 것이며, 그 글은 어떠한 방식으로 쓰여 있을 것인지 예상할 것이다. 이러한 독자들 중 일부는 학술지나 학위 논문 심사자들이다. 그들의 기대를 인식하지 않는 것은 일종의 위험 부담이 있기 때문이다.

이 장의 핵심 내용

- 글쓰기는 자료에 대한 사고에 있어 중요하기 때문에 글쓰기를 자료 분석 단계의 후반부까지 미루지 않는 것이 중요하다. 글쓰기는 연구자가 자신의 생각을 정리하고 명확히 하며 타인과 공유하여 피드백을 얻을 수 있도록 하는 유용한 도구이다. 연구에 대한 직감, 아이디어, 노트, 성찰, 행위 등을 연구 일지에 기록하는 것이 좋다.
- 현장 노트는 연구자가 연구 현장에 있을 때 발생한 일에 대해 작성하는 것이다. 다만, 그것은 단순한 묘사가 아닌 해석이며, 보통 연구자의 경험, 느낌, 편견, 인상을 포함한다.
- 메모는 연구자가 진행 중인 분석에 대해 자기 스스로에게 남기는 노트이다. 현장 노트와 마찬가지로 관찰과 방법론적이고 이론적인 아이디어뿐 아니라 개인적인 성찰에 대한 내용도 포함할 수 있다. 메모는 새로운 분석 아이디어를 기록하고 공유하는 방법이다.
- 일정 시기가 되면 연구 보고서를 작성해야 한다. 연구 보고서에는 연구 일지와 현장 노트, 메모에 기록한 다양한 아이디어와 예를 포함시킬 수 있다. 다만, 연구 보고서에서 중요한 것은 '초점'을 갖는 것이다. 논의하는 여러 사건, 상황, 행동 및 기타 현상을 설명하기 위해 핵심 아이디어나 범주가 필요하다.

더 읽을거리

다음 연구들은 노트 및 보고서 작성에 대한 쟁점이나 제안점을 좀 더 자세히 다루고 있다.

Becker, H. S. (2007) Writing for Social Scientists: How to Start and Finish Your Thesis, Book or Article, 2nd ed. Chicago and London: University of Chicago Press.

Coffey, A. (2018) Doing Ethnography (Book 3 of The SAGE Qualitative Research Kit, 2nd ed.). London: Sage.

Emerson, R. M., Fretz, R. I. and Shaw, L. L. (2011) Writing Ethnographic Fieldnotes, 2nd ed. Chicago, IL: University of Chicago Press.

Wolcott, H. F. (2009) Writing up Qualitative Research, 3rd ed. Newbury Park, CA and London: Sage.

제4장

주제 코딩과 범주화

- 코드와 코딩
- 코딩 역학
- 데이터 중심 또는 개념 중심?
- 코딩할 내용
- 코드로 텍스트 검색하기
- 근거 이론
- 코딩 유형 및 방법

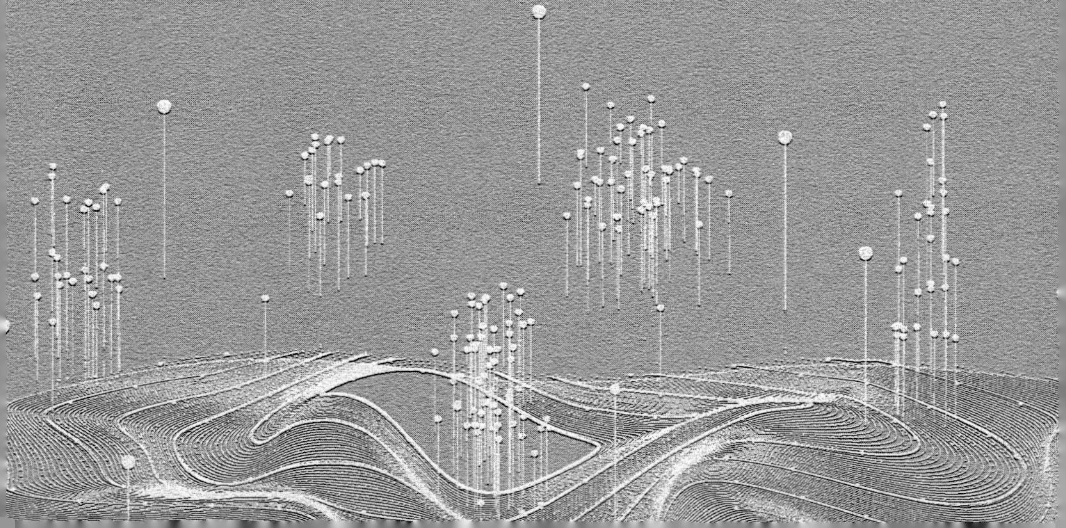

제4장

주제 코딩과 범주화

• 이 장의 목적 •

- 질적 분석에서 코딩의 중심적인 역할을 이해한다.
- 예제를 자세히 살펴봄으로써 단순히 설명만 하는 것이 아니라 분석적이고 이론적인 코드를 만드는 것이 중요하다는 것을 이해한다.
- 설명에서 분석으로의 이동을 촉진하는 데 사용할 수 있는 두 가지 기술, **지속적인 비교**와 줄 단위 **코딩**에 대해 안다.

코드와 코딩

코딩은 분석하려는 데이터가 무엇인지 정의하는 방법이다. 코딩은 동일한 이론적 또는 기술적 아이디어가 담겨 있는 하나 이상의 텍스트 구절이나 그림의 부분 등을 식별하고 기록하는 과정을 포함한다. 보통 몇 개의 구절을 구분한 후에 그것에 코드, 즉 그 구절이 담고 있는 아이디어를 나타내는 단어를 부여한다. 따라서 같은 아이디어를 담고 있는 모든 텍스트들은 같은 코드를 부여 받는다. 코딩은 텍스트에 대한 생각의 틀을 구축하기 위해 텍스트를 색인화하거나 분류하는 방법이다. 이 용어에 대한 자세한 내용은 Box 4.1에 나와 있다. 이러한 방식으로 코딩하면 두 가지 형태의 분석이 가능하다.

1. 같은 라벨로 코딩된 모든 텍스트를 검색하여 동일한 현상, 아이디어, 설명 또는 활동의 모든 예제들을 나타내는 구절을 결합할 수 있다. 이러한 형태의 검색은 데이터를 관리하거나 정리하는 데 매우 유용한 방법이며, 연구자가 체계적인 방법으로 데이터를 검토할 수 있게 해준다.
2. 코드 목록을 사용할 수 있으며, 특히 이를 상하위 관계로 계열화하여 코드 간의 관계를 살펴보거나 사례 간 분석을 시도하는 등 분석의 수준을 심화시키고자 할 때 유용하다. 이에 대한 내용은 6장에서 살펴볼 것이다.

Box 4.1 코드, 색인화, 범주, 주제?

연구자가 코드를 처음 접할 때, 코드가 무엇인지 생소하게 느껴질 것이다. 비밀 코드나 암호와 같은 것이 떠오를 수 있다. 누군가에게는 컴퓨터 코드나 프로그래밍이 연상될 수도 있다. 그러나 질적 연구에서 사용되는 코드는 이처럼 비밀스러운 것이나 컴퓨터 프로그래밍과는 전혀 관계가 없다. 여기서 코드란 텍스트와 연구 노트에 대한 연구자의 생각을 정리하는 방법이다.

질적 연구자들은 코드와 코딩과 관련하여 다양한 용어를 사용한다. 색인화(index), 주제(theme), 범주(category)와 같은 용어가 그 예이다. 각각의 용어는 코딩의 중요한 측면을 보여준다. Ritchie와 동료들에 따르면, 책에서 색인화가 특정 단어나 구절이 포함한 페이지를 표시하고 있다는 것을 나타낸다. 이는 동일한 코드를 가진 연구 텍스트를 확인할 수 있다는 의미를 잘 포착하고 있기 때문에 그들은 색인화라는 용어를 선호한다(Ritchie et al., 2014). 현상학적 분석에서 코드 대신 사용되는 용어는 주제(theme)이다(King, 1998; Smith, 1995). 이 용어는 연구 텍스트와 그것이 담고 있는 주제 아이디어를 연결한다는 의미를 잘 나타낸다. Dey(1993)는 코딩의 또 다른 측면을 보여주는 범주(category)라는 용어를 사용한다. 텍스트의 구절에 코드를 부여하는 과정은 임의로 이루어지는 것이 아니며, 텍스트의 내용을 범주화하는 과정을 포함한다. 코딩이란 텍스트가 한 현상에 대한 다양한 예시를 포함하고 있을 뿐 아니라, 그 현상에도 다양한 하위 현상을 포함하고 있음을 인식하는 것이다.

여기에서 조금 혼란스러운 점은 양적 연구자들도 설문 응답에 숫자를 할당하거나 개방형 질문에 대한 밥을 분류할 때 코딩이라는 용어를 사용한다는 점이다. 후자는 질적 코딩과 비슷한 점이 없는 것은 아니나, 일반적으로 양적 연구자들이 하는 코딩은 응답을 분류하고 수량화하기 위한 것이며, 이는 질적 연구자들이 코딩을 하는 목적과 다르다.

질적 분석의 결과로 도출된 구조화된 코드 목록과 그것의 의미와 적용 규칙을 '코딩 프레임'이라고 한다. 다시 말해, 양적 연구자들은 코딩을 통해 설문 조사에서 각각의 응답에 다른 숫자를 부여하고 이를 토대로 통계치를 계산하고자 한다. 코딩이라는 용어가 질적 연구자가 하는 일이 양적 연구자가 하는 일과 유사하다는 오해를 불러일으키기 때문에 나는 개인적으로 이 용어를 기피한다. 어떤 연구자들은 주제 틀(Ritchie et al., 2014) 또는 템플릿(King and Brooks, 2017)이라는 용어를 사용하기도 한다. 여기에서는 많은 연구자들이 사용하는 용어인 코드 목록이나 **코드북(codebook)**이라는 용어를 사용하고자 한다. '북(Book)'은 단순한 목록 이상의 것을 의미한다. 실제로 단순히 코드 목록 이상의 것을 기록하는 것은 연구자에게 있어 좋은 습관이다. 코드북은 코딩된 전사본과는 별도로 보관해야 하는 것으로, 전체 코드 목록(가능하면 상하위 관계로 계열화된 코드 목록)뿐 아니라, 코딩 구조에 대한 메모나 분석 노트와 함께 각 코드에 대한 정의도 포함한다.

코딩은 전사본을 사용하는 것이 가장 쉽다. 오디오나 비디오 녹화 또는 대략적인 필기 노트에서 직접 코딩하는 것도 가능하지만, 이 작업은 쉽지 않고 필요할 때 코딩된 메모나 녹음 섹션을 검색하는 것도 쉽지 않다.[2] 실제로 전용 분석 소프트웨어를 사용하여 전자 텍스트 파일로 코딩하는 것이 좋다. 이것에 대해서는 8장에서 살펴보겠지만, 여기에서는 종이나 워드 프로세서로 작업되어 있는 전사본을 가지고 할 수 있는 기술에 대해 설명하고자 한다. 필자는 실제로 종이 기반의 방식과 CAQDAS 기반의 방식을 모두 사용한다. 종이 기반의 방식은 분석 초기 단계에서 중요한 역할을 하는 창의성, 유연성, 접근 용이성에 탁월하다. 그 이후에 분석을 발전시키기 위해 코딩 아이디어를 디지털화한다. 종이나 소프트웨어 또는 둘 다 활용하는 것에 대해 두려워할 필요가 없다. 자료를 가지고 작업하기 전에 그것을 소프트웨어에 입력하는 것과 같이, 필요시 종이에서 소프트웨어로 옮기는 것은 어려운 일이 아니다. 물론 자료 분석 과정에서 소프트웨어를 전혀 사용하지 않아도 무방하다. 지난 수 세기 동안 수행된 질적 연구들은 소프트웨어 없이 수행되었다. 질적 연구 방법을 이용한 많은 연구들은 대부분 디지털의 도움 없이 진행되었다.

코드 정의

코드는 텍스트와 그것의 해석에 대해 사고하기 위한 '초점'을 형성한다. 따라서 개발된 각 코드에 대한 메모를 가능한 이른 시기에 작성하는 것이 중요하다. 앞 장에서 설명한 것과 같이, 메모는 자료 분석을 하면서 사고의 발달 과정을 기록하는 중요한 방법이다. 메모의 핵심 기능은 코드의 본질과 그 이면에 있는 생각을 기록하고 각 코드를 어떻게 적용해야 하며 어떤 종류의 텍스트와 이미지 등을 코드에 어떻게 연결해야 하는지 설명하는 것이다. 이런 기록이 중요한 것은 다음의 두 가지 이유 때문이다.

---

2) CAQDAS 및 디지털 비디오 또는 오디오를 사용하는 경우는 예외이다. 소프트웨어를 사용하면 코딩한 비디오 또는 오디오 섹션을 훨씬 쉽게 검색할 수 있다.

1. 일관된 방식으로 코드를 적용하는 데 도움이 된다. 새로운 텍스트에 어떠한 코드를 부여할지 결정하기 위해 기존의 코딩된 텍스트를 모두 다시 읽을 필요가 없다.
2. 공동 연구진과 함께 작업하는 경우, 다른 사람들이 사용할 수 있도록 코드를 공유할 수 있다. 한 명 이상의 연구진이 동시에 코딩을 하고 있다면, 그들은 유사한 코딩 아이디어를 낼 가능성이 크다. 코드에 대한 메모가 있으면 코드가 실제로 동일한지 아닌지를 알 수 있다.

코드 메모를 하나 이상의 워드 프로세서 파일에 보관하거나(쉽게 편집하거나 인쇄할 수 있도록) 대용량 파일 카드를 사용하여 세부 정보를 기록한다.

일반적으로 다음 사항을 기록해야 한다.

- 전사본을 표시하고 코딩하는 데 사용한 코드의 이름
- 코딩한 사람의 이름(혼자 작업하는 경우에는 필요 없다)
- 코딩이 수행되거나 변경된 날짜
- 코드의 정의(코딩이 나타내는 분석 아이디어와 코딩의 신뢰성을 보장하는 방법에 대한 설명)
- 코드에 대해 사고 과정을 작성한 메모(예를 들어 다른 코드와 어떻게 관련되는지에 대한 아이디어나 여기에 코딩된 텍스트가 실제로 두 개의 다른 코드로 분할될 수 있다는 직감에 대한 것들, 구체적인 아이디어는 Box 3.2 참조)

코딩 역학

코딩을 처음 접하는 사람들에게는 코딩할 텍스트를 구분해 내고 그것에 단순히 설명적인 코드가 아닌, 이론적이고 분석적인 코드를 부여하는 것이 쉽지 않은 작업이다. 여기에는 텍스트를 주의 깊게 읽고 그것이 무엇을 의미하는지 결정하는 절차가 포함된다. 시각 예술에서 '집중적인 시각'이라는 용어는 우리가 볼 수 있는 모든 것, 흔하고 평범한 것에도 세심한 주의를 기울이는 방법을 의미한다. 코딩할 때에도 마찬가지로 '집중적인 읽기'를 수행해야 한다. Charmaz는 이 집중적인 읽기를 위해 도움이 될 만한 몇 가지 질문을 제시한다.

· 무슨 일이 일어나고 있는가?
· 사람들은 무엇을 하고 있는가?
· 그 사람은 무엇을 말하고 있는가?
· 이러한 행동과 진술이 당연하게 여기는 것은 무엇인가?
· 구조와 맥락은 이러한 행동과 진술을 어떠한 방식으로 지원, 유지, 방해, 변경하는가?

(Charmaz, 2003, pp. 94–5)

예시

코딩의 초기 단계를 설명하기 위해서 하나의 예시를 제시하고자 한다. 이것은 치매 환자를 돌보는 간병인에 대한 연구에서 가져온 것으로 알츠하이머에 걸린 아내를 돌보는 베리와의 면담 내용이다. 면담자는 베리에게 "당신은 간병을 하면서 당신에게 중요하거나 즐거운 일을 포기해야 했던 적이 있습니까?"라고 물었고, 그는 이렇게 대답했다.

1 베리

2 글쎄요, 우리가 정말로 포기한 유일한 것은… 글쎄요, 우리는

3 춤추러 가곤 했어요. 글쎄요, 그녀가 춤을 출 수는 없으니까 전 혼자 추었지요.

4 정말로 그게 유일한 일이었어요. 그러고 나서 우리는 실내 볼링을 하러

5 스포츠 센터에서 가곤 했습니다. 하지만 지금 그곳은 없어졌어요. 그래서

6 우리는 더 이상 그곳에 가지 못해요. 그러나 저는 토요일에 가끔 그녀와

7 저 길 건너에 있는 클럽에 춤을 추러 가요. 그녀는 그냥 앉아서

8 음악을 듣지요. 몇 시간 머무르면 그녀는

9 만족해요. 그리고 날씨가 좋은 주말이면 나는 그녀를 데리고 나가지요.

10 차로 말이에요.

기술(description)

한 측면에서 보면 이것은 면담 질문에 대한 응답일 뿐이다. 2~6행에서 베리는 그의 아내와 함께 즐겼던 춤과 실내 볼링의 두 가지 예를 말한 다음, 지금도 여전히 함께 하는 두 가지, 즉 클럽에 가는 것과 드라이브에 대해 말한다. 처음 드는 생각을 토대로 코딩해보면, 2~4행은 '춤추는 것', 4~6행은 '실내 볼링', 6~9행은 '클럽에서 춤추는 것', 9~10행은 '같이 드라이브 하는 것'이라는 라벨을 붙일 수 있다. 이러한 코딩은 다른 많은 간병인들과의 인터뷰에서 그들이 간병으로 인해 포기한 활동과 환자들과 함께 하는 활동 목록을 조사하고 비교하는 경우에 유용할 것이다. 그리고 난 후, 코드를 사용하여 코딩된 텍스트를 검색해보면, 연구

참여자들이 말한 내용을 나열하고 비교할 수 있다.

범주화

하지만 이런 코딩은 단순한 기술적 설명에 그치며, 베리의 텍스트가 포함하고 있는 내용과 그것이 의미하는 바를 범주화할 수 있는 다른 방법도 있다. 실제 분석에서, 특히 연구 참여자의 용어를 사용하는 경우에 설명적·기술적인 코딩보다는 범주적·분석적·이론적인 코딩을 해야 한다. 예를 들어, 춤과 실내 볼링에 대한 텍스트에는 '공동 활동 중단' 코드를, 클럽에서의 춤과 드라이브에 대한 텍스트에는 '공동 활동 계속' 코드를 부여할 수 있다. 다른 면담 자료에서도 같은 내용에 이러한 코드를 부여했다면, 베리의 부부가 포기한 활동을 나타내는 모든 텍스트를 검색할 수 있으며, 텍스트 간 비교를 통해 어떠한 공통점이 있는지 확인할 수 있다. 범주화는 이러한 방식으로 이루어진다.

분석 코드

텍스트를 또 다른 방식으로도 코딩할 수 있다. 춤과 볼링은 어느 정도의 신체 움직임을 수반하는 활동이다. 베리의 아내는 신체 움직임이 어려우므로 2~6행을 '신체 조정능력 상실'이라고 코딩할 수 있다. 이 코드는 베리의 설명을 그대로 따랐던 초기 코드보다 더 분석적이다. 베리는 신체 조정능력의 상실에 대해서는 언급하지 않았지만 그의 말에는 그것이 포함되어 있다. 물론 이것은 매우 미미한 증거를 토대로 한 해석이라는 점을 주의해야 한다. 베리의 인터뷰에서 다른 예를 더 찾아보고 아내의 신체적 제한에 대해 그가 언급한 부분에서 다른 증거를 찾아야 한다.

이 텍스트에서 주목해야 할 또 다른 점은 베리가 아내와 과거에 함께 했던 일에 대해서는 '우리'라는 주어를 사용하다가 지금 함께 하는 일에 대해서는 '나'라고 말하고 있다는 점이다. 이것은 또 다른 한 쌍의 분석 코드와 연결된다. 하나는 부부 활동이라는 느낌을 갖는 공동 활동에 대한 것이고 다른 하나는 단순히 간병인이 환자를 위해 하는 활동에 대한 것이다. 이를 각각 '함께 하기'와 '간병'으로 코딩할 수 있다. 이는 단순히 무슨 일이 발생했는지를 코딩한 것이 아니라 베리가 이러한 일에 대해 어떻게 생각하거나 이해하는지를 코딩한 것이다.

또 다른 것은 베리가 2행과 3행에서 수사어구로 '글쎄요'를 사용했다는 점이다. 베리는 면담 중에 해당 어구를 세 번 말했다. 이것은 체념, 상실, 또는 후회의 표시일까? 다시 말하지만, 이런 짧은 구절에서 그 의미가 명확히 드러나는 것은 아니다. 일단 지금은 '체념'이라고 코딩하고 이후에 '체념'으로 코딩된 다른 텍스트와 그 의미가 일치하는지 확인해 볼 수 있다. 흥미로운 점은 베리가 혼자서라도 춤을 춘다고 말한 것이다. '글쎄요'라는 베리의 말과 그가 아내와 춤을 추었다는 점을 가장 먼저 언급했다는 사실을 다르게 해석해 보면, 춤을 추는 것이 베리 부부에게 매우 중요한 일이었다고 짐작해볼 수 있다. 함께 춤을 추는 것이 이 부부의 핵심 활동이라고 생각할 수 있으며, 부부로서 함께 생활하는 데 중심이 된다고 짐작할 수 있다. 다시 말하지만, 다른 간병 사례를 조사하여 다른 사람들도 베리와 유사한 경험이나 활동을 하는지, 베리의 사례가 다른 사례와 어떠한 차이점이 있는지 살펴볼 필요가 있다.

요약해보면, 다음은 베리의 구절을 코딩하는 데 사용될 수 있는 코드들이다.

- 기술적 코드: '춤추기', '실내 볼링', '클럽에서 춤추는 것', '함께 드라이브'
- 범주: '공동 활동 중단', '공동 활동 지속'
- 분석적 코드: '신체적 조정능력 상실', '함께 하기', '간병', '체념', '핵심 활동'

물론 이 모든 코드를 사용하여 이렇게 짧은 한 구절만 코딩할 가능성은 적지만, 여기서는 응답자의 용어에 가까운 **기술적 코딩**(descriptive coding)에서 범주화 및 더 분석적이고 이론적인 코드로 이동하는 방법을 설명했다. 또한 이 짧은 텍스트에서는 코드를 한 번만 사용했음을 알아야 한다. 대개는 동일한 코드로 코딩할 수 있는지 나머지 텍스트를 살펴보고 다른 연구 참여자에게도 동일하게 적용한다.

이러한 주제 코드를 개발하는 방법과 그중 어떤 코드에 중점을 둘지는 연구의 목적에 따라 달라진다. 많은 경우에 연구는 지원받는 기관과 연구자가 그 기관과 합의한 바에 따라 달라진다. 예를 들어, 알츠하이머병으로 고통받는 사람들에 대한 연구가 간병인에게 서비스를 제공하는 기관에서 자금을 지원했다면 '간병' 및 '공동 활동'이라는 주제에 집중될 것이다. 반면 부부의 사회 심리에 대한 박사과정 중이라면 '핵심 활동'과 '함께 하기'에 초점을 맞출 것이다.

코딩 표시하기

종이를 사용할 때는 코드명을 여백에 적거나 텍스트를 색상으로 표시(여백에 표시하거나 형광펜을 사용하여)하여 코딩한다. 그림 4.1은 전사본에 코딩을 표시하는 몇 가지 방법을 보여준다. 연결된 이름(화살표 사용), 음영(예: 형광펜 사용) 및 연결된 코드의 이름이 있는 상자가 있다. 오른쪽 여백은 코딩된 줄을 나타내기 위해 **코딩 괄호**와 함께 사용된다. 감정적인 단어, 특이한 용어, 은유, 강조하기 위해 사용되는 단어와 같은 몇몇 주요 단어 또는 용어들에 동그라미를 치거나 강조를 표시한다.

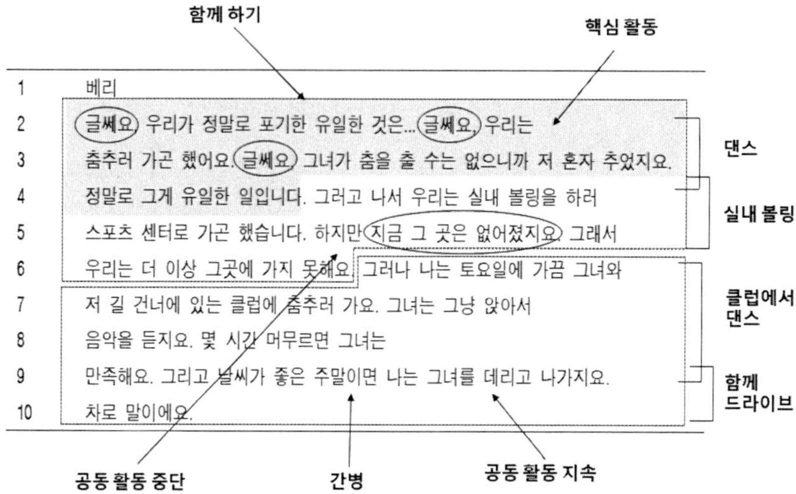

| 그림 4.1 | 베리의 응답에 대한 코딩

데이터 중심 또는 개념 중심?

코드북의 코드 구성은 분석적 과정이며 개념적 틀을 구축하는 것이다. 앞서 논의된 예시에서 코드는 자료에서 파생되고 자료를 기반으로 하지만 수집된 자료에 대한 초기 참조 없이 코드북을 작성하는 것이 가능하다.

개념 중심 코딩

코드가 나타내는 범주나 개념은 연구 문헌, 선행 연구, 면담 주제, 연구자의 직감 등에서 도출할 수 있다. '선험적 코딩'으로 알려진 접근 방법에서는 처음에 자료를 가지고 먼저 코딩하지 않고 코드북에 코드 묶음을 만드는 것이 가능하다. 이것은 Spencer와 동료들이 지지하는 방식이다(Spencer et al., 2014). '프레임워크 분석'은 텍스트에 코드를 적용하기 전에 연구자가 주요 주제 아이디어 목록을 작성하는 것을 제안한다. 문헌이나 선행 연구에서 코드를 가져올 수 있으며, 전사본이나 현장 노트, 포커스 집단, 인쇄된 문서의 일부에서 코드를 도출할 수도 있다. King과 Brooks(2017)는 처음 몇 가지 사례를 살펴본 후 공통적으로 발견되는 내용을 토대로 코드 템플릿을 구성할 것을 제안한다. 이때, 잠정적인 코드들의 위계적 배열까지 포함한다. 프레임워크 분석과 King과 Brooks의 템플릿 분석 모두에서 코딩은 초기 목록에 있는 코드들을 예시하는 텍스트 부분을 구분해 내는 절차를 의미한다. 그러나 이를 지지하는 연구자들은 모두 텍스트에서 초기 코드와 다른 새로운 아이디어나 범주 방법을 확인하게 되면 분석 중에 코드 목록을 수정해야 한다는 것을 강조한다.

데이터 중심 코딩

주어진 코드 목록에서 시작하는 것과 전혀 달리, 아무것도 없이 코딩을 시작하는 방법도 있다. 이 접근 방식은 열린 마음으로 코딩을 시도하기 때문에 일반적으로 **개방형 코딩**(이 장의 뒷부분에 나오는 논의 참조)이라고 부른다. 물론 아무런 아이디어 없이 코딩을 시작하는 연구자는 없다. 연구자는 이 세계의 관찰자이자 이 세계의 일부이다. 사람들은 어떤 일이 일어날 것이라고 예측할 수 있는 아이디어를 가지고 있으며, 특히 사회과학자들은 이론과 경험적 연구를 토대로 더 많은 아이디어를 가지고 있을 것이다. 그럼에도 불구하고 선입견 없이 코딩을 시작하기 위해서 노력할 수 있다. 텍스트를 읽으며 무슨 일이 일어나고 있는지 알아내는 것으로 단순하게 시작하면 된다. 이것은 근거 이론 지지자들(Charmaz, 2014; Glaser, 1992; Glaser and Strauss, 1967; Strauss, 1987; Corbin and Strauss, 2015; Flick, 2018d 참조)이 주로 사용하는 방식이다. 또한, 현상학자들의 괄호치기(bracket) 개념, 즉 현상에 대한 가정이나 편견, 초기 아이디어를 제쳐두는 것도 이 접근 방식과 연결된다(Giorgi and Giorgi,

2003; Maso, 2001; Moustakas, 1994). 그러나 이 방식을 지지하는 연구자들도 연구자의 신념이나 가치, 생각을 완전히 백지화하는 것은 비현실적이라고 인식한다. 다만, 요점은 자료에서 무슨 일이 일어나고 있는지 끌어내기 위해 최대한 노력해야 하며 기존 이론에 근거한 해석을 가능한 자제해야 한다는 것이다.

코드 생성에 대한 이 두 가지 접근 방법은 서로 배타적인 것이 아니다. 대부분의 연구자들은 분석 과정에서 하나의 방식에서 다른 방식으로, 또는 그 반대로 이동한다. 연구자의 성향, 지식, 이론에 따라 자료를 검토하기 전에 코드 목록을 별도로 구성할지 여부가 달라진다. 프로젝트가 명확한 이론적 틀에서 시작되었다면, 잠정적 코드를 가지고 코딩 작업을 시작할 수 있다. 그렇다고 해서 연구 프로젝트 내내 그 코드가 그대로 보존되는 것은 아니지만 적어도 텍스트를 읽을 때 찾고자 하는 현상의 종류를 구분할 수 있는 출발점을 제공한다. 여기서 중요한 점은 구성된 초기 코드에 너무 얽매이지는 않아야 한다는 것이다.

코딩할 내용

앞서 논의한 코딩의 예시는 치매 간병과 관련된 상황에 대한 짧고 구체적인 것이었다. 다른 주제에 대한 면담, 노트, 녹음을 살펴보면 어떠할까? 코딩할 수 있는 다른 종류의 자료에는 무엇이 있을까? 이에 대한 답은 수행하려는 분석의 종류에 따라 달라질 수 있다. 현상학, 담론 분석 또는 대화 분석에서는 탐구 대상인 텍스트에 나타난 특정 종류의 현상을 주목하고 면밀히 살펴보는 것이 필요할 것이다.

해석적이고 해석학적 접근을 포함한 광범위한 유형의 질적 연구뿐 아니라 정책과 응용 연구, 평가 작업에서 연구자들이 살펴보고자 하는 공통적인 현상이 있다. 몇 가지 일반적인 예를 표 4.1에 제시한다. 연구자에 따라 초점이 다를 수 있지만 아래의 표에 나와 있는 많은 아이디어들은 텍스트 분석에 유용할 것이다.

이 표에 제시된 많은 예시들은 다소 설명적이다. 구체적인 예를 들어 현상을 설명하는 것이 더 쉽기 때문에 이렇게 제시하였다. 다만, 앞에서 강조했듯이, 연구 참여자가 사용하는 용어로만 구성된 코드에서 더 일반적이고 분석적인 코드로 이동해야 할 필요가 있다. 예를 들어, '스포츠클럽에 가입하기'보다는 이 텍스트를 '친구 사귀기 활동', '건강 유지에 대한 약속' 또는 '건강한 사람으로서의 정체성'으로 코딩하여 이 사건의 보다 일반적인 의미를 나타낼 수 있다.

| 표 4.1 | 무엇에 코드를 부여할 수 있는가?

1. 구체적인 행위: 사람들이 행동하거나 말하는 것.
   (예: 질문을 피하는 것. 친구들의 의견을 듣는 것.)
2. 사건: 간단하고 일회성의 사건이나 이미 벌어진 일. 응답자가 사건을 이야기로 말하는 것은 드문 일이 아님.
   (예: 직장 면접에서 불합격하는 것. 노숙자 호스텔로 이사하는 것. 남편에게 다른 여자가 있다는 것을 아는 것. 스포츠클럽에 가입하는 것.)
3. 활동: 행위보다 지속 시간이 더 길며 보통 특정 환경에서 발생하고, 여러 사람이 관련될 수 있음.
   (예: 춤을 추러 가는 것. 교육과정을 수강하는 것. 치매에 걸린 파트너가 씻고 옷 입는 것을 도와주는 것. 바에서 일하는 것.)
4. 전략, 실천: 목표 지향적 활동.
   (예: 입소문을 이용하여 일자리를 찾는 것. 경제적인 이유로 이혼하는 것. 살 곳을 얻기 위해 어떤 관계를 형성하는 것.)
5. 상태: 사람들이 경험하거나 조직에서 발견되는 일반적인 조건.
   (예: 사직. 연령에 따른 구직의 어려움. 일을 끝내기 위해 필요한 추가 근무 시간.)
6. 의미: 질적 분석의 핵심인 광범위한 현상. 의미와 해석은 참가자의 행동을 나타내는 중요한 부분임.
   (a) 참가자들은 자신의 세계를 이해하기 위해 어떤 개념을 사용하는가? 어떤 규범, 가치관, 규칙 등이 그들의 행동을 안내하는가?

(예: 암벽 등반가들 사이에서 '온 사이트 등반(on-sight climbing)'이라는 개념은 사전 검사, 인공 보조 장치, 사전 배치된 보호 장치 또는 사전 연습 없이 등반하는 것을 의미하며 이것이 더 나은 등반 방법이라는 것을 암시함).

(b) 연구 참여자들에게 어떤 의미가 있는지, 어떤 중요성이 있는지, 사건을 어떻게 해석하며 그들이 느끼는 감정은 무엇인가?

(예: 편지가 담고 있는 비난의 의미)

(c) 사람들은 그들의 상황을 이해하기 위해 어떤 상징을 사용하는가? 사물, 사건, 사람, 역할, 설정 및 장비를 무엇이라고 명명하는가?

(예: 배달 트럭을 '오래된 버스'라고 부르며, 이는 애정의 의미이거나 멸시의 의미일 수 있음)

7. 참여: 어떤 상황에서의 사람들의 참여나 적응.
   (예: 새로운 직업에 적응하기)
8. 관계 또는 상호작용: 사람들 사이의 관계를 고려.
   (예: 가족 상황에서의 즐거움. 결혼 상태의 유무에 따라 어떠한 감정을 느끼는지)
9. 조건 또는 제약: 사건이나 행동의 전조 또는 원인, 행위나 행동을 제한하는 것.
   (예: 노동자를 해고하기 전에 발생한 기업의 손실. 경제적 어려움을 야기한 이혼.)
10. 결과: 어떤 상황이 발생하게 되는 것.
    (예: 몇 달간의 인턴 경험을 한 끝에 일자리를 얻는 것.)
11. 맥락: 연구 대상인 사건에 대한 전체 맥락.
    (예: 노숙자를 위한 호스텔. 직업 전문대학. 보육 기관.)
12. 성찰: 연구 과정에서 연구자의 역할, 연구자가 자료 생성에 미친 영향.
    (예: 연구 참여자에게 공감을 표현하는 어구의 사용이 연구에 어떠한 영향을 미쳤는지)

Strauss(1987), Bogdan and Biklen(1992), Mason(1996)에서 발췌

위의 표에서 제시한 예시는 어구의 끝이 '~하는 것' 또는 '~하기' 등으로 되어 있다. 코딩 과정에서 동사의 의미이지만 명사 형태의 단어를 활용할 수 있으며, 이는 Charmaz(2014)와 같은 근거 이론가들이 장려하는 방법이다. 이처럼 동명사를 찾고 사용하는 것은 사람들의 행동, 활동, 전략 및 행위에 초점을 맞추기 위해 단순한 설명코드(종종 명사를 사용하여 사물의 이름을 지정하는 방식으로 행해짐)에서 벗어날 수 있는 방법 중 하나이다.

코드로 텍스트 검색하기

지금까지는 주로 텍스트의 내용을 분석하기 위한 코딩 방법에 대해 논의했다. 그러나 코딩에는 또 다른 중요한 목적이 있다. 코딩을 통해 한 주제와 관련된 모든 텍스트를 체계적으로 찾을 수 있다. 검색이란 동일한 방식으로 코딩된 모든 자료를 모아서 확인하는 것을 의미한다. 이렇게 하는 데에는 몇 가지 이유가 있다.

- 같은 방식으로 코딩된 모든 텍스트를 빠르게 모아서 읽어보고 코드의 핵심이 무엇인지 확인할 수 있다.
- 사례에서 코드화된 주제 아이디어가 어떻게 변화하는지, 또는 다른 요인에 어떠한 영향을 받는지 살펴볼 수 있다.
- 코드가 나타내는 범주화나 주제 아이디어가 사례에 따라, 맥락에 따라, 또는 사건에 따라 어떻게 다른지 탐색할 수 있다.

이러한 검색활동은 분석 과정에서 보다 분석적이고 이론적 접근을 취할 수 있도록 돕는다. 예를 들어, 다양한 사례에서 다소 기술적으로 코딩된 텍스트를 읽다 보면 사례와 사례를 연결해주는 보다 심층적이고 분석적인 지점을 찾아낼 수 있다. 그러한 경우, 초기 코드의 이름을 바꾸고 코드 정의를 다시 작성할 수 있다. 또는, 새로운 코드를 생성하고 관련 텍스트를 코딩할 수도 있다.

실제 검색

텍스트를 검색하려면 코딩된 전사본을 가지고 다음의 절차가 필요하다. CAQDAS를 사용하는 경우, 이런 모든 종류의 검색이 가장 쉽다. 이에 대해서는 8장에서 살펴볼 것이다. 종이를 사용한다면 두 가지 작업을 수행해야 한다.

1. 동일한 코드로 코딩된 모든 텍스트를 한곳에 모은다. 코딩된 전사본의 사본을 많이 만들어서 시트를 잘라서 동일한 코드로 추출한 내용을 별도의 종이봉투나 파일에 보관해야 한다. 워드 프로세서를 사용한다면 텍스트를 복사하여 각 코드에 대한 텍스트를 별도의 파일이나 폴더에 넣으면 된다.
2. 어느 문서에서 온 것인지 알 수 있도록 각 추출물(잘라낸 종이 또는 전자적으로 잘라내어 붙여놓은 텍스트)에 태그를 지정하거나 라벨을 지정한다(줄 번호를 사용하면 문서의 원본 위치를 알 수 있다. 다만, 주의할 점은 워드 프로세서에서 잘라내어 붙여 넣는 경우 복사본에 줄 번호가 유지되지 않는다는 것이다. 이 경우에 원본 태그와 함께 원래의 줄 번호에 참조를 추가하는 것이 가장 좋다). 문서가 몇 개밖에 없다면 각 추출물의 상단에 몇 개의 이니셜을 사용할 수 있다. 그러나 문서가 많거나 연구 참여자가 여러 명이라면 번호 체계가 관리에 더 용이할 것이다. 연구 참여자의 신원뿐만 아니라 일부 기본적인 인적정보(예: 연령 그룹, 성별, 신분 등)를 나타내는 일련의 문자 또는 숫자로 구성된 태그는 원본 텍스트의 출처를 식별하는 데 도움이 된다. 68세의 은퇴한 남성인 Barry Bentlow와의 인터뷰를 나타내기 위해 'BBm68R'과 같은 태그를 사용할 수 있다. 각 추출물 또는 전표의 상단에 이 태그를 붙이면 된다.

하나의 코드로 코딩된 텍스트의 검색은 코드에 대한 메모와 함께 보관해야만 검색된 모든 추출물에서 코드에 대한 정의가 여전히 의미가 있는지 확인할 수 있다. 그렇지 않은 경우 일부 텍스트를 다시 코딩하거나 코드의 정의를 변경해야 할 수도 있다. 또한 검색된 텍스트를 검토한 후 메모에 기록된 분석 아이디어가 검색된 텍스트를 잘 설명하는지 체크할 수 있고 필요한 경우 메모에 내용을 추가할 수도 있다.

검색된 텍스트로 분석 개발

모든 자료에 대한 코딩이 끝나기 전에도 코딩된 텍스트를 검색해 볼 수 있다.

1. 코딩된 내용이 코드 이름 및 설명과 일치하는지 확인한다. 일치하지 않는다면, 두 개(또는 그 이상)의 다른 현상을 하나의 코드로 코딩했을 수 있다. 이런 일이 종종 발생하는데, 텍스트를 읽고 코딩하는 과정에서 원래의 생각에서 벗어날 수 있기 때문이다. 이러한 경우 검색된 텍스트를 분할하고 두 개(또는 그 이상)의 다른 코드로 다시 코딩해야 한다.
2. 검색된 텍스트에서 패턴을 발견한다. 내용이 비슷해 보일 수도 있지만 거기에는 연구 참여자들의 다양한 관점이나 그들이 취하는 다양한 행동이나 전략에 대한 것이 포함된다. 예를 들어, 마케팅 연구에서 사람들이 어떻게 새 차를 사는지에 대한 코딩된 텍스트가 있다고 가정해보자. 사람들은 다양한 방법으로 새 차를 알아본다는 것을 확인할 수 있다. 어떤 사람들은 자동차 매장을 방문하여 자동차를 직접 시승해보고, 어떤 사람들은 친구의 조언이나 추천을 받는다. 또 다른 사람들은 온라인에서 리뷰를 보거나 잡지를 통해 다른 소비자들의 조언을 구한다. 종이로 (또는 워드 프로세서를 사용하여) 분석을 수행하는 경우, 사람들이 취하는 다양한 전략을 보여주는 새로운 코드 범위로 텍스트를 다시 코딩할 수 있다. CAQDAS 소프트웨어를 사용하는 경우, 원래 코딩은 유지하면서 새롭게 포착된 행동, 전략 등에 대해 새로운 코드를 추가로 만들

어 적용할 수 있다. 나중에 CAQDAS 프로그램에서 코딩된 자료를 검색할 때, 기존의 코드와 함께 새로운 코드를 사용할 수 있다.

3. 코딩된 텍스트 내에서 이렇게 다른 전략이나 행동 등이 연구 참여자들의 배경이나 특성(그들의 직업, 성별, 나이, 그들이 했던 다른 일, 인터뷰 또는 관찰의 다른 포인트에서 그들이 언급했던 내용 등)과 관련되었다는 것을 발견하게 될 수도 있다. 그렇기 때문에 앞서 설명한 것처럼 검색된 자료가 어떠한 사례에서 추출된 것인지 기록해 놓는 것은 매우 중요하다. 6장에서 표를 사용하여 이러한 아이디어를 개발하고 확인하는 방법에 대해 논의할 것이다.
4. 한 명의 연구 참여자(또는 사례를 구성한 방법에 따라 하나의 설정, 하나의 조직 등)에 대한 자료 내에서 코딩된 내용의 변화를 발견하게 될 수도 있다. 이는 연구 참여자의 나이가 많아지거나 경험이 달라지는 등 시간의 흐름에 따라 나타나는 변화일 수 있다. 또는, 연구 참여자의 상황과 맥락에 따라 응답이 달라질 수 있다. 예를 들어, 사람들이 어떻게 건강을 유지하려고 노력하는지에 대한 연구에서 참여자들은 주변 친구들의 변화나 가족 구성에 따른 책임감의 변화로 인해 참여하는 활동과 스포츠가 달라진다는 것을 확인할 수 있다.
5. 지극히 평범하고 일상적인 것을 찾는 동시에 특이한 것 역시 찾아야 한다. 많은 연구 참여자들은 하나의 주제에 대해 비슷한 행동을 보이거나 말을 하는 경우가 많다. 질적 연구자는 자료에 대한 수치적 판단을 내리는 데 매우 신중해야 하지만(특히 연구 참여자 샘플이 통계적으로 대표성이 거의 없기 때문에), 공통된 현상을 발견하거나 대다수의 참여자가 같은 행동을 하는 경우 이것을 주의 깊게 살펴보아야 한다. 이는 그런 종류의 행동이 일반적인 것일 수 있다는 사실을 반영하고 있기 때문이다. 이러한 일반적인 행동의

발견과 그에 대한 설명은 연구 결과의 핵심이 될 것이다. 그러나 한편 일반적이지 않거나 독특한 것을 찾을 필요도 있다. 이러한 아웃라이어 또는 드문 현상에 대한 설명도 필요하다. 무엇이 그러한 특이성 또는 차이점을 야기했는가? 이렇게 드문 사례를 면밀히 조사하면 다른 사례들과 어떠한 점에서 차이가 있는지 확인할 수 있다. 여기에서 중요한 점은 특수한 사례에 대한 면밀한 조사를 통해 일반적인 사례에 대한 이해를 심화시킬 수 있다는 것이다. 왜냐하면 이렇게 특수한 사례들은 일반적인 사례에 포함된 것을 가지고 있지 않거나, 대부분의 사례에 포함되지 않은 것을 갖고 있기 때문이다.

근거 이론

코딩에 있어 가장 일반적으로 사용되는 접근 방법은 근거 이론이다 (Flick, 2018d 참조). 이 접근법은 다양한 사회과학 분야에 걸쳐 광범위하게 사용되어 왔으며 많은 CAQDAS의 개발에도 활용되어 왔다. 이 접근의 핵심은 사전에 개발된 이론을 검증하지 않고 자료에서 직접 새로운 이론적 아이디어나 가설을 도출해내려는 것이다. 이러한 새로운 이론들이 자료에서 도출되고 자료에 의해 뒷받침된다면, 그것들은 근거가 있는 것으로 간주된다. 새로운 아이디어들이 기존 이론과 어떻게 연결되는지 확인하는 것은 분석 후반부에 이루어진다. Corbin과 Strauss(2015)는 근거 분석을 위한 구체적인 아이디어와 기술들을 제시한다. 다음은 그들이 제시한 아이디어와 기술의 일부이다.

개방 코딩

이것은 비교하고 질문하며 텍스트를 검토하는 코딩의 일종이다.

Corbin과 Strauss는 텍스트를 단순히 기술하고 설명하는 라벨을 피하는 것이 중요하다고 제안한다. 연구자들은 이론적인 코드나 분석적인 코드를 생성해야 한다. 실제 텍스트는 언제나 일반적인 현상의 한 사례이므로 코드 제목은 보다 일반적인 아이디어를 나타낼 수 있어야 한다. 사실 이것이 코딩에서 어려운 부분이다. 텍스트를 한 구절씩 읽을 때 끊임없이 질문을 해야 한다. 언제, 어디서, 누가, 무엇을, 어떻게, 얼마나, 왜 등의 질문이다. 이러한 질문은 텍스트 이면에 있는 이론적 문제들을 드러낼 수 있고, 그 안에 있는 더 깊은 이론적 아이디어에 대한 민감도를 높일 수 있다.

지속적인 비교

텍스트 이면에 무엇이 있는지 이해하기 위해서 활용할 수 있는 기법 중 하나는 지속적인 비교이다. 비교나 대조를 통해 텍스트와 그 내용과 관련하여 특징적인 것을 확인할 수 있다. 우리는 많은 것들에 쉽게 익숙해져서 무엇이 중요한지 알아차리지 못하는 경우가 많다. 코딩을 하는 내내 비교에 대해 생각해보는 것이 중요하다. 이것은 지속적인 비교(constant comparison)라는 이름으로 불린다(Glaser & Strauss, 1967). 다음은 Corbin과 Strauss(2015)가 제안한 기술의 몇 가지 예이다.

단어, 어구, 문장 분석: 중요해 보이는 단어나 어구를 선택하여 그것의 다양한 의미를 나열한다. 텍스트를 면밀히 살펴보며 어떤 의미가 적합한지 생각한다. 이전에는 명백히 드러나지 않았던 새로운 의미를 발견할 수도 있다.

플립플롭(flip－flop) 기술: 탐구하고자 하는 문제에 대한 극단의 예를 비교한다. 예를 들어, 누군가가 자신의 나이가 직업을 찾는 데 문

제가 된다고 말한다면, 매우 젊은 사람, 최근에 직업 시장에 진입한 사람, 직장 생활이 끝나가는 사람이 겪고 있는 경험을 비교해 볼 수 있다. 나이와 기술의 상호작용과 같이 이전에는 생각하지 못했던 차원이나 문제들을 발견할 수 있다. 예를 들어, 노년층은 새로운 기술이 부족할 수 있지만 젊은층은 일반적인 업무 경험 기술이 부족하다는 것을 확인할 수 있다.

체계적 비교: 일련의 '만약의 상황'에 대한 질문을 통해 두 현상의 모든 차원을 탐색한다. 그들은 어떻게 다르고, 사람들은 어떻게 다르게 반응하는가? 이는 이미 존재하는 사실을 인식할 수 있도록 연구자 자신을 자극하는 방법이다. 예를 들어, 다음을 시도해 볼 수 있다.

- 상황, 사건의 순서, 사람들의 특성, 장소, 맥락 등이 어떻게 다른지 질문하기
- 사건들이 서로 어떻게 같고 다른지 질문하기
- 핵심 요소를 취해서 자유롭게 연관시켜보거나 텍스트의 부분들을 다른 순서로 읽어봄으로써 텍스트 내용에 대한 아이디어를 자극해 보기

파아웃(far out) 비교: 검토 중인 개념의 한 요소를 취해서 해당 개념과 관련된 현상 중에서 가장 거리가 멀거나 다른 두 가지 예시를 생각해본다. 그런 다음에 두 예시와 관련된 모든 요소들을 살펴봄으로써 그 예시가 검토 중인 개념의 특성을 반영하고 있는지 확인해 볼 수 있다. 예를 들어, 팔이 절단된 남자와 노숙자를 비교할 수 있다. 둘 다 손실을 경험했다. 팔이 절단된 사람은 낙인으로 어려움을 겪는다. 노숙자도 같은 경험을 하는가? 낙인을 경험하는 사람들은 공

공장소에 가는 것을 피하거나, 그것을 다른 사람의 문제로 치부해버리는 등의 방법으로 낙인의 문제에 대응한다. 노숙자들도 그렇게 하는가? 또는, 자신의 불운에 대해 말하는 노숙자들의 이야기를 도박꾼들의 불운 이야기와 비교해볼 수 있다. 도박꾼들은 자신이 주변 사건들을 통제할 수 있는 정도에 대해 과대평가한다. 집을 찾고 있는 사람도 마찬가지인가? 여기서 핵심은 다양한 사례들을 비교해보면서 원래 아이디어의 차원과 특성, 측면을 나타내는 코드들을 더 많이 생성하는 것이다.

빨간 깃발 흔들기: '절대로', '항상', '전혀 그럴 수 없다' 등과 같은 단어와 구절에 민감하게 반응한다. 그것들은 더욱 가깝고 면밀히 검토하라는 신호이다. 그러한 단어와 구절이 사실인 경우는 거의 없다. 사람들은 보통 일이 그런 식으로 일어나서는 안 된다는 것을 의미할 때 그런 단어와 구절을 사용하는 경향이 있다. 만약 그런 상황이 실제로 일어났다면 어떻게 되었을지 확인이 필요하다.

텍스트 안에 있는 것에 대해 더욱 창의적이고 깊이 있게 생각하도록 노력하는 것이 중요하다. 다만 이렇게 창의적인 비교를 수행하는 것에 더해, 다른 유형의 비교도 함께 수행하는 것이 필요하다. 예를 들어, 방금 코딩한 것을 이전에 코딩한 다른 텍스트 또는 유사하게 코딩해놓은 텍스트와 비교해볼 수 있다.

줄 단위(line-by-line) 코딩

많은 근거 이론가들이 첫 번째 단계로 추천하는 접근 방법은 줄 단위 코딩이다. 이것은 한 행이 완전한 문장이 아니더라도 텍스트의 각 행에 이름을 붙이거나 코딩하는 것을 의미한다. 줄 단위 코딩은 연구자로

하여금 자료에 가까이 있도록 하는 동시에 분석적 사고를 촉진한다. 질적 분석의 유형 중 코딩이 갖는 위험 중 하나는 구성하는 코드와 분석 체계에 연구자 자신의 동기, 가치관, 선입견을 가져올 수 있다는 것이다. 연구자가 주의하지 않는다면, 질적 분석의 결과는 연구 참여자들의 견해보다 연구자의 견해를 더욱 많이 반영할 수 있다. 줄 단위 코딩의 장점 중 하나는 참여자가 실제로 말하는 것에 집중하도록 하고, 연구자들의 경험이나 이론적 가정이 아닌, 이 세계에 대한 연구 참여자들의 경험을 반영하는 코드를 구성할 수 있다는 것이다. 그러나 줄 단위 코딩이 연구 참여자의 세계관을 그대로 받아들여야 한다는 것을 의미하는 것은 아니다. 앞에서 언급했듯이, 코딩에 있어 더욱 분석적이고 이론적이 되도록 노력해야 한다. 이것이 연구자의 해석을 연구 참여자의 해석과 다르게 만들기도 하지만 말이다. 코딩은 자료에 근거해서 이루어져야 하지만, 이것은 연구 참여자들의 관점을 그대로 반영해야 한다는 의미는 아니다. 자료를 줄 단위로 보는 것은 연구자로 하여금 연구 참여자의 세계관을 무비판적으로 받아들이는 것에서 멈추도록 할 수 있다. 즉, 그들의 세계관을 그대로 받아들이는 것이 아니라 그것을 반영하고 분석해야 한다.

줄 단위 코딩을 설명하기 위해 다음에 그림 4.2를 제시하였다. 이것은 노숙자 샘과의 긴 인터뷰에서 발췌한 것이다. (105번째 줄에서 연구자는 '[기간의]'라는 단어를 삽입했다. 이것은 샘의 단어가 아니며, 그가 말하고자 하는 것을 더 명확히 나타내고자 연구자가 추가한 것이다.) 다음의 예는 초기 줄 단위 코딩의 예이다. 이 코드들 중 일부는 다소 기술적(descriptive)이지만 샘이 말하는 행동들과 그가 세상을 보는 방식들을 반영하고 있으며, 그것들은 비교를 위해 나머지 전사본을 검토하도록 촉구한다. 줄 단위 코딩은 분석을 시작하는 방법일 뿐이며, 다음 단계는 이 코딩을 개발하고 다듬는 일이다.

면담자
몇 년 동안 호텔에 머물렀나요?
샘
아니요. 음. 그런데 전 계속 이동했어요... 학교를 떠는 이후부터 쭉. 전
언제나 누군가와 사귀었는데요. 항상 그랬지요. 그건
장기 연애였어요. 그래서 전 누군가와 사귀지 않은 적이 없었죠.
그래서 그게 아주 나쁘지는 않았어요. 전 오랜 기간 사람들과 살았어요.
그러나 내가 가정을 가졌을 때, 음. 그게... 저는
집을 열다섯 살 때 떠났어요. 전 그 이후로 집으로 돌아오지 않았지요.
엄마와 아빠와 살기 위해서 말이에요. 전 그런 사람이었어요.
친구의 소파나 사람들에 얹혀사는 그런 사람이요. 그래서
정말, 맞아요. 만일 제가 가정이 있었다면, 전 아마도
차에서 잤을 거예요. 며칠이든 말이에요. 그러나 사실 이건 처음이었어요.
모두를 떠나 정말로 저 혼자 살기 시작한거요.
홈리스가 되었고, 저 자신을 위한 공간이라고는 없었지요. 전 그저
다른 사람에게 얹혀서 지내는 그런 것을 싫어하는 사람들 중 하나
인 것 같았어요. 제 문제는 장[기간의] 연애였어요. 전 누군가와 사귀는 중에
친구들을 쉽게 사귀었어요. 전 친구들이 많았죠. 그러나
그 친구들은 그 환경에 있었고, 새로운 곳에서는...
제가 그녀와 깨지고 나니까 무슨 일이 있었냐면, 머리가 깨졌어요. 전
아무도 보고 싶지 않았지요. 그 누구도 보고 싶지 않았어요. 그래서
전 그 동네를 떠나 다른 곳으로 옮겼지요. 그리고는 다시 처음부터
시작했어요. 그게 그렇게 된 거에요.

| 그림 4.2 | 줄 단위 코딩을 나타내는 면담 발췌본

코드는 다음과 같이 범주화될 수 있다.

관계 - 종결
가정
관계 문제
차에서 숙식
헤어짐
스트레스
질투
그 지역 떠나기
회피
다시 시작

관계 - 유형
파트너십/관계
장기간 관계
허용 가능한 관계

거주지
공유 거주지
여행자 방식의 라이프 스타일
독거 방식으로서 호스텔 생활
혼자 살아본 적 없음

친구 관계
친구를 쉽게 사귐
친구 조지

자의식
독립을 결심
자신을 독립적이라 인식
타인에게 의존적이지 않음
의존적이지 않다는 자각

몇 개의 반복된 코드를 생략하고 한 두 개의 이름을 명확히 했다. 이러한 범주화는 유사한 코드들을 함께 모아놓은 것이다. 이 범주화와 전사본을 함께 보면서 코드들을 다듬을 수 있다. 예를 들어, 관계 종결에 대한 많은 코드들이 있다. 샘이 '가정(domestics)'이라고 부르는 것 이후마다 끝나는 그의 관계는 '홈(home)'과 '홈리스(homelessness)' 사이를 왔다 갔다 하는 그의 삶과 밀접히 연결된다. '가정'이라는 코드는 Glaser와 Strauss(1967)가 말하는 '인 비보(in vivo) 코드'이다. 즉, 연구 참여자가 그들의 세계를 이해하고 조직하기 위해 사용한 개념을 코드로 활용하는 것이다. 이것은 참여자가 사용한 단어라기보다는 개념으로 보는 것이 적합하다. 샘의 사례에서 '가정'은 그 당시 파트너와의 갈등이나 다툼을 뜻하는데, 그의 단어 사용이 조금 혼란스럽다. 그가 사용한 단어는 '가정 폭력(domestic violence)'이나 '가정 분란(domestic disturbance)'과 같은 법률 용어를 연상시킨다. 샘이 나중에 인터뷰에서 교도소에 다녀온 적이 있다고 말한 것을 토대로 샘의 결별이 경찰과 법체계와 연관되었을 수 있다는 추측을 해 볼 수 있다. 게다가, 그의 결별은 질투와 같은 강한 감정도 포함하고 있었으며, 그는 결별 후에 그 지역을 벗어나고자 노력했다. 108번째 행에서 그가 '머리가 깨졌어요'라고 표현한 것을 살펴보자. 샘은 인터뷰 후반부에서 자신이 정신병원에서 어떻게 시간을 보냈는지 설명했는데, 그의 정신적 고통이 얼마나 심했는지 짐작해 볼 수 있다. 이 코딩에 따르면, 샘의 세계관에 있어 또 다른 중요한 측면은 그의 자기 인식이다. 그는 반복적으로 다른 사람들에게 의지하지 않고, 친구에게 얹혀사는 누군가가 아닌, 독립적인 주체로 자신을 묘사하였다. 그가 정말 그런 사람인지 여부와는 별개로, 샘은 분명히 이러한 방식으로 자신을 인식하고 있었으며 연구자 역시 그렇게 자신을 바라봐주기를 원했다.

이러한 초기 줄 단위 코딩 이후 단계는 실제로 코드를 다듬고 그들을 계열화하는 것이다. 코드를 다듬는 것은 두 가지 목적을 갖는다. 첫째, 텍스트를 다시 읽으며 다른 방식으로 코딩하는 것이 더 나을지 검토하기 위해서이다. 예를 들어, 더 긴 구절을 코딩하기 위해 다른 코드를 사용해야 할지, 또는 새로운 코드를 사용하여 재코딩을 해야 할지 등을 검토할 수 있다. 둘째, 그림 4.1의 예에서 논의한 것처럼 처음에 부여한 기술적인(descriptive) 코드를 더욱 분석적으로 만들기 위해서이다. 코드를 상·하위 구조로 계열화하는 방법은 6장에서 논의될 것이다.

코딩 유형 및 방법

본 장의 앞부분에서 세 가지 수준 또는 유형의 코딩(기술적, 범주화, 분석적)을 소개했다. 다른 많은 연구자들도 비슷하게 구분한다. 예를 들어, 근거 이론에 대해 잘 설명하고 있는 Strauss와 Corbin(1990)은 코딩을 다음의 세 단계로 나눈다.

1. **개방 코딩**: 텍스트를 반성적으로 읽으며 관련된 범주를 식별하는 것
2. **축 코딩**: 범주들을 다듬고, 개발하며, 관련된 것을 서로 연결시키는 것
3. **선택 코딩**: 이론이 제시하는 범주를 이야기에서 도출된 범주와 연결시키는 '핵심 범주' 또는 '중심 범주'를 개발하는 것

이것은 코딩 과정에서의 절차를 나타낸다. 분석이 진행됨에 따라 더욱 분석적이고 이론적이며 개념적인 주제 아이디어로 나아간다. 또한, 이러한 단계는 연구가 탐구하는 현상의 핵심에 놓여 있는 아이디어에 초점을 맞추어야 한다는 것을 제안하고 있다.

Saldaña(2016)는 코딩 유형 또는 방법에 대한 상당히 긴 목록을 제시한다. 그는 33가지 코딩 방법(2016, p. 68)을 나열하며, 그것을 세 가지 수준으로 구성한다. 1수준에서는 첫 번째 주기(first−cycle) 코딩 방법 26개와 두 번째 주기(second−cycle) 코딩 방법 6개를 구분하여 제시한다(하나는 두 범주에 걸쳐 있다). 그는 첫 번째 주기 코딩 방법에서 7개를 2수준 코딩 방법이라고 식별한다. 여기에는 즉 문법적 방법, 요소적 방법, 정서적 방법, 문학 및 언어 방법, 탐색적 방법, 절차적 방법, 자료의 주제 지정(자체적인 방법)이 있다. 3수준 코딩 방법 중 일부, 즉 분석적 코딩(Saldaña는 이를 개념 코딩이라 부른다)과 기술적 코딩은 앞에서 설명하였다. 인 비보(in−vivo) 코딩과 수치(magnitude) 코딩과 같은 방법은 6장에서 다룰 것이다. Saldaña(2016)가 논의한 다른 방법들은 단순히 코딩 방법뿐만 아니라, 실제로 코딩되는 다양한 현상을 나타낸다. 극적 코딩과 내러티브 코딩과 같은 방법들은 다음 장에서 검토할 것이다. 그러나 감정 코딩과 가치 코딩과 같은 방법들은 앞의 표 4.1에서 제시한 현상의 유형과 연결된다. Saldaña가 주장하는 것처럼, 연구에 적합한 코딩 방법을 어떻게 선택해야하는지는 연구자의 방법론적 관점, 연구 방법, 해결하려는 연구 질문에 달려있다. 모든 코딩 방법을 사용해야 한다

거나 일정한 순서에 따라야 한다는 규칙은 없다. 연구자의 접근 방식과 주제에 따라 코딩 방법을 선택하여 활용하면 된다. 그러나 Saldaña가 첫 번째 주기와 두 번째 주기 방법을 구분한 것은 대부분의 연구자들이 인식하고 있듯이 초기에 부여한 코드는 연구가 진행됨에 따라 달라질 수 있기 때문이다. 이 장에서 논의한 코딩 유형과 5장에서 논의할 것은 모두 Saldaña의 첫 번째 주기 코딩 방법에 해당된다. 그러나 6장에서는 그가 말한 두 번째 주기 방법 중 일부를 다루고자 한다.

이 장의 핵심 내용

- 코딩은 많은 종류의 질적 연구를 위한 기본적인 분석 과정이다. 주제 아이디어를 예시하는 하나 이상의 텍스트 구절을 식별하고 그것에 코드를 부여한다. 코딩을 한 후, 코드로 검색하면 관련 텍스트들을 찾아볼 수 있으며, 다른 사례나 다르게 코딩된 텍스트를 사용하여 어떻게 검색 결과가 달라지는지 비교해볼 수 있다.
- 코딩에서 가장 중요한 이슈 중 하나는 가능한 분석적이고 이론적인 코드를 사용하는 것이다. 단순히 기술적이고 연구 참여자들의 세계관을 그대로 반영하는 코드에서 새롭고 이론적이며 분석적인 코드로 나아가야 한다.
- 일부 연구자들에게 코딩은 새로운 코드를 생성하는 것에 더해 자료에 대한 새로운 분석 및 이론적 이해를 수반하는 과정이다. 이들은 자료에 기존의 프레임워크를 적용하지 않도록 최대한 노력할 것을 제안한다. 다른 연구자들은 연구자의 세계관이나 기본 가정 등을 완전히 제거하는 것은 불가능하다고 보고, 현재의 분석적 사고를 반영하는 기존 코드의 템플릿이나 프레임워크에서 시작할 것을 제안한다.
- 근거 이론은 중요한 코딩 접근법이다. 근거 이론은 코딩할 부분을 어떻게 찾아야 하는지, 그 부분이 나타내는 아이디어를 어떻게 식별하는지에 대해 유용한 방법을 제공한다. 지속적인 비교를 하는 방법이 이에 해당된다. 즉, 비슷하게 코딩된 지문을 서로 비교하고, 서로 다른 코드를 비교하며, 한 사례의 코딩과 다른 사례의 코딩을 비교하는 것이다. 근거 이론가들이 제안하는 특별한 기술 중 하나는 줄 단위 분석이다. 이 접근법이 창의적이지만, 여전히 연구자들이 생성해야 하는 코드는 연구 참여자들의 세계관을 그대로 수용하는 것이 아님을 분명히 할 필요가 있다.

더 읽을거리

다음 세 개의 연구들은 이 장에서 논의된 주제를 자세히 설명하고 있다.

Charmaz, K. (2014) Constructing Grounded Theory: A Practical Guide Through Qualitative Analysis, 2nd ed. London and Thousand Oaks, CA: Sage.

Mason, J. (2002) Qualitative Researching, 2nd ed. London: Sage.

Saldana, J. (2016) The Coding Manual for Qualitative Researchers. London: Sage.

제5장

전기적 내러티브와 담론적 요소 분석하기

- 내러티브
- 내러티브의 출처
- 내러티브의 기능
- 내러티브와 생애사
- 분석의 실제
- 내러티브 장르와 구조
- 담론적 접근

제5장

전기적 내러티브와 담론적 요소 분석하기

• 이 장의 목적 •

- 질적 연구에서 내러티브, 이야기, 전기적 분석이 무엇인지 안다.
- 내러티브의 출처와 기능을 안다.
- 생애사나 전기의 특정 내용과 주제를 확인한다.
- 내러티브를 분석하는 접근법의 범위를 인식한다.
- 내러티브의 구조에 대해 안다.
- 담론의 본성에 대해 이해한다.
- 담론 분석에서 담론적 레퍼토리, 주체 포지션, 지배 담론, 장치(apparatus)와 기관(institution)의 역할을 이해한다.

내러티브

스토리텔링은 사람들이 세계에 대한 이해를 조직하는 기본적인 방식이다(Flick, 2018a, 2018c; Brinkmann & Kvale, 2018 참고). 사람들은 이야기를 통해 자신의 과거 경험에 대해 이해하고, 그러한 경험을 타인과 공유한다. 따라서 내러티브의 주제, 내용, 스타일, 맥락, 말하는 행위 등을 분석한다면, 사람들이 그들의 삶에서 일어난 큰 사건들이나 그들이 살고 있는 지역사회나 문화적 맥락에 대한 의미를 어떻게 형성하는지 이해할 수 있다.

대부분의 이야기는 면담이나 대화 중에 언급되는 간단한 예시의 형태로 표현되는 경우가 많다. 연구 참여자는 다음과 같이 말할 수 있다. 세 가지 버전의 예시를 제시하도록 한다.

> 제가 시간을 잘 못 지키는 건 인정하지만, 가끔은 지각하는 경우에 결국 일이 더 잘 풀리기도 해요. 기차역에 늦게 도착해서 기차를 놓칠 것 같았던 적이 있었어요. 그런데 제가 타려고 했던 그 기차가 너무 연착되어서 그걸 탈 수 있었지요. 결국 제가 만나기로 했던 사람들이 놀랄 만큼 일찍 도착했어요.

> 가끔 늦게 출발해도 연착된 기차를 타서 일찍 도착할 수도 있어요.

> 늦는 건 좋지 않아요. 그러나 가끔은 그냥 넘어갈 때도 있지요.

연구 참여자의 이러한 응답을 이야기 형태로 들려준다면 어떠한 이점이 있는가?

- 전반적인 초점에 대한 예시를 제공하며, 이는 보통 이야기의 세부 내용에서 추론될 수 있다.
- 일반화된 내용을 개인화할 수 있다. '나는 그것을 경험했다'라는 문장은 연구 참여자에 대한 구체적인 증거, 즉 그가 느끼는 감정, 세상을 평가하고 경험하는 방법에 대한 무언가를 말해줄 수 있다. 내러티브, 이야기, 전기를 분석함으로써 연구 참여자가 사용하는 수사적 장치 및 표현 방식을 이해하고 그의 경험과 개인적 지식을 맥락화할 수 있다.
- 경험을 시간의 흐름에 따라 배열하여 제시할 수 있으며, 이는 시간

적 일관성을 갖는 이 세계에 대한 우리의 감각에 더욱 가깝다.

- 이야기는 연구 참여자가 제공하는 자화상이나 전기의 역할을 하기 때문에 연구 참여자들의 목소리를 들을 수 있다. 사람들의 이야기를 들으면 그들이 스스로를 어떠한 사람이라고 생각하는지, 혹은 어떠한 사람이라고 인식되기를 바라는지 알 수 있다. 따라서 이야기를 통해 연구 참여자들이 자신의 정체성을 형성하고 유지하는 방식을 이해할 수 있다. 이런 관점에서 생각해보면, 연구에서는 일반적으로 잘 주목받지 못하거나 표상되지 않는 사람들에게 초점을 맞출 수 있다.
- 이야기는 극적이고 수사적인 힘이 있다(Box 5.1 참조). 이해하기 쉽고 일반화된 서술 방식보다 더욱 설득력 있다.

Box 5.1 수사(rhetoric)

수사란 타인을 설득하기 위해 효과적으로 연설하거나 언어를 사용하는 기술이다. 이것은 고대 그리스에서 생겨났으며, 그 당시 수사학을 배우는 것은 공적인 삶에서 성공하는 수단으로 중요하게 여겨졌다. 수사학은 의사소통 방법과 수단에만 집중하여 단순히 스타일만 고려한다는 비판을 받아왔다. 이에 관한 아리스토텔레스의 책은 수사적 주장의 형태에 대한 체계를 제시하였고, 그의 아이디어는 후대에 더욱 발전되었다. 잘 알려진 수사적 질문을 예로 들면 다음과 같다. “내가 당신한테 이 말을 얼마나 많이 해야만 해?”라는 질문은 정말로 답을 구하기 위한 것이 아니다. 이러한 질문은 상대방에 대한 비난을 의미한다. 내용이 아닌 형식에 치중한다는 비판에도 불구하고 수사학은 사실 ‘어떻게’ 말하는 것만큼이나 ‘무엇을’ 말하는지도 중요하게 여긴다. 실제로 수사학은 말의 수단이 그 의미와 구분되기 어렵다는 것을 가정한다. 다시 말해, 우리가 직접적으로 무언가를 말하는 것뿐 아니라 그것을 말하는 방식 역시 의미를 전달한다고 가정하는 것이다.

위의 목록은 내러티브와 전기를 탐구하는 것이 질적 연구에 어떠한 이점을 가져오는지 보여준다. 그것은 사람들이 어떻게 자신의 요점을 형성하는지, 자신을 어떻게 묘사하고 싶은지, 자신의 행동과 삶을 어떻게 설명하는지 나타낸다. 사람들 사이에서 사용되는 공유된 표현과 공유된 어휘 및 은유는 사회 집단에 대해서도 말해준다. 즉, 사회 집단은 그들 스스로를 어떻게 인식하는지, 그들은 자신의 경험을 어떠한 방식으로 이해하고 설명하는지 등 많은 것을 알려줄 수 있다. Box 5.2를 참조하도록 한다.

Box 5.2 은유(metaphor)와 서술(accounts)

은유

은유는 이미지를 수사적 수단으로 사용하는 것이다. 보통 하나의 사물을 나타내는 단어나 구절이 다른 것을 가리키기 위해 사용된다. '고난의 바다'(바다의 광활함이나 바다의 폭풍이 나타내는 것처럼 전 방면의 어려움), '빠른 차선에서의 삶'(고속도로의 빠른 차선에 있는 것과 같은 빠르고 정신없는 삶) 또는 '돈에 잠식되는'(너무 많은 것을 가진)과 같이 비유는 두 개념의 암묵적인 비교를 통해 만들어진다. 은유는 세계를 개념화하는 우리의 관습적인 방법 중 하나이며, 우리의 일상적인 행동은 경험에 대한 은유적 이해를 반영한다. 일상의 구체적인 설명에는 은유가 포함되는 경우가 드물지만, 사람들이 추상이나 감정에 대해 이야기하는 경우에는 은유적인 이해가 표준이다.

우리들 대부분은 살고 있는 맥락과 문화를 반영하는 표준 은유를 사용하는 경향이 있다. 연구자들은 사람들이 은유를 어떻게 구조화하고, 어떻게 사용하며, 서로 그러한 은유를 어떻게 이해하는지 주목할 수 있다. 은유가 사용되는 이유는 사람들이 은유를 사용하지 않고는 자신을 표현하기 어렵거나 은유를 통해 감정적인 측면을 용이하게 표현하기 위해서이다. 사회 안에서 흔히 사용되는 표현이기 때문에 은유가 사용되는 경우도 있다. 그러나 어떤 은유적 표현은 특정 집단 안에서만 사용되기도 한다. 은유는 구체적인 문화 영역의 특징이기 때문에 사람들이 사용하는 은유적 표현은 그들이 속한 집단 안에서 공유되는 사상과 개념을 반영할 수 있다.

서술

서술에 대한 탐구는 동기 어휘들을 포함하는 것으로 서술을 설명한 Mills(1940)의 연구로 거슬러 올라갈 수 있다. 또한, 서술은 Austin이 '말로 행동하기'(Austin, 1962)라고 표현한 것의 예이다. 서술하기는 사람들이 자신의 행동이나 상황에 대해 설명하고, 정당화하고, 변명하며, 뒷받침하기 위해서 내러티브를 사용하는 것이다. 서술에는 두 가지 주요 유형이 있다. 하나는 정보가 부족하거나 외부의 압력으로 인해 확신하기 어려운 행동, 또는 의심스러운 행동의 이유를 설명하는 '이유 설명'이다. 또 하나는 문제시되는 행위나 행동에 긍정적인 가치를 부여하려고 하는 '정당화'이다.

내러티브의 출처

다양한 출처에서 가져온 텍스트는 **내러티브 분석**의 대상이 된다. 주된 출처는 면담이다. 면담자는 사전에 결정된 질문 목록이나 주제 목록을 그대로 따르기보다 면담 참여자들이 그들의 이야기를 할 수 있는 자리를 마련해야 한다. 면담 참여자에게 그들의 삶에서 있었던 중요한 전환점과 그것에 대한 경험을 묻는다면 그들의 이야기를 들을 기회를 가질 수 있다. 이혼의 경험, 종교적인 대화, 직업의 변화, 출산, 심각한 질병 등이 그러한 예이다.

면담이 내러티브 분석을 위한 자료의 유일한 출처는 아니다. 자연스럽게 이루어지는 대화(물론 그러한 대화를 녹화하기엔 윤리적인 문제와 실질적인 어려움이 있지만), 포커스 집단, 다양한 문서나 자서전과 같은 글 역시 모두 내러티브의 출처로 활용될 수 있다. 면담에 대한 내러티브를 더욱 풍부하게 분석하기 위해서 문서를 사용하는 경우도 있다.

내러티브의 기능

내러티브는 경험을 설명하고 전달하는 일반적이고 자연스러운 것이다. 왜 사람들이 내러티브를 사용하고 면담의 특정 순간들에 이야기를 들려주는지 주목한다면, 연구자들은 연구 참여자들에게 중요한 것이 무엇이며 추후에 무엇을 더 탐색해야 하는지 파악할 수 있다. 일반적인 내러티브의 기능은 다음과 같다.

- 개인적 경험에 대한 이야기는 **소식과 정보를 제공**한다. 이것은 이야기를 사용하는 가장 일반적인 방식이다. 우리의 모든 대화는 사실 정보를 주고받는 이야기로 이루어져 있다.
- 내러티브는 일상에서 벗어나는 일을 경험하는 사람에게 그것에 대응하는 하나의 방법으로 기능하며, 이때 내러티브는 그러한 경험을 하는 사람의 **심리적 요구에 부응**할 수 있다. 비일상적인 일이란 개인이나 가족의 문제, 금융 위기, 건강, 고용의 변화 또는 충격적이거나 민감한 시기, 또는 이혼이나 폭력 같은 사건 등을 의미한다. 우리는 비일상적인 사건을 이해하고 그것이 야기하는 혼란에 의미를 부여함으로써 기존의 질서 감각을 되찾고자 한다. 질서 감각을 회복하는 과정은 Ricoeur(1984)의 '플롯화(emplotment)', 즉 사건의 순서를 플롯에 따라 조직하는 것과 연결된다. 여기서 핵심은 사건에 내러티브 형식을 부여함으로써 그것의 의미를 파악하는 것이다. 그러한 이야기에서 사용된 언어를 분석하는 것은 화자가 무엇을 느끼는지 잘 드러낼 수 있다.

- 집단이 문제를 정의하고 그것에 대한 집단적 입장을 명확히 하도록 지원한다. 여러 사람이 어떤 사건을 경험했을 때, 내러티브는 그들의 경험을 표현하는 중요한 도구가 될 수 있다. 동성애자들이 들려주는 이야기들이 그 예이다.
- 내러티브는 타인을 설득할 수 있다. 법원에서 혹은 판매자가 구매자를 설득하는 상황을 생각해보면, 내러티브는 수사적 힘을 가진다는 것을 알 수 있다. 내러티브는 보고서의 신빙성을 높일 수 있다.
- 내러티브는 긍정적인 이미지를 부여하거나 신뢰를 줄 수 있다. 전형적인 예로 초기 의견에 대한 불신을 신뢰로 바꾸는 경우를 들 수 있다. 자신의 입장이 얼마나 일반적인 것인지 이야기함으로써 신뢰를 얻을 수 있다.
- 우화, 속담, 도덕적이고 신비로운 이야기 등은 경험에 대한 사회적 전이를 촉진한다. 사람들은 내러티브를 사용하여 좋은 관행과 나쁜 관행에 대해 설명하며, 이를 통해 윤리적이고 도덕적 기준을 드러낸다. 이에 대한 전형적인 예로 사고나 재난에 대한 경고문을 들 수 있다. 이러한 경고문은 무엇을 하지 말아야 하는지, 어떻게 하지 말아야 하는지 등을 상기시키는 역할을 한다. 도덕적인 측면에 초점을 맞춘 이야기는 보통 타인에 대한 것이며, 그것이 화자에 대한 이야기인 경우에는 역경을 극복했거나 인생에서의 중요한 전환점에 초점을 맞춘 것이 많다. 도덕적 이야기는 주로 문화적인 유산이나 조직 문화를 전달하는 방법으로 활용되나, 다른 방식의 이야기를 통해서도 같은 목표를 달성할 수 있다. 그 예로 잔학 행위에 대한 이야기, 무능에 대한 이야기(예: 의료 맥락에서 하지 말아야 할 일에 대한 경고를 제공), 학생의 구술 문화, 소매조직의 고객, 의료 환자, 학교와 대학의 학생과 같은 '소비자'에 대한 이야기가 있다.

- 내러티브는 자기에 대한 생각을 정리하고 정체성을 정립하고 유지하는 기능을 한다. 이것은 앞에서 언급한 도덕적인 이야기와 문화적인 이야기를 통해 사회적 차원에서 이루어질 수 있다. 이처럼 공유된 이야기는 하위 집단과 하위 문화를 규정할 수 있다. 그러한 집단에 소속되면 집단 구성원들 사이에서 공유되는 이야기를 듣게 된다. 그러나 이야기는 개인 수준에서 정체성을 확립하는 데 사용되기도 한다. 이야기는 화자의 내적 현실을 외부 세계에 드러내기도 하며, 화자 스스로가 그것을 더욱 명확히 이해하는 수단으로 기능하기도 한다. 우리는 이야기를 통해 우리 자신에 대해 알거나 발견하고, 다른 사람들에게 우리 자신이 누구인지 드러낸다. McAdams는 다음과 같이 표현한다.

> 나를 알고 싶다면 내 이야기를 알아야 한다. 나의 이야기가 나를 정의하기 때문이다. 그리고 나 자신을 알고 싶다면, 내 삶의 의미에 대한 통찰력을 얻고자 한다면 나 스스로도 내 자신의 이야기를 알아야 한다. (McAdams, 1993, p. 11)

모든 내러티브가 이 목록에 있는 모든 기능을 수행하는 것은 아니다. 그러나 내러티브는 적어도 하나 이상의 기능을, 대부분은 여러 기능을 동시에 수행한다. 내러티브가 어떠한 기능을 수행하고 있는지 주목한다면 화자가 자신을 어떻게 묘사하는지, 그들의 경험은 어떠한지, 그들에게 중요한 경험은 무엇인지 파악할 수 있다.

내러티브와 생애사

내러티브의 핵심적인 예는 **생애사**이다. 사람들은 자신에 대해 말할 때 자발적으로 내러티브를 사용하거나 짧은 이야기를 포함시키는 반면, 전기나 생애사는 일반적으로 타인의 요청에 대한 응답이다. 면담, 작성된 전기, 자서전, 생애사 면담, 개인 편지나 일기 등을 통해 자료를 수집할 수 있다.

연구 참여자들은 그들의 삶 전반에 대해 설명할 때 보통 자신의 경력과 기억과 관련된 주요 사건을 일련의 내러티브 연대기로 조직하는 경향이 있다. 이를 통해 연구 참여자들이 특정 경험을 어떻게 구성하고 이해하는지 이해할 수 있다. 사람들이 '성공'을 어떻게 측정하는지, 역경을 어떻게 극복하는지, 좋은 습관과 나쁜 습관, 성공과 실패를 어떻게 구분하는지 등에 대한 설명이 여기에 해당된다.

전기적 내용

사람들이 자신의 생애사에 대해 말할 때 일반적으로 취하는 접근 방식은 '그 일이 어떻게 일어났는지' 또는 '내가 어떻게 여기까지 오게 되었는지'이다. 전기(biography)의 주요 특징을 정리하면 다음과 같다.

- 전기는 대부분 연대순으로 조직된다. 그러나 이야기의 모든 부분이 순서에 따라 엄격하게 조직된다는 의미는 아니다. 때때로 사람들은 중요한 사건이나 경험을 말하며 이야기의 '중간'부터 시작하기도 한다. 그러나 일반적으로 사건이 발생한 순서에 따라 회상하는 경향이 있다.
- 사람들은 보통 이야기에서 주요 사건과 주요 인물을 식별한다. 그들에게 변화를 가져왔고, 지금의 그들이 있기까지 지대한 영향을 미친 사건과 사람들인 경우가 많다.
- 주요 사건의 특별한 예를 들자면, 전환점이나 Denzin이 '에피파니(epiphany)'라고 부르는 사건, 즉 사람의 생애에 흔적을 남기는 사

건이 있다(Denzin, 1989). 에피파니란, 전기나 생애사에서 중요한 전환점이 된 사건을 의미하며, 사람들은 보통 '이 사건 전에는 이러한 일들을 했으나(이러한 사람이었으나) 지금은 다른 일을 한다(나는 다른 사람이 되었다)'와 같이 그러한 사건을 표현한다. 주요 사건과 인물은 그 사람이 자신의 삶을 어떻게 인식하며 그것에 어떠한 의미를 부여하는지 나타내는 좋은 지표이다.

- 또 다른 생애사의 특징에는 사람들의 인생에 영향을 미친 계획이나 행운, 기타 영향이 있다. 사람들은 종종 운 좋게 만난 사람, 자신에게 영향을 미친 사람(예: 파트너, 배우자, 멘토), 또는 항상 계획해왔던 사건(예: 결혼, 가족계획) 등을 언급한다. 이러한 내용은 McAdams가 '개인 신화(personal myth)'(1993)라고 부르는 것을 이룬다.

생애사는 보통 주제를 가지며, 지금까지 설명한 특성과 함께 주제를 중심으로 자료를 코딩할 수 있다. 주제는 개인의 경험에 따라 크게 달라지며 일부 주제는 삶의 한 단계에만 해당되는 것일 수 있다. 생애사에 어떠한 내용이 부재하는지 역시 주목할 필요가 있으며, 이 또한 중요한 주제가 될 수 있다. 생애사에서 주목할 만한 내용은 Box 5.3에 제시되어 있다.

Box 5.3 일반적인 생애사 주제

· 관계적 이야기: 연구 참여자가 지속적으로 타인을 언급하는 경우가 있다. 자신이 한 활동에만 주목하는 이야기와는 다르게, 관계적 이야기에는 참여자가 타인과 함께, 타인에게, 또는 타인이 그에게 무엇을 했는지에 대한 내용이 포함된다.

· 소속감과 분리감: 정체성이 이슈인 사람들에게 중요한 대조되는 두 주제이

다. 많은 사람들은 혼자에서 다른 사람들과 관계를 형성하고 가족을 구성하는 것으로, 그리고 나중에는 독립적으로 생활하는 자녀에게 적응하는 것으로 이행하는 과정에서 내가 누구인지에 대한 정체성 문제를 겪을 수 있다. 또한, 정체성 문제는 군대에 입대하거나, 성직자가 되거나, 직장에서 은퇴하는 것과 같이 하고 있는 일에서 근본적인 변화를 경험하는 경우에도 발생한다.

· 친밀감, 소외감, 이동 경험: 주로 사회적 또는 지리적으로 이동성이 높은 삶의 맥락에서 표현되는 주제이다. 그러한 내러티브를 예상할 수 있는 대표적인 경험의 예는 이민자들과 (예를 들어 결혼에 의해) 한 사회 계층에서 다른 사회 계층으로 이동한 사람들의 이야기이다. 또는, 가족, 공동체, 배경의 제약에서 벗어나려고 노력하는 사람들의 이야기에서 발견될 수 있는 주제이기도 하다.

· 경력에 대한 생각: 직업, 또는 부모나 자녀, 환자와 같은 사회적 역할이 주제로 나타나기도 한다. 이것은 삶에 있어 핵심적인 개념이다. 예를 들면 군인, 신부, 간호사, 교사, 언론인 등의 직업을 천직으로 느끼는 사람, '전업맘'이라고 자신을 규정하는 사람, 사고 후 하반신 마비, 생명을 위협하는 질병, 장기 불임 등을 경험한 사람의 이야기에서 경력과 관련된 주제를 확인할 수 있다.

· 이성(또는 게이와 레즈비언의 경우 동성)과의 친밀한 관계: 이러한 주제가 생애사에 나타날 수 있다. 이성 혹은 동성과의 친밀한 관계가 언급되지 않는다면, 그러한 주제의 부재에 대해서도 주목할 필요가 있다.

· 삶의 초기 단계에 대한 초점: 지금의 내가 있기까지 어떠한 일이 있었는지 삶의 초기 단계에 집중하는 경우가 있다. 이것은 서술(account) 형식을 갖는 내러티브이다. 사람들은 종종 자신이 하는 일, 자신이 어떤 사람인지, 어떠한 관계를 형성하고 있는지 등 지금의 상황을 과거에 일어난 일과 관련하여 설명하려는 경향이 있다.

이것은 완전한 목록이 아니라 예시적인 목록이다. 연구자는 탐구 대상인 내러티브에서 다양한 사회적, 개인적 또는 연대기적 주제를 확인할 수 있을 것이다.

분석의 실제

1. 내러티브의 구조와 내용에 익숙해질 때까지 전사본을 읽고 또 읽는다. 이때 다음 사항을 주목해야 한다.

- 사건: 발생한 일
- 경험: 이미지, 감정, 반응, 의미
- 서술, 설명, 이유
- 내러티브: 사건에 대한 언어적이고 수사적인 형태의 이야기(화자와 청자 간의 상호작용, 시간 순서, 주요 인물, 줄거리, 이미지 등을 포함)

2. 이야기의 시작, 중간, 끝과 같이 핵심적인 특징을 식별하기 위해 짧은 요약 글을 쓴다.
3. 전사본의 오른쪽 여백을 활용하여 주제와 구조와 관련된 생각을 적는다. 주제들 사이의 전환을 살펴본다. 직업 훈련에서 첫 직업으로 이동할 때와 같이 전환을 보여주고 있는 텍스트를 면밀히 읽는다. 생애사의 구체적인 단계와 관련된 특정 주제들을 잘 보여주고 있는 텍스트를 찾아볼 수 있다. 예를 들어, 연구 참여자는 누군가와의 친밀한 관계를 삶의 특정 단계에서만 언급하지 않았는가?
4. 생각나는 것을 노트나 메모의 형태로 적은 후, 연구 참여자가 자신의 행동에 대해 설명하는 부분을 확인하거나 이야기의 전반적인 구조를 파악하기 위해 노트나 메모를 활용할 수 있다. 내용, 분위기, 연구 참여자의 인식 측면에서 보았을 때 기존 주제와 모순되는 부분이 있는지 확인한다. 연구 참여자들이 어떤 문제에 대해 취할 수 있는 태도는 그것을 아예 언급하지 않는 것이라는 점 역시 기억해야 한다.

5. 연구 참여자들의 이야기 안에 위치한 하위 이야기나 하위 플롯이 있다면 그것을 펜으로 표시한다. 여러 요소들 사이를 연결하여 그 관계를 나타낼 수 있다.
6. 연구 참여자의 감정을 드러내는 단어, 감정을 나타내는 단어, 이미지, 은유, 단락 등을 표시한다.
7. 중심적인 생각에 코드를 부여하여 코딩 틀을 개발한다. '아동기', '직업 훈련', '초기 경력', '결혼', '육아', '군대', '직업 변경', '은퇴' 등의 비교적 명확하고 포괄적인 코드를 사용하는 것으로 충분하다.
8. 내러티브에서 도출된 아이디어를 이론적 틀과 연결시킨다.
9. 사례 간 분석을 수행한다. 한 연구에서 두 사람 이상의 생애사를 다룰 수 있다. 그러한 경우, 사례 간 비교를 통해 연구 참여들의 관점이 어떻게 다른지, 각자의 삶에서 전환의 경험이 어떻게 유사한지 등을 분석할 수 있다.

예시: 메리의 별거 이야기

시작

메리는 1963년에 결혼했고 51살이던 1994년에 남편과 헤어졌다. 슬하에 4명의 자녀, 3명의 딸(이별 당시 1명은 결혼)과 1명의 아들이 있다. 메리는 그녀의 남편이 갑자기 떠난 날의 이야기로 그녀의 이야기를 시작했다. 그녀는 이 일이 어떻게 예고 없이 일어났으며, 남편과의 관계에서 그가 떠나고 싶어 한다는 것을 전혀 눈치채지 못했음을 설명하고자 했다. 그녀는 남편이 자신의 모든 물건을 어떻게 가져갔는지, 며칠 뒤 남편이 남겨둔 집 열쇠를 찾아낸 그녀만의 이야기 등 여러 가지 하위 이야기로 이 주제를 뒷받침했다. 첫 번째 이슈는 비난에 대한 것이었다. 그의 남편이 떠나며 남긴 편지는 이별의 책임이 메리에게 있다는 인상을 주었다. 메리는 다음과 같이 말했다.

그 편지는 마치 우리가 그 일에 대처할 수 없었던 것처럼 쓰여 있었어요. 저는 그런 일이 일어날 정도라면 제가 정말 끔찍한 사람일 수밖에 없다는 생각이 들었지요.

메리는 이별에 대해 자신이 어떻게 느꼈고 얼마나 충격을 받았는지뿐만 아니라 "집에 있을 수도 없고, 먹을 수도 없으며, 아무것도, 정말 아무것도 할 수 없었다"고 강조했다. 그녀는 그 사건에 대해 묘사하기 위해 면담에서 '기묘한'이라는 용어를 여러 번 사용했다. 또한, 그녀가 당시 자기가 느꼈던 감정을 묘사하기 위해 다른 은유를 사용한 구절도 있다. 그녀는 다음과 같이 말했다.

너무 충격적이었어요. 제 기억으로는 그게 제 귀에서 정말 세게 윙윙거리는 소리 같았고, 아주 추웠죠. 그래서 저는 정말로 그것을 관찰했습니다. 왜냐하면 너무 기묘했기 때문이죠. 그리고 나서 냉기에 이어 열기가 제 몸을 덮쳤고, 제 귀와 머리 꼭대기를 통해 그 열기가 뿜어져 나오는 것 같았어요.

그녀는 이후 내러티브에서 매우 시각적인 이미지를 통해 그 경험을 설명했다.

나는 방 모퉁이에 등을 기대어 손을 잡고 모퉁이를 열고 있는 것 같은 끔찍한 느낌을 받았어요. 그리고 전 그 사이로 떨어지기 시작했고, 그건 마치... 세상에, 떨어지지 않기 위해서 지지할 것은 오로지 내 손밖에 없는 것 같았어요. 난 절대 떨어지지 않았지만, 내 안의 누군가가 저에게 '네가 떨어지면 다시는 돌아오지 못할 거야'라고 말했어요. 난 마치 정신쇠약 경계에 있는 것 같았지요. 그리고 내 뒤에 있는 모퉁이에 구멍이 뚫려버린 것만 같은 그런 느낌이었죠. 혹시라도

> 내가 그 사이로 떨어졌다면 정말, 정말 아팠을지도 몰라요. 그래서 나를 지키기 위해 벽에 매달렸지요.

모든 사람이 자신의 감정이나 경험을 표현하기 위해 상상력이 풍부하다거나 이러한 이미지를 사용하는 것은 아니지만, 이와 같은 구절은 우리로 하여금 그 사람이 되어 해당 사건을 경험한다는 것이 어떠한 의미인지 감각적으로 느낄 수 있도록 한다.

중간

이후 이야기는 메리가 조금 더 독립적인 정체성을 갖게 된 전환점에 대해 다루었다. 먼저, 그녀는 남편이 다른 여자와 사귀는 것을 어떻게 알게 되었는지 이야기했다. 이것은 그녀가 느꼈던 비난과 충격의 일부를 없애기 시작했다. 그리고 그녀는 고통 속에서 딸과 함께 지내다가 침대가 부족해서 어린 손녀와 함께 잤을 때 일어난 깨달음을 묘사했다. 손녀의 기저귀가 젖었고, 소변이 새어 나와 메리에게 묻었다.

> 그때 제가 마음을 가다듬기 시작한 것 같아요. ... 저는 무언가를 해야만 했고, 제가 할 수 없었던 것은 과거의 제 모습을 유지하는 것, 항상 그래왔던 것처럼 같은 사람이 되는 것이었어요.

끝

그 후에 메리는 그녀가 어떻게 자격증을 따고 새로운 직업을 갖게 되었는지 이야기했다. 또한, 그녀는 싱글들을 위한 모임에 나가기 시작했고, 이를 통해 새롭고 지속적인 우정의 관계를 가질 수 있었다. 그녀는 재정적인 상황을 정리했고, 결국 경제적으로 적절한 시기에 남편과 이혼했다.

메리의 이야기에서 어떠한 내용이 부재한가? 물론, 그녀의 이야기에서 부재한 것은 남편의 목소리이며, 자녀들의 목소리도 없다. 우리는 메리에게 일어난 일에 대해 그녀가 기억하는 것만 알 수 있다. 메리의 이야기는 메리의 관점에서 현재 그녀가 기억할 수 있는 것을 담고 있다. 메리의 이야기는 그녀가 느꼈던 감정이 상당히 컸고, 정당하며, 이해 가능하다는 것을 보여준다. 그러나 우리가 기억해야 할 것은 메리가 말해준 모든 이야기는 아마도 그녀가 이전에 다른 사람들에게도 여러 번 들려주었을 가능성이 높다는 점이다. 이렇게 다시 기억하고 말하는 과정을 통해, 메리의 기억은 변화할 뿐 아니라, 듣는 사람이 누구인지에 따라 다듬어지고 새로운 형태로 다시 생성되었을 것이다. 우리는 면담을 진행한 연구자와 메리가 이 이야기를 어떻게 함께 형성했는지도 볼 수 있다. 메리가 자신의 남편이 그 어떤 경고도 없이 떠났다고 설명했을 때, 젊은 여성 연구자는 메리에게 다음과 같이 말했다.

> 다시 되돌아보면, 어떠한 일이 벌어지고 있는지 당신에게 사인이 될 만한 것들이 있었을까요, 아니면 전혀...

메리는 연구자의 말을 끊으며 다음과 같이 말했다.

> 전혀, 전혀요. 정말로 뜬금없이 일어난 일이에요.

그 후 그녀는 두 가지 이야기를 이어서 했는데, 하나는 남편이 떠나기 직전에 얼마나 침착했고 그가 무엇을 하려는지 전혀 알 수 없다는 이야기였고, 다른 하나는 그녀가 남편과 같이 살고 있는 여자에 대해 알게 된 것에 대한 이야기였다.

메리는 그녀의 관점에서 별거와 관련된 일련의 사건들을 설명하기 위해 이야기 형식을 사용했다. 그녀는 무슨 일이 일어났는지, 그녀의 감정이 어떠했는지 설명하고 그녀의 입장을 설득하기 위해 이야기를 활용했다. 그녀는 이야기를 통해 별거로 인한 감정적이고 재정적인 트라우마를 어떻게 극복했는지, 어떤 일을 계기로 그녀가 변하게 되었는지, 현재 얼마나 재정 상황이 나아졌고 감정적으로도 안정을 되찾았으며 독립적으로 살아가고 있는지 보여주었다. 이것이 그녀가 지금 일어난 일에 대해 이해하는 것이다.

내러티브 장르와 구조

전기에서 주제 중심의 내용을 살펴보는 것만이 아니라 내러티브 구조를 살펴볼 수 있다. 이야기는 시작, 중간, 끝, 그리고 논리를 가진다. 사건들은 인과적 순서를 가지고 있다. 한 사건은 다른 사건으로 이어진다. 우리는 사람들이 하는 이야기를 줄거리 있는 연극과 같이 취급할 수 있다. 표 5.1은 이야기를 극적인 주제에 따른 네 가지 범주를 제시하고 있다. 연구에서 코드로 활용될 수 있는 용어에 밑줄을 그어 표시하도록 하겠다.

| 표 5.1 | 극적 주제에 따른 네 가지 범주

로맨스	주인공은 그(녀)의 목표로 향하던 중 어려움을 겪지만 결국 목표를 달성한다.
코미디	목표는 사회 질서를 회복하는 것이며, 주인공은 그 질서를 위협하는 것을 극복하기 위해 사회적 기술을 획득해야 한다.
비극	주인공은 적에게 패배하고 사회에서 외면당한다.
풍자	사회 헤게모니에 대해 시니컬한 관점을 보인다.

메리의 내러티브는 주로 로맨스 형식을 따른다. 메리의 이야기는 많은 긴장, 재정적 어려움, 남편이 떠났다는 충격 등으로 시작하지만, 그녀는 자신이 어떻게 새로운 삶으로 나아갈 수 있었는지 설명한다. 그녀는 훈련을 받아 새로운 직업을 구했고, 사회적인 모임에 나가기 시작했으며, 불안감을 극복하기 위한 전략을 개발하였고, 집에 혼자 있을 수 있었다. 그녀는 재정적인 보상을 위해 이혼 소송을 걸었다. 메리는 다음과 같은 변화에 대해 인식했다.

> 슬픈 것은 사실 그가 떠난 게 기쁘다는 것이고, 그것을 극복하는 데 많은 시간이 걸렸기 때문에 정말 이상하게 들리지만 저와 제 생활 방식에 있어서의 변화는 엄청나게 큽니다. 다시 과거로 돌아간다는 건 상상도 할 수 없어요.

생애사는 그 이야기가 더 나은 방향으로 혹은 그렇지 않은 방향으로 나아가는지에 따라 변화한다. 같은 상태를 유지함에 따라 줄거리에 큰 변화가 없는 경우도 있다. 만약 상황이 점차 나아진다면 그 이야기는 상승 방향이라고 할 수 있다. 메리의 이야기는 명확히 상승하고 있다. 만약 상황이 점점 악화된다면, 그 이야기는 하강 방향이라고 볼 수 있다. 어떤 이야기들은 상승하다가 하강하기도, 하강하다가 상승하기도 한다.

이야기를 범주화하는 또 다른 방식은 Arthur Frank(1995)가 그의 저서 『The Wounded Storytelle』에서 제시했다. Frank는 질병에 걸린 사람들의 이야기를 탐구하였다. 그는 다음과 같이 말한다.

> 질병은 한 사람이 삶에서 어디에 위치해 있고, 어디로 가는지에 대한 감각에 중대한 손상을 미치고 있으며, 이야기는 그러한 손상을 치유한다. 이야기는 지도를 다시 그리며 새로운 종착지를 발견하기 위한 방법이다. (Frank, 1995, p. 53)

Frank는 다음과 같이 세 개의 일반적인 이야기 유형을 제시한다.

1. 원상회복 내러티브: 이것은 의사 혹은 의료 전문가들이 선호하는 이야기 방식이다. 건강을 되찾는 것, 치유된 '나'에 중점을 둔다. 이 유형의 내러티브는 세 단계로 나뉜다. 내러티브는 신체적 불운과 결함으로 시작된다. 두 번째 단계는 치유를 위해 무엇이 필요한지에 초점을 맞춘다. 마지막 단계에서는 치유가 완성되어 신체적인 평안함을 성취하였고 사회적 의무를 이행했다는 것을 서술한다. 이 유형의 내러티브는 환자에 '대한' 것이며, 환자에 의해 직접 이야기되는 것은 아니다. 즉, 이것은 환자에게 행위자성을 거의 부여하지 않는다. 환자는 단지 처방을 잘 따라야 하며 회복해야 하는 존재이다.
2. 혼돈 내러티브: 이것은 사실 이야기로 보기 어렵다. 동기나 순서가 거의 없는 내러티브 형식이며, 더 나아질 것이 없을 만큼 나쁜 일이 나열되는 형식이다. 전형적인 예는 제2차 세계대전의 강제 수용소에서 살아남은 사람들이 들려주는 홀로코스트 이야기이다. 이야기는 통제력을 잃었거나 결여했음을 보여준다. 약으로는 그 어떤 것도 해결할 수 없다. 이것은 다른 사람들이 듣고 싶어 하는 이야기가 아니며 '인간의 정신 회복'과 같은 좋은 결말을 위해 보통 희생되는 이야기이다. Frank가 말했듯이, 현대성(의학은 좋은 예이다)은 혼란을 용납하지 않는다. 바람직한 결과를 낳아야만 한다.
3. 탐색 내러티브: 이것은 화자가 모든 것을 통제하는 방식의 이야기이다. 화자는 어떻게 그 병을 직면하였고 그 경험으로부터 무언가를 얻기 위해 노력했는지 말한다. 이러한 이야기는 자조 그룹에 속한 사람들이 보통 들려준다. 이야기는 일종의 여정이다. 출발(증상에 대한 인식), 주도(질병으로 인해 중단된 삶의 일부와 관련하여

겪은 정신적, 신체적, 사회적 고통), 그리고 복귀(화자가 더 이상 아프지 않지만 여전히 그 경험으로 인한 영향)로 이어진다. 이러한 이야기는 매니페스토(manifesto) 장르를 포함한다. 화자는 자신의 경험에 대한 새로운 목소리, 새로운 통찰력을 얻게 되며, 다른 사람들에게 그것을 공유한다.

이러한 유형은 앞에서 제시한 극적 주제에 따른 범주와 연결된다. 예를 들어, 탐색 내러티브는 로맨스나 코미디 형태를 취할 수 있다. 홀로코스트 이야기를 언급하면서 설명한 것처럼 Frank의 내러티브 유형은 질병뿐만 아니라 다른 트라우마 상황, 예를 들어 법 이야기, 난민 이야기, 실직 이야기, 별거 이야기에도 적용될 수 있다. 메리의 이야기는 탐색 내러티브의 요소들을 많이 포함하고 있다.

내러티브 구조의 유형은 다음과 같은 방식으로 활용될 수 있다.

1. 내러티브 구조는 사람들이 특정 사건을 묘사하는 방식에 초점을 맞출 때 사용될 수 있다. 예를 들어, 메리의 사례에서 그녀는 이제 재정적인 어려움과 감정적인 문제 모두를 해결할 수 있는 강하고 독립적인 여성으로 자신을 인식한다. 이것은 다음과 같은 질문으로 이어질 수 있다. 왜 자신을 묘사하기 위해 그러한 방식을 선택했을까? 전기의 내용을 면밀히 살펴보며 이 질문에 대한 답을 찾기도 하지만, 그에 대한 답을 찾지 못하기도 한다. 또한, 한 가지 유형의 내러티브를 선택하기 위해서는 특정 이슈를 생략하거나 축소해야 하는 경우도 있다. 예를 들어, 메리는 자신의 이야기에서 현재 함께 살고 있는 새로운 파트너에 대해 거의 언급하지 않았는데, 이는 아마도 남편이 떠났을 때 잃어버렸던 관계를 타인과 다시 정립하는 데 성공했다는 사실(코미디 유형)보다는 자신이 어

려움을 극복했다는 것을 강조하고 싶었기 때문일 것이다.

2. 몇 개의 전기를 함께 탐색하는 경우, 내러티브 구조는 사례 간의 비교를 하는 데 사용될 수 있다. 연구자가 관심을 갖는 문제(예: 별거)에 대해 모든 사람이 동일한 구조로 이야기를 전개할 수 있다. 이것은 사람들이 별거를 어떻게 경험하는지에 대한 무언가를 보여줄 수 있다. 반면, 다른 구조를 가진 이야기를 확인한다면, 그러한 차이는 개인적, 사회적, 구조적 문제와 연결될 수 있으며, 이는 최종 분석에서 중요하게 다루어져야 할 것이다.

내러티브 요소

몇몇 연구자들은 사람들이 자신의 일상을 소개하는 이야기 유형에 초점을 둔다. 단순히 시작, 중간, 끝을 구분하는 것을 넘어, Labov(1972, 1982; Labov & Waletsky, 1967)는 완전한 형태의 이야기가 여섯 가지 요소를 가진다고 주장한다. 표 5.2는 Labov의 내러티브 요소를 제시하고 있다.

내러티브가 어떻게 구성되어 있는지 분석함으로써, 우리는 그러한 내러티브가 수행하고 있는 기능을 이해할 수 있다. 우리는 내러티브 구조를 통해 사람들이 사건을 어떻게 형성하며, 그들이 사건에 대해 어떻게 반응하고 어떠한 주장을 하는지, 그것을 어떻게 묘사하는지 이해할 수 있다. 이는 추후에 있을 추가적인 탐색이나 분석을 위한 출발점의 역할을 한다.

| 표 5.2 | Labov의 내러티브 요소

구조	질문
요약	이것이 무엇에 대한 것인가? 내러티브가 설명하려는 일반 명제를 제시하거나, 핵심적인 것을 요약한다. 면담에서 면담자의 질문은 이러한 기능을 수행한다. 생략될 수도 있다.
도입	이야기에서의 시간, 장소, 상황, 주체. 이것은 언제, 어디서, 누가, 무엇을, 어떻게 했는지 말해준다. "이것이 일어난 때는..." 또는 "내가 ...을 하고 있을 때 이 일이 발생했다" 등이 이에 해당되는 전형적인 문장이다.
복잡한 행위	무엇이 발생했는가에 대한 답을 제공하는 사건의 순서. 이것은 이야기에 핵심이 되는 사건에 대한 설명이다. Labov는 이것이 단순 과거 시제로 서술된다고 설명한다. 터닝 포인트, 위기나 문제를 포함하고 있으며, 화자는 그것을 어떻게 해결했는지 보여준다.
평가	그래서 그것이 무엇을 뜻하는지에 대한 답. 행위나 화자의 태도가 갖는 의미와 가치를 설명하는 것. 내러티브의 초점을 조명한다.
해결	그래서 결국 어떻게 되었는가? 사건의 결과나 문제의 해결. "그래서 그것은..." 또는 "그렇기 때문에 그것은..." 등이 이에 해당되는 전형적인 문장이다.
결말	이것은 선택적인 부분이다. 이야기의 끝이며, 현재 시제로 돌아가거나 다른 내러티브로 전환된다.

면담은 보통 독립적인 이야기나 하위 줄거리를 포함한다. 면담을 통해 얻을 수 있는 이야기는 다음과 같은 특징을 갖는다. 면담 참여자들은 과거 시제를 사용하여 자신이 이야기를 하며, 보통 본인에게 가장 중요한

문제에 초점을 맞추고, 이후 면담에서 그 문제에 대해 다시 언급할 수 있다. 메리의 인터뷰 예에서 볼 수 있듯, 메리는 자신의 전기를 짧은 여러 개의 일화 시리즈나 하위 플롯으로 이야기한다. 이들 중 다수는 Labov의 구조에 부합하며, 이러한 작업은 연구자로 하여금 이야기의 각 부분에 집중할 수 있도록 한다. 표 5.3의 내용은 메리가 새로운 직업을 어떻게 찾았는지에 대한 이야기를 Labov의 구조에 따라 분석한 결과이다.

| 표 5.3 | 메리의 이야기

구조	질문
요약	난 돈을 좀 벌어야 했어요. 나는 일했지요. 하지만 잘 되지는 않았어요. 케이트(동거 중인 딸)는 생활비를 조금 더 내겠다고 제안했지만, 저는 "아니, 그건 너의 책임이 아니야. 이 문제는 내가 해결할게."라고 말했어요.
도입	그때 생각한 것은 제가 사회복지사로 20년 동안 일했다는 것이었어요. 저는 그 일을 그만뒀고, 제가 그 직업에 대해 좋았던 것 중 하나는 많은 상담 경험을 할 수 있었다는 것이었죠. 상담을 위해 사내 교육을 많이 받은 적이 있는데 그게 저에게 가장 좋았던 부분이었던 것 같아 상담 과정을 신청해볼까 생각했어요.
복잡한 행위	그래서 RSA1을 했는데 비용이 많이 들었어요. 대학에서 학비에 대한 도움을 받았지요. 3년 만에 졸업장을 받았고, 제가 그 당시 가진 돈을 다 써버렸지요. 대출금도 갚은 상황이었고, 빚도 없었지요. 펜션을 팔아 그 돈을 충당했었거든요. 하지만 대학에서 배운 것에 대한 비용을 지불해야 했고, 그래서 저에게 남은 돈은 하나도 없었어요. 하지만 그게 제가 선택한 일이지요.
평가	저는 완전히 다른 사람이 되어 나왔지요. 거리에서 저를 만났다면 아마 저를 몰라보셨을 거예요. 살이 많이 빠졌고 머리를 염색하기로 했어요. 손주들이 있는 할머니에서... 정말 잘 지내기로 결심한 사람으로 변했어요.

해결	그게 제가 한 일이었어요. 그건 제가 혼자 설 수 있고 제가 정말 좋아하는 일을 할 수 있다는 것을 의미했죠.
결말	그가 떠났고, 그래서 나 자신을 찾을 기회를 가질 수 있어서 기뻤어요. 왜냐하면 전 가족 안에서 제 스스로를 잃었거든요.

이것은 간단한 예이지만, 사람들이 어떻게 이야기를 하며 그것은 이야기 방식에 대한 관습을 어떻게 드러내는지 보여준다. 모든 이야기가 이 범주에 완벽하게 부합하지는 않겠지만, 대부분의 경우 이 범주에 들어맞는다. 면담 참여자들이 이야기를 시작하는 지점을 살펴보면, 그러한 요점들이 그들에게 중요한 문제라는 것을 명백하게 알 수 있다. 이는 참여자들이 자기 스스로를 어떻게 인식하는지를 보여주는 좋은 예이다. 메리는 자신의 전반적인 이야기 또는 전기의 일부로서 그러한 이야기들을 들려주었다. 이러한 분석이 강조하고 있는 한 가지 중요한 점은 평가 요소이다. 이것은 연구 참여자가 해당 사건에 대해서 어떻게 느끼고 있는지를 보여준다. 메리의 경우, 남편이 떠난 후 그녀가 어떻게 자신을 근본적으로 변화시켰는지에 대해 이야기하고 있고, 이를 뒷받침할 수 있는 다양한 세부 증거를 제시한다. 이러한 이야기들은 내러티브에 도덕적 요소를 더할 수 있다. 메리의 이야기는 그녀가 가족에 대한 정서적이고 재정적인 의존에서 어떻게 벗어났는지를 보여준다.

담론적 접근

지금까지 면담이나 관찰을 통한 자료 수집이란 마치 사람들이 자신의 행동, 생각, 느낌을 표현하고, 연구자들이 그것을 확인하도록 돕는 수단 정도로 서술하였다. 그러나 내러티브의 요소를 살펴보면, 사람들은 연구자들에게 사실 이상의 것을 말한다는 것을 볼 수 있다. 그들은 자신에게 무슨 일이 일어났고, 그것을 어떻게 느꼈는지 연구자를 설득하기 위해 내러티브와 수사를 활용한다. 이 통찰력, 즉 '말로 무언가를 한다(do things with words)'는 인식은 담화 분석(discourse analysis, DA)을 통해 더 심화될 수 있다. DA는 그 자체로 하나의 연구 방법이며 DA 방법론에 대한 서적들이 있다(DA에 대한 다양한 접근이 있기 때문에 하나 이상의 DA 방법론을 다루는 서적들도 있다). 여기에서는 DA 방법론 전반에 대해 자세히 다루기보다는 자료 분석의 민감성을 확장시키기 위한 방법의 일환으로 검토하고자 한다.

지금까지 우리가 함께 살펴본 질적 분석 방식들이 가정하고 있는 것은 연구 참여자들이 자신이 경험한 것 또는 실제로 무슨 일이 벌어졌는지를 말하고 있으며, 연구자들이 그것을 확인할 수 있다는 것이다. DA는 담론에 초점을 둔다. 즉, 말하고, 쓰고, 기록된 언어의 사용에 관심을 둔다. 일부 담론 분석가들에게 이 세상은 담론으로 이루어져 있다. 그들은 사람들이 '사실'이라고 주장하는 것(그들이 한 것, 그들이 말한 것, 무슨 일이 일어나고 있는 것, 즉 '기술(description)'로서의 언어) 자체에 대해서는 크게 관심을 갖지 않는다. 대신, 사람들이 언어로 어떻게 그러한 주장을 하고 자신을 어떻게 옹호하는지, 자신이 주장한 것을 토대로 타인을 어떻게 설득하고자 하는지('활동'으로서의 언어)에 관심을 갖는다. 사람들은 상이한 세계관을 가지고 있으며, 따라서 무슨 일이 발생했는지 다르게 파악할 수 있다. DA 관점에서 볼 때, 사람들은 상이한 목적을 가지고, 다양한 듣는 이들을 고려하여 이 세계를 다른 방식으로 구성하고 있는 것이다. 이것은 다양한 DA 접근들 중에서 강력한 구성주의 버전이며, 여기에서는 이를 담론 심리학(discourse psychology, DP)과 관련시켜 논의할 것이다. DP를 지지하는 사람들은 지금까지 우리가 살펴본 다양한 자료 분석 접근들이 정당화되기 어려운 실재주의 가정을 토대로 한다고 주장하며, 그러한 자료 분석법들을 거부하는 경향이 있다. 그러나 DP가 제공하는 분석적 통찰은 이 장에서 다루고 있는 주제 분석에 대한 논의들을 더욱 심화시켜줄 수 있을 것이다. 특히, 사람들이 자신의 관점을 제시하고 자신을 정당화하기 위해 수사 및 담론적 장치를 어떻게 활용하는지 더욱 민감하게 인식하는 데 도움을 준다. 이는 분석의 질을 높이기 위해 중요하다.

그러나 다른 버전의 DA는 사람들이 주장하는 것에 더 관심을 가지며, 사람들은 주변 담론을 사용하여 그러한 주장을 한다고 본다. 여기에서는 이러한 버전에 속하는 비판적 담화 분석(critical discourse analysis, CDA)에 대해 논의할 것이다. CDA는 사람들이 언어를 사용하는 방법뿐만 아니라 문서, TV, 라디오 등 모든 범위의 담론적 출처에 관심을 둔다. 그들은 담론을 반영하고 반대로 담론을 강화하는 것에 장치, 기관, 조직, 사회 집단, 심지어 건물이 포함될 수 있다고 본다. CDA에서 담론은 사람들이 말하는 것뿐만 아니라, 다른 모든 사회 현상을 포함한다. 사람들이 담론적 개념을 어떻게 사용하고 정의하며 실천하는지를 반영하고 있는 모든 유형의 텍스트 역시 여기에 포함된다. CDA의 주요 관심사는 담론이 어떻게 우리에게 영향력을 미치며 우리의 행동을 주조하고 결정하는지에 대한 것이다. CDA 지지자들은 자신의 분석적 접근 방식을 앞에서 우리가 살펴본 주제 분석 및 근거 이론과 연결시키기도 한다(어떤 경우에는 질적 접근을 양적 방법과 결합시키기도 한다). 이에 대한 좋은 예는 Titscher et al. (2000)의 연구이며, 근거 이론의 관점과 접목시킨 예는 Clarke(2005)의 연구이다.

담론 심리학

현재 담론 심리학이라고 불리는 사회 심리학의 DA는 Potter와

Wetherell(1987)에 의해 시작되었으며, 그 이후에 여러 영국 심리학자들에 의해 개발되었다(Edwards & Potter, 1992). 담론 심리학의 초점은 사람들이 타인과 상호작용할 때 실제로 어떠한 언어적 실천을 하는지에 있다. 따라서 담론의 세부 사항에 집중하는 경향이 있으며 연구자들은 일반적으로 상세한 전사본에서 시작하여 분석으로 나아간다.

담론 심리학자들은 언어를 외부 세계의 수동적인 반영으로 보지 않는다. 이 관점에서 언어는 적극적으로 현실을 생성하는 것이며, 단순히 그것을 기술하는 것이 아니다. 여기에서 핵심은 언어가 행위를 수행한다는 것이며, 이는 Austin(1962)의 연구와 관련된다(Box 5.2. 참조). "안녕하세요?"라고 말하면 인사를 하고, "약속해요."라고 말하면 약속을 하는 식이다. 여기에서 핵심적인 통찰은 화자가 이 세계에 대해 설명하고 기술하는 듯 보이지만 실제로는 상당히 다른 일을 하고 있다는 것이다.

예시

다음의 장면을 살펴보자. 따뜻한 여름날이었고, 저녁이 다가오자 몇몇의 사람들이 방 안에 앉아 이야기를 나누고 있었다.

> 샘: 도나, 네가 너무 추워 보여. 창문이 열려 있어서 점점 추워지네.
> 진, 네가 가장 가까운 사람이야.

이 짧은 예에서 볼 수 있는 것은 샘이 몇 가지 일을 하고 있다는 것이다. 겉으로 보기에는 샘은 다른 사람들도 이미 알고 있는 것을 우리에게 말하는 것처럼 보인다. 샘이 "진, 네가 가장 가까운 사람이야."라고 말하는 부분에서는 이것이 더욱 명백해 보인다. 샘은 진이 창가에 가장 가깝다고 말하면서 우리에게 특정 정보를 알려주고 있다. 사실 다른 사람들도 이에 대해 잘 알고 있기 때문에 이러한 정보를 제공하는 것은 불

필요해 보인다. 그러나 주목해야 하는 것은 사실적인 진술처럼 보이는 것이 사실은 상당히 다른 일을 수행하고 있다는 것이다. 샘이 하고 있는 일은 진에게 창문을 닫아달라는 요청이다. 샘은 진이 창문에 가장 가깝기 때문에 그러한 요청을 들어주어야 한다는 이유도 설명하고 있다.

그러나 사실 이렇게 짧은 문장 안에서도 많은 일이 일어나고 있다. 샘은 다음과 같이 말했을 수도 있다.

진, 도나가 추워 보이는데 창문을 닫아주지 않을래?

진, 창문을 닫아달라고 부탁해도 될까?

그러나 샘은 이렇게 말하지 않았다. "진, 네가 가장 가까운 사람이야."라고 말하면서 샘은 진에게 직접 요청하는 것을 피했다. 샘이 "진, 창문을 닫아달라고 부탁해도 될까?"라고 말하기 위해서는 진에게 그렇게 요청하기 위한 일종의 권위를 필요로 한다. 만약 샘이 그 집의 주인이었거나 다른 사람들이 학생인 상황에서 샘이 교사였다면 이렇게 요청하는 것이 자연스러웠을 수 있다. 그러나 샘이 그러한 권위를 가지지 않는다면, 아마도 샘은 진에게 우회적으로 물을 수밖에 없을 것이다.

샘이 "창문이 열려 있어서 점점 추워지네."라고 말하는 것 역시 방 안의 온도에 대해 사실적인 주장을 하는 것처럼 보인다. 이것은 누군가 때문에 추워지고 있다는 의미로 해석될 수 있기 때문에 샘은 이기적으로 보일 수 있으며, 따라서 이것은 진에게 창문을 닫으라고 제안하는 샘의 권위를 제한할 수 있다. 그러나 샘은 앞서 도나가 추워 보인다고 말함으로써 자신의 이기심에 대한 타인의 편견이나 의심을 피했다. 담론 심리학자들은 사람들이 사실적인 주장을 할 때 자신과 같은 견해를 갖고 있거나 같은 일을 경험한 타인을 언급함으로써 확증적 증거를 제시하며,

이를 통해 자신의 정당성을 확립하고자 노력한다고 주장한다.

> 사실에 대한 일상적인 추론의 중요한 특징은 보고 과정에서의 합의가 하나의 버전의 사실성에 대한 확증을 제공한다는 것이다. 만약 자동차 사고를 목격한 한 사람이 운전자가 너무 빨리 달리고 있었다고 주장하면, 그 주장은 무시될 수 있다. 하지만 많은 목격자들이 이것을 주장한다면 더 설득력 있을 수 있다. (Potter, 1996, p. 159)

그래서 우리는 이 짧은 예에서도 샘이 꽤 많은 담론적 실천을 하고 있다는 것을 알 수 있다. 첫째, 샘은 진에게 명령해서는 안 된다는 사회적 규범을 깨지 않기 위해 사실적인 진술을 가장한 암묵적인 요청을 하였다. 둘째, 샘은 도나가 춥다는 것을 알았음에도 불구하고 창문을 닫아야 하는 것은 도나가 아니라 진이며, 그것은 진이 창문에 더 가깝기 때문이라는 이유를 설명했다. 셋째, 샘은 이해관계에 대한 문제를 다루고 있다. 사람들은 자신이 말하는 내용의 진실에 이해관계가 얽혀있는 것처럼 보이거나 담론적 행동의 결과가 자신을 위한 것처럼 보이는 것을 피하고자 한다. 따라서 사람들은 이러한 해석으로부터 자신들을 보호하기 위해 다양한 방식을 취한다. 예를 들어, 다른 사람들의 견해와 행동을 이용하여 자신이 주장하는 것을 정당화(샘이 했던 것과 같이)하기도 한다. 자신은 일상적인 일을 하는 평범한 사람들일 뿐이며, 따라서 그 상황에 어떠한 이해관계도 개입되어 있지 않다고 주장하기도 한다. 그들은 DP 분석가들이 '반대주장(disclaimer)'이라고 말하는 것을 제시한다. 예를 들어, 존에 대해 비판하는 말을 시작하기 직전에 "나는 정말 존을 좋아해. 다만..."이라고 말할 수 있다. 이는 화자가 단순히 존을 싫어하기 때문에 그러한 비판을 늘어놓는 것이라는 타인의 해석을 피하기 위함이다. 지금까지 살펴본 예시는 몇 가지 중요한 점을 보여주고 있다. 첫째, 세밀하고 작은 규모의 DP 분석의 전형을 보여주고 있다. 앞에서 언급한 것처럼 DP는 전사본을 세부적으로 검토하는 것에서 시작하여 사람들이 담론적인 수행을 어떻게 하고 있는지에 대한 통찰을 얻을 수 있는 분석으로 나아간다. 둘째, 사람들이 사실적인 주장을 할 때 수행하는 전형적인 담론적 행위를 보여준다. DP 분석가들은 이것을 '사실화 장치(factualization device)'라고 부른다. 여기에는 이해관계, 반대주장, 협업 장치(자신의 의견에 동의하는 사람들의 의견을 인용하는 것), 독립성(그들은 다른 사건에 영향을 받고 있지 않음을 보여주는 것) 등이 포함된다. 셋째, 우리가 이처럼 간단한 대화 장면을 면밀히 살펴보면 어떤 일이 일어나고 있는지에 대해 훨씬 깊은 이해를 할 수 있다는 것을 보여준다.

주요 용어

DP 분석가들은 연구 목적의 면담이나 초점 집단의 다소 인위적인 상황보다는 자연스럽게 발생하는 상황(사람들의 대화, 의사와 환자 간의 대화 등)의 텍스트를 사용하는 것을 선호하는 경향이 있다. 그러나 연구를 목적으로 수집된 자료를 거부한다는 의미는 아니다. 이 두 가지 경우 모두 DP 분석가들이 찾고자 하는 핵심적 언어적 실천이나 구성이 포함되어 있다.

해석적 레퍼토리

화자의 문화에서 많이 사용되는 은유, 용어, 표현 방식, 구절 등이 있다. 화자는 이러한 것들을 활용할 수 있으나, 그 선택은 말하는 주제나 맥락에 따라 제한을 받을 수 있다. 일부는 자신의 경험이나 가까운 친구나 가족의 경험에서 레퍼토리를 가져올 수 있으며, 또 다른 이들은 더 넓은 정치적이고 담론적 영역에서 접해보았던 레퍼토리를 활용할 수 있다. 예를 들어, 난민에 대해 이야기하는 경우, 사람들은 '홍수'나 '늪'과 같은 은유, '긴 고통'이나 '인신매매 범죄자들로부터의 착취' 등의 표현 방식, 또는 '나라가 사람들로 넘친다'거나 '우리의 일자리를 빼앗는다' 등과 같은 구절을 사용할 수 있다. 각각의 경우 분석가들은 그러한 레퍼토리의 선택이 어떠한 담론적 행위를 수행하고 있는지(문제 제기, 설명, 정당화, 요청 등) 분석한다.

주체 포지션

사람들은 말할 때 자신을 특정한 위치에 놓는다. 이것은 보통 자신이 한 말을 정당화하기 위함이다. 자신을 그러한 위치에 놓음으로써 본인이 주장하는 것이 더 나은 지식이거나, 본인의 견해가 더 중요하며 신뢰할 수 있다는 것을 주장할 수 있다. 사람들은 말을 할 때, 필요에 따라 하나 이상의 위치를 취할 수 있다. 그것인 명시적이고 가시적일 수도 있고, 암묵적이며 비가시적일 수도 있다. 예를 들어, 누군가가 '엄마로서'라고 말을 시작함으로써 자신의 위치를 명시적으로 나타낼 수 있다. 그러나 누군가는 집안일과 직장 간의 균형, 자녀 등하교, 식사 준비 등과 같이 어머니가 전형적으로 수행하는 활동들을 언급함으로써 자신의 위치와 지위를 암묵적으로 드러낼 수 있다.

이데올로기적 딜레마

해석적 레퍼토리가 모순적으로 보이는 경우가 존재한다. 사람들이 항상 일관성을 유지하며 말하는 것은 아니다. 그들이 사용하는 레퍼토리는 그들이 처한 상황이나 그들이 받는 질문에 따라 달라질 수 있다. DP 분석가들은 사람들이 모순적인 것이 아니라(두 개의 상반된 사실을 주장하는 경우처럼), 특정 상황에 적합하게 그들의 말을 조정하고 있는 것이라고 주장한다. 한 청년이 지난 밤 클럽에서 있었던 일에 대해 이야기할 때, 그것을 부모에게 말하는지 친구에게 말하는지에 따라 말하는 방식이 달라진다는 것을 생각해보자. 이것은 맥락에 따라 담론적 실천이 달라질 수 있다는 것을 보여준다.

비판적 담론 분석

DP는 상세한 전사본의 일부에서 시작하여 상향식으로 자료를 분석하는 반면, 비판적 담론 분석(critical discourse analysis, CDA)은 사람들에게 유용한 담론적 행위를 규정하거나 제한하는 일반적이고 사회적인 언어 자원에 초점을 둔다. 담론은 무엇을 말할 수 있고, 누가, 언제, 어디서 그러한 말을 할 수 있는지에 영향을 미친다. 이러한 형식의 담론 분석에 있어 핵심적인 학자는 Michel Foucault이다(Foucault, 1973, 1977, 1979; Rabinow, 1986). CDA 지지자들은 Foucault의 영향에 대해 인식하는 동시에 사회언어학적 아이디어를 가미한다. Fairclough(2003)는 그가 '텍스트 지향 담화 분석'이라고 부르는 것을 Foucault와 같은 사회 이론적 성향을 가진 접근법과 대조한다.

주관적 자아

CDA에서 담론은 구성적(constitutive) 역할과 결정적(determining) 역할을 동시에 한다. DP에서와 같이, 담론은 개념화 레퍼토리를 제공하지만, 그것을 사용하는 것은 훨씬 제한적이다. 우리는 단순히 우리에게 유용한 담론을 받아들이는 것이 아니라 우리 자신을 개념적 지도에 위치시킨다. Foucault는 이에 대한 예시를 제시한다. 그는 19세기 후반에 '동성애자' 개념이 어떻게 생겨났는지 설명한다. 그 이전에도 다른 남성들과 성관계를 갖는 남성들이 있었으나, 의학적, 도덕적, 법적 담론을 통해 동성애자란 누구인지를 설명할 수 있는 틀이 만들어졌다. 그 후, 사람들은 동성애자로 분류되었고, 이들은 20세기 동안 대부분 질병이 있거나 불법적이거나, 처벌받아 마땅한 존재로 간주되어 왔다. 이는 우리가 개념에 따라 규정된 역할을 부여받고 그것을 수행하며, 그러한 개념을 토대로 우리 자신을 이해한다는 것을 의미한다. 이러한 담론적인 역할(예:

부모, 범죄자, 청소년, 경찰, 남자, 교사, 아이, 연예인, 블로거, 희생자)은 주체의 '위치'로 기능하며, DP에서 논의했듯이 이러한 위치는 무언가를 가능하게도 하지만 제한하기도 한다. 우리는 주체로서의 위치를 채택하고 그로부터 우리의 정체성을 형성한다. 주체로서의 위치는 우리가 논쟁하고 토론할 때 담론을 사용하는 방식에 영향을 미친다.

권력

우리를 제한한다는 점에서 담론들은 힘을 가진다. 그러나 이 힘이라는 것이 부정적인 것만을 의미하는 것이 아니다. 담론이 갖는 힘은 단지 통제, 방지, 억압, 검열, 은폐하는 것이 아니라, '진실'이라고 간주되는 것을 적극적으로 생성해낸다. Foucault는 사회적 관행을 허용하고 제한하는 역할을 하는 권력과 지식에 대해 이야기한다. 예를 들어, 의학적인 관점에서 성에 대한 산만한 구성은 성적 문제를 다루는 새로운 방법을 가능하게 했지만, 의학적인 통제도 가능하게 했다.

지배 담론

어떤 담론들은 다른 담론들보다 더 강력하다. 특정 담론들은 기존의 권력 관계와 사회 구조를 정당화하며 사회 현실을 생성해낸다. 어떤 담론들은 우리 주변에 만연하여 그것을 식별하기조차 어렵기 때문에 그것에 반대하기 어렵다. 그러한 담론들은 '상식'으로 기능한다. 어떤 이들은 이러한 담론이 매우 강력하다는 의미로 '이데올로기'라고 부르기도 한다. 그러나 담론은 영원한 것이 아니며, 생성되기도 소멸되기도 한다. 담론은 역사나 계보를 가지고 있다. 따라서 대안 담론을 형성하는 것이 쉽지 않지만, 불가능한 것도 아니다. 대항 담론(counter-discourse)의 가능성, 어떤 문제에 대해 여러 담론이 공존할 가능성은 언제나 열려있다. 위에서 언급한 예를 다시 들면, 20세기에 동성애자들은 질병이 있거나 불법적이며 처벌받아 마땅한 존재로 간주되어 왔으나, 21세기에 일부 국가에서는 이 담론이 성적 다양성 및 동성애자 권리 담론으로 대체되었다. 지배 담론들 사이의 갈등은 특정한 사회 상황을 설명하는 데 사용되어 왔다. 예를 들어, Walkerdine(1991)은 여성 교사가 반항적이고 성차별적인 학생을 대하기 힘들어하는 것은 여성으로서의 위치(성차별적인 의견에 영향을 받는 주체)와 좋은 교사로서의 위치(아이들이 갖는 표현의 자유를 존중하는 주체) 간의 갈등 때문이라고 분석하였다.

장치와 기관

담론은 단순히 말하고 쓰는 방식뿐 아니라 제도적 실천과도 연결되어 있다. 이 사회는 담론을 반영하고 지지하는 방식으로 조직되어 있으며 관리되고 있다. 가족, 경찰, 의료 및 정신과 진료와 같은 다양한 조직과 기관, 병원과 감옥 같은 건물 모두 담론적 실천과 관련된다. 이러한 점에서 CDA는 언어 사용에 중점을 두는 DP의 한계를 뛰어넘는다. CDA는 담론적 행위를 설명하는 것을 넘어, 지배 담론에 의해 정의되는 현상까지 포함한다. 예를 들어, 의료 담론에서 '환자'로 위치한다는 것은 그의 몸이 의사와 간호사에게 관심의 대상이라는 것뿐 아니라, 의료 행위의 일환으로 치료 과정에서 노출되고, 만져지며, 침범될 수 있다는 것을 의미한다.

CDA 실천하기

앞에서 DP가 질적 분석에서 담론적 실천에 대한 민감성을 더해줄 수 있으며, CDA 역시 그러할 것이라고 설명했다. 그러나 CDA의 분석 대상 자료의 범위는 DP 자료의 범위보다 훨씬 크다. 프린트되거나 기록된 텍스트에서부터 시각적 이미지까지 우리가 마주하거나 우리의 주체 포지션에 영향을 미치는 담론의 주요 부분을 보여줄 수 있는 것이라면

CDA의 자료로 활용될 수 있다. CDA를 시도한다면, 면담이나 관찰 자료와 함께 광범위한 문서를 수집할 필요가 있다. 일반적으로, CD 분석가는 탐구하고자 하는 담론의 모습을 보여줄 수 있는 글, 문서, 이미지, 비디오 등 다양한 유형의 자료를 수집한다. 일반적으로 그다음 단계는 이렇게 수집된 자료에서 주요 자료를 선정하기 위한 방법을 마련하는 것이다. 해당 자료가 전형성을 띤다거나 담론의 핵심적인 사례나 유형을 보여주는 등의 이유를 토대로 주요 자료를 선정할 수 있다.

지난 수십 년 동안 디지털 미디어가 발전하면서 자료를 수집하고 그 중 주요 자료를 선정하는 일은 대대적인 작업이 되었다. 특히, 소셜 미디어의 텍스트와 이미지를 자료에 포함해야 하는 경우 자료 수집 및 선정이 더욱 어려워진다. 그러나 다행히도 디지털 기술을 사용하여 주요 자료를 선정할 수 있는 몇 가지 방법이 있다. 예를 들어, 검색 엔진에서 주요 용어를 사용하여 포함해야 할 문서를 찾을 수 있다(이에 대한 내용은 9장에서 논의된다). 비만에 대한 사회 연구를 수행하도록 요청받았다고 상상해보자. 연구자는 비만인 사람들을 면담할 수 있고, 체중감량을 위한 모임이나 운동 세션에 참여하는 사람들을 관찰한 자료를 수집할 수도 있다. 이러한 자료뿐 아니라 미디어, 과학 및 의료 문헌, 소셜 네트워크 사이트, 압력 단체나 자조 집단, 활동가 집단에 대한 문헌을 통해 상당한 양의 텍스트 및 이미지 자료를 찾을 수 있다. 비만에 대한 의료적 지배 담론, 과체중에 대한 도덕적·정치적 담론, 자기책무성에 대한 철학적 담론 등이 있을 것이다. 그러나 개인이 원하는 방식대로 자신을 표현할 권리를 가지고 있음을 강조한다거나, 마른 몸에 대한 패션 산업의 집착에 반대하는 대항 담론도 존재할 것이다.

Parker(2003)는 CDA 분석을 위한 20단계를 제안한다. 대부분의 단계는 이 장에서 이미 논의한 내용과 유사하므로 CDA를 위한 몇 가지 특징적인 단계만 소개하도록 한다.

1. 담론들 간의 관계를 살펴본다. 그러한 담론들은 서로 상충될 수 있다. 담론들은 역사적·문화적으로 위치하는 것이므로, 역사적·문화적 차이점을 면밀히 분석하고 그러한 담론이 어떻게 생성되었는지 탐색한다.
2. 담론을 통해 생성된 결과에 대해 분석한다. 특정한 주체 포지션을 통해 누가 또는 무엇이 특혜를 누리거나 소외 및 배제되는가? 연구자들이 자신이나 타인에게 갖는 책무성 측면에서, 또는 누군가의 기여나 책임에 주목하며 이러한 분석을 시도할 수 있다.
3. 주체 포지션을 체계적으로 분석한다. 담론을 통해 부여되는 사람이나 활동의 범주 유형을 식별한다. 그러한 범주를 통해 어떤 종류의 행위가 허용되거나 허용되지 않는지 살펴본다.
4. 이러한 담론들이 어떻게 사회 기관을 지탱하며 기존의 권력 관계를 재생산하는지 주목한다. 여기에서 득실을 평가하기 위해서는 도덕적·정치적 입장을 취해야 한다. 어떠한 입장을 취해야 하는지는 연구자에게 달려있으나, 그러한 입장을 취하지 않고는 비판성을 갖고 CDA를 시도하기 어렵다.

이 장의 핵심 내용

- 내러티브, 전기, 담론 분석은 질적 연구에 새로운 차원을 더한다. 단순히 사람들이 무엇을 말했으며 그들이 묘사한 사물이나 사건이 무엇인지에 초점을 두는 것이 아니라, 사람들이 그것을 어떻게 말했고 무엇을 느꼈으며 경험했는지에 집중한다. 따라서 내러티브는 연구 참여자들에게 자신의 경험이 갖는 의미를 공유할 수 있도록 하며, 스스로의 이야기를 함에 따라 목소리를 낼 수 있도록 한다. 연구자들은 내러티브를 통해 연구 참여자들이 어떻게 삶을 경험했는지 이해할 수 있다. 담론들은 언어와 사회 행동 간의 관계에 대한 통찰을 제공한다.
- 사람들은 면담, 토론, 포커스 집단, 일상적인 대화에서 자연스럽게 내러티브와 이야기를 만들어낸다. 여기에는 다양한 이유가 존재한다. 이야기가 갖는 수사와 설득의 기능 때문이기도 하고, 경험을 시간의 순서에 따라 배열하여 줄거리로 엮어냄으로써 그것이 갖는 의미를 만들기 위한 것이기도 하다. 또한, 내러티브는 지혜를 공유하거나 어떻게 행동해야 하는지에 대한 지침을 제공하는 등의 사회적 기능을 가지고 있다.
- 사람들은 일반적으로 자신의 전기 혹은 생애사에서 전환점이나 에피파니를 야기하는 주요 주체나 핵심 사건을 식별한다. 전기는 다양한 주제를 포함하며, 소속감, 경력, 타인과의 관계 등은 흔한 주제이다.
- 내러티브 분석은 이야기를 면밀하게 읽는 것을 포함한다. 연구자들은 이전 장에서 살펴본 것과 같이 주제 분석법을 활용하여 코딩할 수 있다. 그러나 이야기에 대한 메모와 요약을 작성하는 것은 분석에 있어 중요한 부분이다. 사례 간 분석을 통해 다양한 사람들의 내러티브를 비교할 수 있다.

- 내러티브는 줄거리가 어떻게 진전되거나 퇴보하는지를 반영하는 구조를 가지고 있다. 줄거리의 주요 예로는 로맨스, 코미디, 비극, 풍자가 있다. 짧은 하위 줄거리나 작은 이야기는 내러티브의 평가적이고 정서적인 측면을 강조하는 구조를 가질 수 있다.
- 담론 심리학은 연구자로 하여금 사람들이 말할 때 어떠한 행위를 하는지 자세히 살펴볼 수 있도록 한다. 사람들은 보통 말하는 동시에 다른 여러 가지 일들을 수행하고 있다. 예를 들어, 다른 사람들과 대화할 때 타인이 자신을 이기적인 사람이라거나 권한도 없이 타인에게 지시하는 사람으로 생각하지 않도록 다양한 노력을 기울인다.
- 비판적 담론 분석은 담론이 사람들을 어떻게 주체로 위치시키는지, 그러한 위치는 그들의 행위를 어떻게 가능하게 하고 제한하는지 비판적으로 볼 수 있게 한다. 지배 담론, 즉 너무나도 관습화되어 있으며 우리 삶에 지대한 영향을 미치는 사회적 장치나 기관에 깊숙하게 내재해있는 담론을 식별해볼 수 있다.

더 읽을거리

다음 연구들은 내러티브와 담론 분석을 조금 더 자세히 다루고 있다.

Brinkmann, S. and Kvale, S. (2018) Doing Interviews (Book 2 of The SAGE Qualitative Research Kit, 2nd ed.). London: Sage.

Daiute, C. and Lightfoot, C. (eds) (2004) Narrative Analysis: Studying the Development of Individuals in Society. Thousand Oaks, CA: Sage.

Paul, G. J. (2011) How to Do Discourse Analysis: A Toolkit. London: Routledge.

Plummer, K. (2001) Documents of Life 2: An Invitation to a Critical Humanism. London: Sage.

Rapley, T. (2018) Doing Conversation, Discourse and Document Analysis (Book 7 of The SAGE Qualitative Research Kit, 2nd ed.). London: Sage.

Riessman, C. K. (1993) Narrative Analysis. Newbury Park, CA and London: Sage.

Wodak, R. and Krzyzanowski, M. (eds) (2008) Qualitative Discourse Analysis in the Social Sciences. Basingstoke: Palgrave Macmillan.

제6장

비교 분석

코딩 위계

비교

모형

이론 및 설명 구축하기

제6장

비교 분석

• 이 장의 목적 •

- 몇 개의 코드를 만들었을 때, 그것들을 위계적으로 조직할 수 있다는 것을 안다.
- 이러한 과정이 실천적이고도 분석적인 활동이라는 것을 안다.
- 특히 표를 사용하는 것이 비교에 도움이 된다는 것을 안다.
- 비교를 통해 자신이 수집한 자료를 보다 깊은 수준에서 이해하고, 용어를 만들며, 모형을 개발할 수 있다는 것을 안다.
- 수집된 자료에 대한 참신한 이론을 구축하는 데 도움이 되는 전략들을 이해한다.

코딩 위계

본서의 4장에서 상술했듯, 그룹화한 코드들을 코딩 위계로 조직하는 것은 작은 단계일 뿐이다. 유사한 혹은 같은 종류의 코드들은 마치 한 부모 아래 형제자매처럼 위계상의 같은 줄기로 묶이게 된다. 위계를 구성하는 부분들을 지칭하는 용어들을 나타낸 Box 6.1을 살펴보자. 코드들을 위계상에 재조직하는 것은 어떠한 것들로 코드가 형성되었으며, 어떠한 질문들이 해결되었는지 생각해보는 것을 포함한다.

Box 6.1 위계의 각 부분을 지칭하는 용어들

- Evaluation(평가)
  - Service(서비스)
    - Counselling(상담)
    - Finance(비용)
    - Careers(경력)
    - Others(기타)
  - Type of View(관점의 유형)
    - Positive(긍정적인)
    - Neutral(중립의)
    - negative(부정적인)

조금 혼동이 되기는 하지만, 위계들을 읽고 재조직하는 대개의 방식은 오른쪽 예시가 보여주듯 가장 일반적인 항목을 가장 위에 배열하고, 구체적인 항목들을 아래에 배열하는 것이다. 많은 사람이 윈도우 파일 탐색기에서 비롯된 이와 같은 조직에 친숙할 것이다. 여기서는 나무(tree) 은유를 활용하여 하위 위계들을 줄기(branches)라고 지칭한다. 나무는 가장 일반적인 것들이 아래(몸통이나 뿌리)에, 보다 구체적이고 세분화된 것들이 줄기에서도 높은 지점에 위치하는 등 이와는 다른 방식으로 자신을 지탱한다. (오른쪽 그림에서는) 이러한 두 은유가 혼합되어 있다고 할 수 있는데, 위계상 뿌리가 가장 높은 곳에서 출발하기 때문이다. 따라서 '평가(Evaluation)'라는 코드는 뿌리이지만 위계의 가장 높은 지점에 위치하고 있다. 같은 줄기에 놓인 코드들의 관계에 대해서도 언급할 필요가 있다. 이를 위해 가족 관계를 나타내는 용어들을 사용할 수 있다. 가장 일반적인 코드는 부모(parent)로 지칭하며, (구분된 줄기의) 위계상 상대적으로 아래에 위치하는 코드는 자녀들(children)로 지칭한다. 위계상에서 같은 부모를 공유하는 자녀들은 형제자매(siblings)라고 부른다. 따라서 '평가(Evaluation)'는 '서비스(Service)'와 '관점의 종류(Type of View)'라는 형제자매의 부모가 되며, '상담(Counseling)'과 '직업(Careers)'은 '서비스(Service)'의 자녀이자 형제자매가 된다.

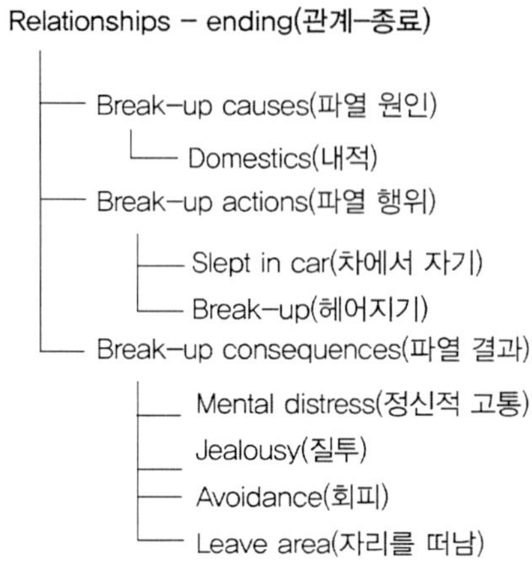

| 그림 6.1 | 새로운 하위-위계 조직하기

줄기들은 줄기 내 여러 종류를 지칭하는 하위-줄기들로 나뉜다. 예를 들어, Strauss와 Corbin(1998)은 초기 코딩 단계에서 개방 코딩의 핵심은 코드를 위한 특징(properties)과 차원(dimensions)을 규명하는 것임을 제안하였다. 4장에서 노숙자 Sam과의 면담을 코딩했던 것을 예로 들어 한 가지를 제안한다면, 코드들은 '관계-종료(Relationships-ending)'를 포함한 몇몇 제목들(heading) 아래 그룹을 형성할 수 있다는 것이다. 이러한 코드의 몇몇은 그러한 결말의 원인이 되기도 하고, 다른 몇몇은 파열이 일어나는 동안의 행위가 되기도 하지만, 또 다른 몇몇은 파열의 결과가 되기도 한다. 이것은 '관계-종료'의 세부-줄기들이 '파열의 원인', '파열 행위', '파열의 결과'로 명명될 수 있음을 보여준다. 그림 6.1에서는 기존의 코드들이 이러한 부모들 아래 배열되어 세부-위계로 명명되는 것을 볼 수 있다. 여기서 '관계 문제(Relationships a problem)'라는 코드를 생략한 이유는 해당 코드가 관계의 종료에 관한 것이 아니라 '관계-종료(Relationships-ending)'의 형제자매로서 자신만의 줄기를 형성한 것으로 볼 수 있기 때문이다. 코드 위계를 형성하는 데 도움이 될 만한 더 많은 아이디어가 표 6.1에 열거되어 있다.

| 표 6.1 | 코딩 위계에서 부모와 자녀 간 개념적 관계로서 가능한 유형

1. Are types, categories or dimensions of ... (...의 유형, 범주, 혹은 차원)
2. Are caused by/causes of ... (...에 의해 야기된/...의 원인이 되는)
3. Affect or constrain ... (...에 영향을 주거나 ...을 제한하는)
4. Happen in these places/locations ... (이러한 장소/위치에서 일어난)
5. Happen at these times/stages ... (이러한 시기/단계에서 일어난)
6. Precede/succeed these ... (이것들을 성사시킨/추진한)
7. Are explanations of ... (...을 설명하는)
8. Are consequences of ... (...의 결과가 되는)
9. Are done by/to these types of person ... (...에 의한 혹은 이러한 유형의 사람에 의한)
10. Reasons given for ... (...의 이유가 되는)
11. Duration (기간)
12. Attitudes towards ... (...에 대한 태도)
13. Are strategies for ... (...을 위한 전략)
14. Are examples of the concept of ... (...라는 개념의 예시들이 되는)

Gibbs(2002, p. 139)에서 일부 수정

코딩 위계의 기능들

코드를 위계적으로 조직하면 여러 이점이 있다.

1. 정돈된 상태를 유지해준다. 분석을 진행할수록 당신은 수많은 코드가 생성될 것이다. 초기에는 대개 이러한 코드들이 단순히 하나의 목록을 형성할 것이다. 그러나 어떤 코드들은 위계상에 놓이게 될 수도 있는데, 이는 아마도 그러한 코드들이 초기의 이론적 관점에서 파생되었기 때문일 것이다. 하지만 긴 코드 목록은 그다지 도움이 되지 않는다. 그러므로 코드 간의 관계를 보다 명확하게 파악할 수 있는 위계로 코드들을 이동시킬 필요가 있다.
2. 그 자체로서 자료에 대한 분석이 될 수 있다. 응답을 범주화하는 과정에서 당신은 응답자들이 세계를 바라보는 관점에 대한 이해를 발전시킬 수 있다. 예를 들어 그림 6.1에 제시된 하위-위계들을 살펴봄으로써 당신은 관계의 종료에 관한 일련의 코드들이 Sam에게 중요한 일화가 된다는 점을 알 수 있을 뿐 아니라 그가 그러한 것들을 '내적 요인(domestics)'으로 귀인하고 있으며, 고통과 노숙을 포함하여 뜻하지 않은 다양한 결과들을 초래하는 것으로 인식하고 있음을 알 수 있게 된다. 물론 다른 이들은 이러한 방식으로 보지 않을 수도 있다. 중요한 것은 이러한 관점들을 다른 응답자들이 표현한 관점들과 비교하는 것이다. 만약 그들이 독특한 문제를 제기한다면, 그들의 논의를 코드에 포함하는 방식으로 기존의 위계를 확장해보자.
3. 코드의 중복을 피할 수 있다. 이는 특히 셀 수 없이 많은 코드가 생성되었을 때 도움이 된다. 위계는 코드가 중복되는 것을 보다 쉽게 발견할 수 있도록 도와준다. 그러한 코드들은 대개 하나의

코드로 결합할 수 있다.

4. (행위, 응답, 의미 등을 비롯하여) 도출 가능한 여러 방식의 범위를 파악할 수 있게 도와준다. 이는 코드나 주제들이 여러 차원을 지니고 있다는 근거 이론의 아이디어를 따르고 있다. Box 6.2를 살펴보자.

5. X라는 행위를 특정한 방식으로 (특정한 방식으로 이야기되도록) 행한 사람은 Y라는 행동도 하는지에 대한 질문과 같이, 특정 유형의 분석적 질문을 만들 수 있도록 도와준다. X라는 행위를 (예를 들면, 해당 코드의 자녀들로 코드화된) 특정한 방식으로 행한 사람들은 그러한 행위를 다른 방식으로 행한 사람들과 구별되는 속성을 지니고 있는가? 이러한 질문들은 사례 내 주제와 아이디어들의 패턴에 관한 질문을 만들어보도록, 사례 간에 나타나는 서로 다른 패턴들을 살펴볼 수 있도록 이끈다. 이 장의 이어지는 내용에서는 이와 같이 비교를 만들어내는 메커니즘을 살펴보고자 한다.

Box 6.2 코드의 특징들(properties)과 차원들(dimension)에 대해 생각해보기

Strauss는 개방 코딩을 하는 동안 '주어진 단어, 구절 등과 관련이 있어 보이는 차원으로 빠르게 이동하라'고 권한다(Strauss, 1987: 30). '차원(dimensions)'은 연속성을 보여줄 수 있는 특징들(properties)의 유형을 의미한다. 예를 들어, 색채는 색조, 톤, 음영, 강도 등의 특징을 지니고 있으며, 음영은 어두움, 밝음 등과 같은 차원을 지니고 있다. 전형적인 차원들은 빈도, 기간, 범위, 강도, 양, 방식을 포함한다. 이는 새로운 코드를 만들 때 그것이 무엇을 의미할 수 있는지, 무엇으로 변화할 수 있는지, 사람들에게 어떠한 영향을 줄 수 있는지, 여러 유형을 지니고 있는지 등을 생각해보라는 것을 의미한다. 표 6.1에 제시된 목록을 보면서 어떤 코드가 자녀가 될 수 있을지, 혹은 그 밖의 다른 어떠한 코드가 그 코드의 형제자매 코드가 될 수 있을지 생각해보자. 예를 들면, 그림 6.1에서 '파열 원인(Break-up causes)'이라는 코드는 당시 '내적 요인(Domestics)'이라는 하나의 자녀 코드만을 지니고 있었다. 파열의 원인에 대해 생각해보면 Debt(빚), Infidelity(배신), Incompatibility(성격 차이), Desire for children(자녀에 대한 바람), Changing jobs(변화하는 직업) 등과 같은 다양한 원인이 떠오를 수 있다. 그러한 원인들을 잠정적으로 위계에 더해본 후, 이후 남은 자료들을 분석하면서 응답자나 그를 둘러싼 상황에서 그러한 원인의 예가 확인되는지 또는 새로운 자녀 코드가 될 수 있는 원인에 관한 자료가 있는지 살펴볼 수 있다. 이러한 방식의 사고를 통해 기존의 위계 오른편에 확장된 위계가 만들어질 수도 있다. 현재 제시된 코드들은 보여주기 위한 목적으로 만들어졌기 때문에 상당히 서술적(descriptive)이지만, 보다 이론적이거나 분석적인 코드들에 대해서도 충분히 이와 유사한 방식으로 생각해볼 수 있다.

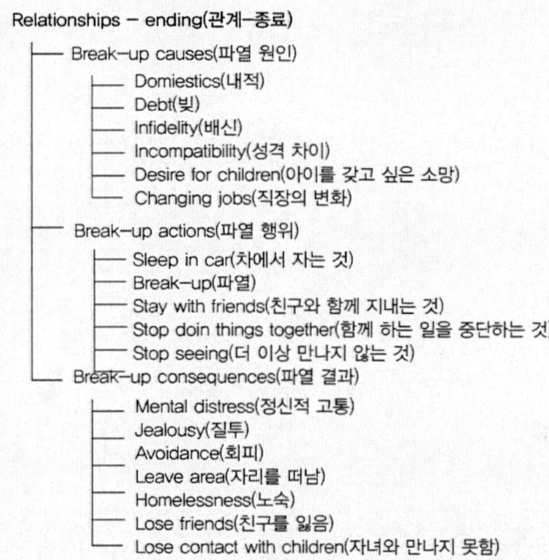

코딩과 코딩 위계를 만드는 것의 위험성

방금 설명한 방식으로 코드 위계를 만드는 것이 지닌 한 가지 문제점은 새로운 코드들이 모든 자료에 일관되게 적용되는지를 확인하기 위해 전사본을 다시 살펴보아야 한다는 것이다. 그러므로 코드 위계를 만드는 작업은, 특히 새로운 코드를 만드는 작업은 코딩의 초기 단계에서 수행하는 것이 좋다.

Box 6.2에 제시된 예에서 볼 수 있듯 상당히 제한된 분석에서조차도 대개 수많은 코드를 가지고 출발하게 된다. 더불어, 코딩 위계는 이후에 더욱 깊어지는 경향(예를 들면, 줄기들이 여러 세대를 포함하게 되는 경향)이 있다. 이러한 위계들을 지원하는 소프트웨어를 사용한다면 그리 큰 문제가 아닐 수 있다. 그러나 이러한 위계들을 지원하지 않는 소프트웨어를 사용한다면, 또는 분석을 수작업으로 하고 있다면, 코딩 위계는 실로 방대해질 것이다. 이러한 상황에서 시도해볼 수 있는 몇 가지가 있다.

- (4장에서 논의한 방식과 같이) 현재 보유한 코드들을 보다 분석적이고 이론적인 코드로 변환하여 코드의 수를 줄인다. 이 방식은 코드와 코딩 위계의 급증을 초래하는 서술적 코드에서 벗어날 수 있도록 도와준다. 예를 들면, Box 6.2에 제시된 코딩 위계에서 파열의 원인에 관한 코드들을 범주화할 수 있다. 예를 들면, 모든 자녀 코드들을 '정서적 문제(Emotional issues)'와 '경제적 문제(Economic issues)'라는 두 개의 범주로 대체해보는 것이다. 여기서 필요한 작업은 다양한 원인의 유형을 구축하는 것이다. 이 작업을 결코 가볍게 보아서는 안 된다. 유형 분류 체계는 대개 암묵적인 이론이나 분석의 관점을 내포한다. 파열의 원인에 관한 사례에서 당신은 두 개의 유형, 즉 대체로 정서적인(predominantly emotional) 유형과 대체로 경제적인(predominantly economic) 유형으로 코드들을 분류할 것이다. 이러한 유형 분류 체계는 자료 내의 여러 차이 및 변이들과 관련되기 때문에 유용할 수 있다. 예를 들면, 당신은 노숙에 관한 일화들이 파열의 여러 경제적인 원인과 더 자주 연결된다는 것을 발견할지도 모른다. (이 장의 이어지는 내용에서 유형 분류 체계들에 관한 논의를 함께 살펴보기 바란다.)

- 위계를 얕은(shallow) 상태로 유지하라. 대부분 목록을 두 수준(불가피하다면 세 수준)으로 유지하라. 수준을 제거하기 위해 몇몇 코드들은 그대로 남겨둘 필요가 있다. 예를 들면, Box 6.2에 제시된 세 수준 위계의 경우 '관계－종료(Relationship－ending)'라는 뿌리 노드를 제거하고 그것의 자녀 코드인 '관계 파열 원인(Relationship break－up causes)', '관계 파열 행위(Relationship break－up actions)', '관계 파열 결과(Relationship break－up consequences)'를 그대로 남겨둠으로써 두 수준의 위계로 줄일 수 있다. 그러나 이것이 그리 깔끔하게 정리되는 작업이 아니라는 점에 유의할 필요가 있다. 많은 수준을 쉽게 조작할 수 있는 소프트웨어를 사용하고 있다면, 필자는 결코 이런 방식으로 수준을 줄여나가는 작업을 하지 않을 것이다.

비교

초보 연구자들은 흔히 이 지점에서 분석을 포기한다. 주요 주제와 하위 범주들을 찾아낸 이후 앞으로 더 나아가지 못하는 것이다. 그들은 '어떤 일이 벌어지고 있는지'를 규명한 이후 그것으로 충분하다고 생각한다. 이에 대한 확실한 증거는 주로 연구 보고서에서 나타난다. 보고서의 연구 결과가 코드북과 같은 방식으로 구성된 것에서, 연구 결과에 절에 따른 주요 줄기들이 등장하는 것에서, 심지어는 절 제목이 코드명을 반영하고 있는 것에서 확인할 수 있다. 그러한 작성 방식은 요약된 내용의 정확성을 보여주는 몇몇 인용들을 수반하는, 코딩된 자료의 단순한 개요에 지나지 않는다. 이러한 방식은 해당 연구에서 무엇을 발견하였는지에 대한 명확한 서술을 제공할 수는 있다. 그러나 연구자로서 수집된 자료를 가지고 할 수 있고, 해야 하는 것들이 여전히 많이 남아 있다. 가령 우리는 자료에서 패턴을 찾고, 비교하며, 설명을 만들어내고, 모형을 구축할 수 있다. 이러한 전 과정에 비추어볼 때 코딩 위계와 코드화된 문서는 단지 시작에 불과하다.

4장에서 제안했듯, 자료 분석을 위해 코딩을 활용할 때 중요한 것은 동일한 코드가 부여된 모든 것들을 다시 수합하는 것이다. 이러한 분석을 도와주는 소프트웨어를 사용하고 있다면 이는 대개 단순히 더블 클릭만 하면 되는 매우 쉬운 작업이 된다. 수작업으로 분석을 수행하면서 코딩된 문서들을 폴더 안에 정리하는 경우에도 이는 단순히 해당 코드에 대한 폴더 안의 내용을 확인하는 작업이 될 것이다. 그러나 이러한 수합 작업을 행할 때 유념해야 할 몇 가지 사항이 있다.

첫째, 수합 이후 보게 될 모든 것들은 이미 특정한 코드로 분류된 텍스트(혹은 다른 자료들)이다. 다시 말해, 당신은 그러한 텍스트를 둘러싼 대부분의 맥락(context)을 잃게 된다는 것이다. 예를 들어 하나의 단어 또는 구절을 코딩한 경우, 검색 과정에서 해당 단어나 구절만이 인출되기 때문에 그러한 단어나 구절의 의미(중요성)를 이해하기 위해서는 반드시 전체 텍스트로 돌아가야 한다. 소프트웨어를 사용하는 경우에는 (비록 이와 같은 반복적인 작업이 당신의 분석적 사고를 방해할 수도 있겠지만) 상당히 쉬운 작업이 될 것이다. 수작업으로 분석을 진행하는 경우라면, 이러한 작업은 시간 소모가 상당히 클 것이다. (이와 관련하여 4장에서는 발췌된 텍스트에 이름을 부여하는 것과 관련한 조언을 제시하고 있다.) 따라서 자료를 코딩을 할 때 그 의미와 맥락을 파악할 수 있도록 보다 넓게 묶어서 코딩하는 것이 좋다. 얼마나 크게 묶어야 하는지에 대한 간단한 지침이 있는 것은 아니다. 몇몇 개의 문장을 묶는 식의 절충안도 가능하나, 어떤 분석가들은 문단 전체를 코딩하기도 한다. 여기에서 일종의 균형점을 찾을 수 있다. 보다 큰 묶음은 코드를 둘러싼 맥락을 볼 수 있는 기회를 주는 반면, 코드와 관련이 없는 여러 자료가 함께 묶이게 되어 애초에 코딩할 때 주목했던 주요 사안을 찾아내기가 어려워질 수도 있다. 물론 줄별로(line-by-line) 코딩을 하는 경우라면 인출된 코드들이 매우 짧을 것이며, 심지어는 한 문장조차 안 될 수 있다. 이러한 이유로 가끔은 해당 코딩으로 다시 돌아가 보다 큰 자료로 묶어낼 필요가 있다. 줄별 코딩이 많은 경우 이는 상당히 큰 작업이 될 테지만 말이다.

수합을 할 때 유념해야 할 두 번째 사항은 이와 같은 작업이 코딩의 질을 확인하는 기회가 될 수 있다는 점이다. 특히 코드의 적용과 관련하여 일관성이 유지되는지 확인할 수 있다. 당신은 주로 이러한 수합 작업을 분석의 후반부에 수행할 것이다. 또한, 아마도 당신은 무엇을 코딩하고 있는지에 대한 생각을 구축하고 나서 코딩 계획을 변경했을 수도 있다. 따라서 이제 당신이 실제 코딩한 것이 타당한지, 더 이상 유의미하지 않거나 기록할 필요가 없다고 판단되는 코드들을 해제해도 될지를 점검하는 기회이다. 이것은 또한 당신이 기록한 코드의 정의가 코딩된 자료의 의미와 느낌을 여전히 정확하게 포착하고 있는지 확인할 수 있는 좋은 시점이다. 코딩된 모든 자료를 함께 볼 수 있는 첫 시점이기 때문에, 이에 대한 메모를 기록하거나, 발견한 것들을 요약하거나, 이에 대한 해석에서 짐작되는 사항들이나 분석의 발전과정을 기록할 수 있는 좋은 시점이 된다.

세 번째 사항은 아마도 수합을 진행할 때 유념해야 할 가장 중요한 사항으로, 패턴을 발견하기 위해 자료를 주의 깊게 바라보고 그러한 패턴에 대한 설명을 제공하는 것이다. 예를 들면, 우리는 수합된 코딩 자료들이 어떠한 점에서 서로 다르고 유사한지 찾아보는 방식으로 살펴볼 수 있으며, 이러한 차이가 왜 발생하며 또 발생하지 않는지 설명해 볼 수 있다. Charmaz와 Mitchell은 이를 다음과 같은 방식으로 설명한다.

> 코딩은 다음 대상들의 비교를 위한 단축되고 종합된 정보를 제공한다:

1. 서로 다른 사람들, 대상들, 장면들, 혹은 사건들(예를 들면, 구성원들의 상황들, 행위들, 진술들, 혹은 경험들)
2. 동일한 사람, 장면, 물건, 혹은 사건 유형에서 비롯된 자료들(예를 들면, 서로 다른 시점에 있는 개인들)
3. 사건과 사건(Charmaz and Mitchell, 2011, p. 165)

당신이 발견해야 할 한 가지 패턴은 수합된 자료 간의 차이와 범주이다. 이것은 바로 앞 절에서 논의한 바와 일련의 자녀 노드들이 형성된 것을 보여주는 증거가 될 수 있다. 당신이 찾아보아야 할 또 다른 패턴은 수합된 자료 중 연구 프로젝트의 다른 현상들과 관련이 있어 보이는 (그 일부는 잠재적 자녀 노드가 될 수 있는) 자료의 종류나 범주로서, 이러한 과정은 당신의 분석적 사고를 한층 진전시킨다. 이러한 현상들은 다른 종류의 응답에서 비롯된 것이거나 다른 맥락에서 발생한 것일 수도 있다. 여기서 살펴보아야 할 중요한 관계는 코딩된 텍스트와 사례 간의 관계이다. 그러한 것들은 사람 간의 관계일 수도 있고, 장소나 사건 또는 그 밖의 다른 어떤 것들 간의 관계일 수도 있다. 예를 들면, (체중을 유지하거나 줄이기 위해) 달리기를 시작한 사람들에 관한 연구에서 달리기 동호회에 가입하는 것을 고려하고 있는 사람들 또는 동호회를 통해 달리기를 시작한 경험을 '동호회에 가입하기'라는 이름으로 코딩할 수 있다. '동호회에 가입하기'로 코딩된 모든 자료를 수합하여 살펴볼 때 당신은 사람들이 언급한 특정한 기대와 경험 사이에, 그리고 특정한 동호회의 구성원이 된 사례들(사람들) 사이에 모종의 관계가 있다는 것을 알게 될 것이다.

잠재적 패턴을 인식하고 나면 다음 단계에서 할 일은 그러한 패턴의 원인을 알아내기 위해 노력하는 것이다. 예를 들면, 이러한 사람들은 이러한 상황에서 왜 이러한 것들을 행동하거나 말하는 경향을 보이는 걸까? 그러한 이유는 종종 명확하게 나타날 수 있다. 오직 나이 든 사람들만이 이러한 것을 하거나 이러한 방식으로 말을 한다면, 당신은 그 이유를 이미 알고 있을 것이다. (또는 적어도 나이 든 사람들이 왜 그러한 차이를 보이는지에 관한 그럴듯한 생각이 있을 것이다.) 달리기를 시작한 사람들에 관한 연구를 예로 들면, 그러한 동호회들은 서로 다른 방식으로 운영되기 때문에 사람들이 진술한 경험 또한 서로 다를 것이고, 이로 인해 이들 사이에 존재하는 모종의 관계가 드러나게 될 것이다. 또는 아마도 그러한 동호회들이 서로 다른 시설과 활동들을 보유하고 있어 응답자들이 서로 다른 기대를 하게 될 것이다. 동호회들은 또한 각자 다른 철학 혹은 정신을 바탕으로 운영될 수 있으며, 이는 사람들이 '동호회에 가입하기'에 대해 서로 다른 이야기를 전하는 이유가 될 것이다. 이러한 패턴과 관계들은 어떤 일이 벌어지고 있는지에 관한 수많은 예측과 가설을 불러일으킨다. 이러한 생각들을 탐구해나갈수록 당신은 연구에서 일어나고 있는 일에 대한 보다 풍부하고, 미묘하며, 정교한 생각들을 발전시키게 될 것이다.

이와 같은 비교를 수행하는 좋은 방법은 표를 활용하는 것이다. 표는 주로 양적 연구에서 사용되는데, 일반적으로는 교차표(crosstabulatons)라고 불린다. 셀 안에는 빈도나 백분율이 기입되어 있고, 대개 열과 행의 합계를 보여준다. 이는 자료를 구성하는 하위집단을 비교하거나 개인들의 서로 다른 특징을 비교하는 작업을 편리하게 한다. 질적 연구에서 사용되는 표도 비슷한 방식의 비교를 가능하게 하지만, 숫자보다는 텍스트로 구성되기 때문에 결과적으로 열과 행의 합계는 나타나지 않는다. 질적 내용으로 구성된 표는 전체 자료를 관통하는 텍스트의 체계적인 비교를 쉽게 할 수 있도록 돕는 편리한 도구이다.

표를 만드는 것은 코딩된 텍스트를 수합하여 그것들을 혹은 대개 그것들의 요약된 형태를 셀 안에 넣는 것을 포함한다. 표 6.2는 매우 단적인 예를 보여준다. 여기서 행은 연구의 응답자인 두 사례로 구성되어 있다. 열은 두 개의 코드에 대한 텍스트로 구성되어 있는데, 하나는 주로 어떤 사람들이 그들의 친구였는지(누가 친구인가)에 관한 것이고, 다른 하나는 그들이 이야기한 그들 가족의 상황(가족 상황)이다. 이러한 셀들은 두 코드에 연결된 응답자들의 발화를 요약한 것을 포함하고 있으며, 한 사례에서는 응답자의 언어로 표현된 짧은 인용문이 포함되어 있다.

| 표 6.2 | 질적 표의 예시: 친구와 가족

	누가 친구인가	가족 상황
John	많은 직장 동료들, 한 명의 이웃, 연락하며 지내는 이전 동료들, 몇몇 학창 시절 친구들	배우자와 두 명의 자녀(6살 아들, 3살 아들)와 함께 살고 있음. 12마일 떨어진 곳에 정규직으로 고용되어 있으며, 차로 출퇴근을 함.
June	주로 같은 동네에 살고 있는 사람들, 이웃들, 몇몇 오래된 학교 친구들, '함께 스포츠 동호회에 다니는 여성들'	이혼하고 혼자 살고 있음. 자녀가 없음. 현재 취업 상태가 아님.

표 6.2는 매우 단순한 예시이다. 프로젝트에서는 사실상 열 개 혹은 그보다 많은 사례들(또는 응답자들)에 대해 수십 개의 코드가 생성될 것이다. 따라서 표는 매우 거대해질 것이다. 워드 프로세서의 표 기능을 활용하여 이와 같은 표를 제시하는 것도 가능하다. 커다란 스크린은 작업에 도움이 된다. 만약 펜과 종이를 사용하여 표를 그리는 경우라면 (플립차트에서 사용되는 것과 같은) 커다란 크기의 종이를 찾아보자. 셀의 크기는 같은 크기로 통일한다. 예를 들면, 각각의 행을 같은 높이로 만들고 각각의 열도 대략 같은 너비로 만든다.

표 6.2와 같은 표를 사용하면, 특히 커다란 크기의 표로 만들어 사용

하면, 두 가지 방식으로 비교 작업을 수행할 수 있다. 먼저, 한 셀의 텍스트를 바로 아래 행의 텍스트 혹은 그보다 아래 행에 있는 텍스트와 함께 살펴봄으로써 여러 행을 서로 비교할 수 있다. 또는 여러 열을 함께 비교할 수 있다. 한 열의 텍스트를 살펴보고 바로 옆에 해당하는 혹은 그보다 옆에 해당하는 텍스트를 함께 살펴보는 것이다. 서로 간의 차이와 관계를 찾는 데 이러한 비교를 활용하라. 예를 들면:

- 이들은 대개 다른 이들이 행동하는 방식과 다른 이러한 방식으로 행동한다.
- 이러한 상황에 놓인 사람들은 이렇게 느끼는 반면, 이러한 상황에 있지 않은 사람들은 이와 다르게 느낀다.
- 과거에 특정한 경험을 했던 사람들은 그러한 경험을 하지 않은 다른 사람들이 이야기하는 것과 다른 방식으로 이것에 대해 이야기하는 경향이 있다.

셀 안의 내용을 검토하고, 필요한 경우 원래의 텍스트로 돌아가 검토함으로써 당신이 발견한 차이와 관계에 대한 설명을 시작할 수 있게 된다.

예를 들면 표 6.2에 제시된 행을 서로 비교함으로써 John과 June이 그들의 가족과 관련하여 어떻게 다른지, 그리고 그들의 친구들에 대한 무언가에서 어떻게 다른지를 파악할 수 있다. 이같이 사례 수가 둘 혹은 그 이하로 제한된 경우라면 표 6.2를 보면서 John과 June의 가족 상황과 그들이 지닌 친구들 사이에 모종의 관계가 있는지 질문을 던져볼 수 있을 것이다.

셀은 무엇을 포함할 수 있는가

셀은 다양한 것들을 포함할 수 있다. 가장 확실한 것은 코딩된 텍스트로부터 발췌한 응답자의 직접적인 인용문이다. 그러나 이것이 그리 도움이 되지는 않는다. 긴 길이 때문에 표가 지나치게 커지거나 방대해질 수 있기 때문이다. 더불어, 너무 많은 텍스트를 지니게 된다는 것은 표의 중요한 기능 중 하나인 셀 간의 비교가 어려워질 수 있음을 의미한다. 따라서 대개 셀에는 코딩된 텍스트에 대한 당신의 요약이나 당신의 언어로 재진술한 것을 기록한다. 이러한 방식은 텍스트가 이야기하고 있는 것이 무엇인지 생각해보도록 하며, 그와 관련하여 중요한 것이 무엇인지 인식해나가도록 돕는다. 요약을 할 때는 응답자의 언어를 유지하기 위해 노력하라. 한 가지 요령이 있다면 원래의 단어들이 지닌 풍부함을 보존하기에 충분할 정도로 요약문을 길게 작성하되, 원래의 텍스트가 지닌 디테일에 갇히지 않을 정도라고 확신하는 셀 크기에 맞추어 짧게 작성하는 것이다. 약어나 기호를 사용할 수도 있지만, 만약 팀원들과 함께 작업하는 경우라면 그러한 약어나 기호가 팀원들의 동의를 얻은 것인지를 확인할 필요가 있다. 전사본에서 발췌한 긴 인용문을 포함시키기보다는 그러한 특징을 선명하게 보여주는 구절이 전사본에 있음을 표시하는 기호를 활용하라. 전사본에 대한 상호 참조(cross-reference)를 (해당 쪽수와 함께) 기입하면 보다 쉽게 찾을 수 있다. 표 6.3은 다양한 선택지를 요약하여 제시하고 있다.

| 표 6.3 | 표의 셀 안에 무엇을 기입할 것인가

셀 안에 작성 가능한 내용	예시
짧은 직접 인용, 현장 노트로부터의 발췌문	안 좋은 경험. '혼자 있을 때. 항상 생각만 하고 머릿속이 번잡해서 기분이 안 좋을 때요.'
요약, 문단 또는 초록	'사람을 속이는 것'을 원하지 않고, 남의 집에 머무르는 것. 노숙 = 당신은 집이나 안전한 숙소가 없습니다.
연구자의 설명 혹은 범주	구조적인 설명(실업, 빈곤, 교도소 관련 기록)보다는 개인적인 설명(불운, 관계의 단절)에 초점을 둠.
순위 혹은 간단한 판정	자신을 탓하기 – 높음 교육 수준 – 낮음
위 내용의 조합	'사람들에게 어떻게 물어봐야 하는지 또는 그러한 것을 어떻게 하는지 모르겠어요. 그것은 충분히 공지되지 않았죠. … 만약 병원이 나를 여기[호스텔]에 데려오지 않았다면, 내가 어떻게 여기까지 오게 되었는지를 보여주지 않았다면, 난 정말이지 어떻게 해야 할지 몰랐을 거예요. 저는 다시 노숙자가 되었을 것입니다.' 돌아갈 곳을 찾는 것에 대한 기술/정보가 부족함. (🗐 Sam, p. 5)

Miles & Huberman(1994, p. 241)에서 일부 수정

많은 내러티브 연구자들에게 이러한 비교는 서로 관련성이 없더라도 최소한 의심을 가져볼 만하다. 내러티브 분석에서 연구자들에게 스트레스가 되는 것은 말하는 이가 세상을 어떻게 경험하는지를 이해하기 위해 해당 사례의 독특함을 규명하고, 해당 이야기의 각 요소를 총체적인 방

식으로 연결하는 것이다. 텍스트와 재진술된 텍스트들을 표 안에 그대로 기입하는 것은 이야기를 분산시키며, 이야기를 구성하는 요소들을 탈맥락화하는 경향이 있다. 그럼에도 불구하고 필자는 특정한 그리고 총체적인 내러티브 진술이 개별 사례들에 대한 비교와 결합되지 못할 이유가 없다고 생각한다. 각각의 이야기가 이야기를 전한 사람에 대한 무언가를 말해줄 수 있다면, 다음과 같은 질문에 답하기 위해 노력하지 않을 이유가 없다. 그 이야기들이 서로 다른 이유는 무엇인가? 진술된 이야기와 사건들, 경험들 사이에 모종의 관계가 있는가?

사례별 비교

일반적으로 표는 사례 간 비교를 촉진하기 위해 사용된다. 다양한 것들이 사례가 될 수 있다. 가장 흔하게는 응답자 개인 혹은 응답자의 가족과 같은 집단이 사례가 된다. 이것은 내러티브 연구나 면담을 활용하는 연구 프로젝트에서 흔히 볼 수 있다. 그러나 연구에서 탐구하고자 하는 장면이나 장소(스포츠 동호회, 회사의 부서, 유람선, 의사들의 개인병원, 상점 등), 사건(풋볼 경기, 총선거, 결혼, 구직 면접, 공연 등), 또는 활동(부동산 구매, 식사, 여행, 운전 배우기, 클럽 가기 등)도 사례가 될 수 있다. 이러한 예에서는 각 사례에 대한 텍스트를 면담, 문화기술지 노트, 관찰, 문서를 포함한 다양한 자료 수집원에서 찾게 될 것이다. 어떠한 종류든 비교하고자 하는 사례들은 모두 동일한 종류(예를 들면, 응답자들, 가족들, 결혼식 또는 상점들)여야 한다. 그러나 우선 응답자들을 비교한 후 수집된 자료의 다른 부분이나 다른 표를 활용하여 그들이 가담했던 주요한 사건들을 비교하는 식의 예도 가능하다.

예를 들면, 표 6.4는 치매 환자를 돌보는 세 간병인을 비교하고 있다. 첫 번째 열은 간병인들의 이름을, 두 번째 열은 이들의 상세한 약력을 비교적 짧게 제시하고 있다. 한 열에 각 사례에 대한 이 같은 수준의 상세한 정보를 기입하는 것은 대개 유용하다. 예를 들어 비교하고자 하는 대상이 응답자들이 아니라 기관들이라면 그러한 기관들에 대한 상세한 설명을 해당 열에 기입해보자. 세 번째와 네 번째 열은 돌봄에 대한 간병인들의 태도 및 다른 간병인들과의 접촉과 관련하여 코딩된 텍스트들을 포함하고 있다. 해당 셀들은 연구자에 의해 선택된 대표적인 인용문이나 연구자의 요약을 조합한 내용을 보여주고 있다.

표 6.4는 단지 묘사를 위한 것이기 때문에 한 페이지에 넣을 수 있을 만큼 상당히 작은 크기로 만들어졌다. 일반적으로 이러한 표는 해당 연구의 모든 응답자들(혹은 사례들)을 포함하는 더 많은 행과 더 많은 열로 구성된다. 중간 크기의 코드 목록을 지니고 있는 경우에도 그러한 코드들을 모두 포괄하기에 충분할 만큼 긴 열을 만드는 것은 불가능할 것이다. 따라서 그러한 코드들로 구성된 적절한 크기의 하위집단들을 선정할 필요가 있으며, 아마도 각각의 하위집단에 대한 표를 만들어야 할 것이다. 약력에 관한 열은 각각의 표에서 반복적으로 제시하는 것이 좋다. 전형적인 하위집단으로는 코드 위계상 한 줄기 아래 놓인 형제자매 코드들 또는 서로 연결될 수 있다고 판단되는 코드들을 묶어놓은 것들이 있다.

| 표 6.4 | 사례 간 비교의 예시

	약력	간병에 대한 태도	다른 간병인들과의 접촉
Barry	배우자 Beryl를 간병함. 회계사, Wests, 화학회사, 현재 은퇴함. 함께 살고 있음.	잠깐의 간병도 없음. '그녀가 집에 있는 게 좋아요.' 상당 부분을 포기하지 않음. (휴일 제외) – 일상에서 수용되는 활동. '나는 그녀가 멋지게 차려입고 청결하게 유지하는 것을 보고 싶어요.'	빈번함. Crossroads에서 요양보호사가 정기적으로 방문함(목요일 오전). 탁아소 (화요일, 목요일) 치매 협회에 나감. 매주 화요일에 들름.
Pam	어머니 Denise를 돌봄(1978년 이혼).	간병은 어렵지 않음. '왜냐하면 그녀는 꽤 침착하	정기적. 치매 협회에 나감.

		기 때문이죠.'	
	D는 노인용 별채에서 생활. 남편과 아들(17)과 함께 살고 있음. 정규직 교사.	James(아들)가 가끔 도와줌. D가 새로운 센터에 갔을 때 그곳에 정착하게 될까 걱정했음. '그런데 그녀는 챔피언이 되었죠.'	대개 화요일 오전에 들름. 몇몇 좋은 접촉을 가짐. 데이케어는 수요일. Crossroad 요양보호사. 월요일 오전과 금요일 오후.
Janice	아버지 Bill을 돌봄 (1987년 배우자 사망). 아버지 소유의 집에서 함께 살고 있음. 서점에서 파트 타임으로 일함.	종종 간병을 함. 아버지가 '방황하고 다닐' 때 화가 남. J는 친구들과 함께 걷던 언덕을 그리워함. '우리는 TV를 너무 많이 보지.'	가끔. 데이케어는 수요일. 치매 협회에 나감, 3년간 2번. 다른 간병인들을 알지 못함.

자료를 이러한 방식으로 배열하는 것은 사례 간 비교를 용이하게 한다. 단순히 한 행에 있는 셀들을 다른 행에 있는 셀들과 비교하면 된다. 사례들 사이에 나타나는 차이점과 유사점을 찾아봄으로써, 그리고 약력에 관한 열에 놓인 자료들을 서로 비교함으로써 모종의 패턴을 구축할 수 있게 된다. 어떤 종류의 사례들은 어떤 특정한 종류의 코딩과 연결된다. 이와 같은 표는 여러 개의 열을 비교하는 데 사용될 수도 있다. 한 가지 방법은 셀 안에 있는 텍스트들을 한 열에 묶은 후 하위유형들의 범주를 만드는 것이다. 여기서 기존의 행들을 재배열하는 것이 도움이 될 수 있다. Box 6.3을 참고해보자. 여러 행을 관통하여 검토함으로써 이러한 범주가 다른 열의 어떤 패턴과 연관되어 있는지 파악할 수 있다.

Box 6.3 사례를 부분적으로 배열하기

Miles와 Huberman은 때에 따라 사례들을 부분적으로 배열할 수 있다고 제안한다(Miles and Huberman, 1994, pp. 177–86). 특히 도출된 개념들을 여러 차원으로 나누어보고자 할 때 이러한 방식이 적절하게 활용될 수 있다. Box 6.2를 살펴보자. 예를 들면, 표 6.4의 가장 마지막 열인 '다른 간병인들과의 접촉'은 얼마나 많은 접촉이 있었는지에 따라 순서대로 배열될 수 있다. 나는 각각의 셀이 시작하는 지점에서 이를 하나의 단어로 지칭하였다. 당신은 표에 제시된 행들을 재배열함으로써 해당 열의 셀들이 오름차순(혹은 내림차순)으로 정리되도록 할 수 있으며, 동일한 수준의 접촉을 나타내는 모든 행을 끌어올 수 있다. 만약 워드 프로세서를 사용하고 있다면 해당 열을 중심으로 표를 구성하는 모든 행을 재배열하는 기능을 사용할 수 있다(예를 들면, 마이크로소프트 워드에서는 열 제목을 포함한 표 전체를 선택한 후 '표: 정렬...(Table: Sort...)'이나 '레이아웃: 정렬(Layout: Sort)'을 클릭하면 된다. 대화의 경우에는 풀다운 메뉴에서 정렬하고자 하는 열을 선택한 후 '예(OK)'를 클릭하면 된다. 표를 구성하는 행 전체를 위아래로 이동시키기 위해 워드 프로세서의 오리기와 붙여넣기 기능을 사용하는 것도 가능하다. 이제 해당 열의 같은 차원을 공유하는 행들이 함께 묶이게 된다. 자, 이제 당신이 묶어낸 집단에서 일종의 패턴이 나타나는지 보기 위해 다른 열들을 살펴보자. 패턴이 보인다면 그것이 바로 두 코드 사이에 관계를 보여주는 예비 단계의 증거가 될 것이다. 표 6.4의 경우, 간병에 대한 태도와 다른 간병인들과의 접촉 정도, 간병인들이 일하는 기관 사이에 일종의 관계가 나타날 것이라고 기대할 수도 있다. 치매 환자를 돌보는 성공적인 전략은 돌봄에 대한 긍정적인 태도가 나타내듯 지지집단과의 정기적인 접촉을 통해 간병인의 사회적 고립과 맞서는 것과 관련이 있는 것으로 보인다.

유형 분류 체계(Typologies)

사례별 분석을 활용하는 것은 자료의 주요한 유형 분류 체계를 구축하는 데 도움을 줄 수 있다. 유형 분류 체계는 다차원적이고 다요인적인 것들을 범주화하는 방식을 의미한다. 이 장에서 필자는 파열의 원인에 관한 코드의 수를 줄여나가는 것에 대해 논의하면서 간단한 예시 하나를 제시했다. 이 경우, 유형 분류 체계는 코드의 차원들을 탐구하는 방식으로 개발되었으며, 그것이 적용된 사례들은 응답자가 아니라 사건(관계 파열)이다. 한 사례가 오직 하나의 유형에 해당하도록 모든 사례가 나누어진다는 점은 유형 분류 체계의 중요한 특징이다. 유형 분류 체계는 분석과 설명을 위한 유용한 도구이지만, 모든 연구에서 유형 분류 체계가 만들어지는 것은 아니다. 그러나 유형 분류 체계를 적절하게 활용하면 자료 내의 주요한 차이들을 설명해내는 데 큰 도움이 된다.

Ritchie et al.은 학습에 어려움을 지닌 성인 아들 혹은 딸을 둔 부모들에 관한 연구를 토대로 한 하나의 예를 논의한다. 해당 연구는 이러한 아들 혹은 딸이 부모와 지속적으로 함께 사는 이유를 탐색했으며, 대안을 고려하고자 하는 욕구와 행동의 즉각성 정도를 기반으로 4가지 유형의 부모를 제시했다.

- 회피자들: 아들 혹은 딸이 '집을 떠나는 것'은 절대 일어날 수 없는 일이며 늘 돌봄을 필요로 하는 존재라고 느끼는 사람들
- 지체자들: 언젠가는 행동을 취할 것이라고 생각하나 현재 시도하기에는 너무 이르다고 느끼는 사람들
- 숙고자들: 행동에 대한 요구와 변화를 시도하는 것의 어려움 사이의 간극을 느끼며, 그 과정을 시작하기 위해 노력했던 적이 있거나 노력하고 있는 사람들
- 행위자들: 이미 행동을 취했거나 그들의 아들 혹은 딸을 위한 대

안적인 삶의 방식을 찾기 위한 구체적인 계획을 세운 사람들 (Ritchie et al., 2003, p. 247)

연구자들은 코딩된 텍스트를 비교하기 위해 앞의 표 6.4와 같은 표를 사용하였으며, 이를 통해 회피자 유형의 사람들은 그들의 아들 또는 딸과 헤어져 본 경험이 상대적으로 적기 때문에 그러한 성향을 지니게 된다는 점을 발견하였다.

코드 및 특징에 관한 표

표는 사례 간 혹은 전체 표집 대상을 비교하기 위해 사용되기도 한다. 그러한 표에 제시된 내용은 전체 자료 혹은 하위-표집으로부터 도출된 내용일 것이다. 일반적으로 열과 행은 코드(codes), 유형(typologies), 또는 속성(attributes)으로 구성된다. 예를 들어 사례가 응답자들이라면 특징은 그들의 성별이 될 수 있다. 만약 사례가 여러 회사라면 여기서 특징은 회사의 규모가 될 수 있다. 예를 들어 구직 중인 무직자들에 관한 연구에서 응답자들은 일상적인, 무계획적인, 혹은 도전적인 전략 등 서로 다른 일자리 찾기 전략을 활용할 것이다. 우리는 아마 여성들이 사용한 전략이 남성들이 사용한 전략과 어떻게 다른지를 볼 수 있을지도 모른다. 표 6.5는 이러한 결과를 표 형태로 나타낸 것이다. 이 표에서는 행이 사례들로 구성되지 않았다. 따라서 각각의 셀은 하나 이상의 사례 혹은 응답자로부터 발췌한 텍스트로 구성된 것일 수도 있다. 만약 표에 대한 설명을 제공하고자 한다면 어떤 예시를 포함할 것인지, 그리고 그것들을 어떻게 요약할 것인지 주의 깊게 생각해보는 것이 중요하다. 셀의 크기는 사례별(case-by-case) 표에서 사용한 셀보다 크게 만들어야 할 수도 있다.

표 6.5를 활용하기 위한 간단한 방법은 성별이 일자리 찾기 전략에

어떠한 영향을 주는지 질문해보는 것이다. 즉, 남성 열과 여성 열을 비교하는 것이다. 예를 들면, 여성들은 육아에 관한 것, 동료들의 일정에 맞추어주는 것을 언급한 반면, 남성들은 그렇지 않았다. 그러나 이것이 실제 성별 차이를 보여주는 증거라고 판단하기 전에 여러 대안적인 설명들을 제거할 필요가 있다. 그러한 차이를 설명할 수 있는 다른 요인들이 있을 수 있으므로 자료로 돌아가 이와 관련된 사항들을 확인할 필요가 있는 것이다. 예를 들면, 여성 응답자들이 남성 응답자들보다 어리기 때문에 어린 가족 구성원들과 함께 일하는 동료들이 더 많이 있을 수 있다. 또는 (이러한 결과가 도출된 이유는) 단순히 그러한 표를 만들 목적으로 텍스트를 선정하고 요약한 것에서 비롯된 것일 수 있다.

| 표 6.5 | 성별에 따른 일자리 찾기 전략

	여성	남성
정기적으로	내 일상은 육아에 대한 의무(Pauline)에 의해 결정되죠. 매일같이 시험을 보는데, 실패한 적은 없어요. (June) Racetrain에 가곤 했어요. ... Job Club에도 가입했죠. 이제까지 받은 모든 편지에 대한 파일이나 기록을 보관하고 있어요. (Sharon)	아침 시간에는 문서 작업을 하며 시간을 보내곤 했어요. 종이를 사거나 도서관에 가곤 했죠. 오후에는 정보를 얻거나 지원서를 작성하기 위한 곳으로 가고, 저녁에는 다시 저녁 문서를 작성해요. (Jim) 일주일 동안 같은 패턴 (Harry)
우연히	아니요, 그냥 해요. 벌어지는 일이죠. (Susan) 아니요, 남편이 일을 바꾸기 때문이죠. (Mary)	루틴은 없지만 마치 직업이 있는 것처럼 계속 바쁨을 유지해요 – 정원 일이 꽤 많음. (Dave) 아니요, 그다지요. 나는 주로 목요일, 수요일, 금요일 같은 날 내려가서 살펴봐요. (Andy)

도전적으로	친구들을 통해 회사에 개인적으로 접근할 수 있어요. (June)	저는... 매주 이틀 정도를 회사에서... 보내요. 내가 거기 있다는 걸 그들이 알고 있음을 확인하죠. (John)

Gibbs(2002, p. 191)에서 발췌

시간순에 따른 비교

표는 사례 내의 여러 관계를 탐구하기 위한 목적으로 사용될 수도 있다. 표 6.6은 이를 상세히 보여준다. 여기서 제시되는 모든 정보는 한 자서전적 연구에서 여러 달에 걸친 서로 다른 세 시점에 진행된 면담에 참여한 한 개인의 사례에서 도출된 것이다. 표에 제시된 일련의 행은 삶의 중요한 측면들을 보여주고 있으며, 표 전체적으로는 이러한 측면들에 대한 관점이 시간이 지남에 따라 어떻게 변화하였는지(혹은 변화하지 않았는지)를 쉽게 비교할 수 있도록 도와준다.

| 표 6.6 | 단일 사례 내에서의 비교 예시

	첫 번째 면담	두 번째 면담	세 번째 면담
통증관리	'처음에는 진통제가 떨어질까봐 걱정이 됐어요.'	'부작용 때문에라도 진통제 섭취를 피하려고 노력했어요.'	'나른함이 고통보다는 낫다고 느낀 순간들이 있었죠.'

친지들로부터의 도움	'남편은 나를 돕기 위해 최선을 다했지만, 요리에 있어선 절대 그러지 못했죠.'	'Fred는 저녁에 쿠킹 클래스에 갔죠. 이제는 자기도 꽤 즐기고 있는 것 같아요.'	'Fred가 아프게 되거나 내 아이들이 멀리 살게 되면 나는 어떻게 해야 할지 모르겠어요.'
독립	'내 생각에 나는 그 병에 관해서 굉장히 나 자신에 몰두했어요. 그러한 도움을 어떻게 얻을지에 대해서는 걱정하지 않았어요.'	'나는 Fred나 다른 사람들이 나를 이동시키거나 들게 해야 하는 것에 매우 화가 나는 것을 느꼈죠.'	'새로운 장비들이 있으면 좀 더 통제력이 생기는 것 같아요.'

Gibbs(2002, p. 192)에서 발췌

각각의 행을 가로질러 살펴봄으로써 시간순에 따른 비교를 할 수 있다. 가령, 진통제를 복용하는 것에 대한 응답자의 생각이 복용에 친숙해짐에 따라 어떻게 변화하였는지 볼 수 있다. 다른 행에 대해서도 비슷한 방식으로 비교할 수 있다. 그러나 이에 대한 설명은 표에 제시된 행을 위아래로 함께 비교하면서 추론해내야 한다. 예를 들어 두 번째와 세 번째 행에 놓인 셀들과 두 번째와 세 번째 열에 놓인 셀들을 비교해보면 독립성이라는 개념이 친척들이 어떻게 도움을 주는지에 대한 문제와 동떨어져 있지 않다는 것을 알 수 있다. 노동의 분화가 엄격한 부부의 경우 요리를 해야 한다는 것이 의존성에 대한 감각에 분명 영향을 준다('내 남편의 경우에는... 절대 요리를 많이 하지 않는다').

모형

모형이란 연구 상황을 둘러싼 수많은 측면과 요인에서 연구하고자 하는 현상의 주요한 측면으로 규명한 것을 설명하기 위해 만드는 일종의 틀이다. 가령 당신은 노숙자들이 맺은 우정(friendship)의 종류를 기능(정서적 지지, 약물 제공자, 머무는 곳, 사회적 활동)이나 원인(거리, 교도소, 숙소 등에서의 만남을 통해, 만남이 그리 빈번하지 않은 것을 허용할 수 있는, 정서적 필요에 따라 등)의 측면에서 설명할 수 있을 것이다.

조금 전 이야기한 방식으로 표를 사용하여 만들어진 설명들은 모형을 구축하는 데 근본적인 역할을 한다. 핵심적인 모형은 그러한 비교, 관계, 설명 등을 통해 구축되고 지지된다. 위에서 표를 사용한 방식을 보면, 모든 모형이 자료에 대한 탐독에 기반하며, 자료에 의해 지지되는 것을 볼 수 있다. 이러한 점에서 모형은 자료에 중심을 두고 있다고 할 수 있다.

근거 이론에서의 모형

4장에서는 초기 단계의 코딩과 개방 코딩에 대한 근거 이론 학자들의 몇몇 제안을 살펴보았다. 이어서 다음 단계에서는 Stauss와 Corbin이 제시한 축 코딩, 선택 코딩을 살펴보았는데, 이들에 따르면 코드는 모형으로 구축되어야 한다(Strauss and Corbin, 1998). 물론 모형은 반드시 자료에 근거해야 하며, 자료로부터 귀납적인 방식으로 도출되어야 한다. 코딩을 정교화하고, 코드 목록과 비교 사례를 재배열하는 등의 작업과 관련하여 Strauss와 Corbin은 여섯 가지 코드 종류를 보여주는 모형을 구축할 것을 제안하였다. 표 6.7에 제시된 목록에서는 이에 대한 짧은 설명과 함께 노숙자에 관한 연구 프로젝트에서 발췌한 예시를 보여준다. 중요한 것은 결국 각각의 요소들이 다음 요소에 인과적 영향을 준다는 것이다. 예를 들면, 이와 같은 인과적 상황이 현상을 만들어내며, 결국 그러한 상황에서 그러한 전략들을 구사하게 되는 것이다. 이러한 것들은 매개 조건들에 의해 중재되며, 일종의 결과로 이어지는 행위와 상호작용을 만들어낸다.

| 표 6.7 | 축 코딩의 요소들

모형의 요소	설명	노숙자에 관한 연구 예시
인과적 조건 (Casual conditions)	중심 현상, 사건, 행사, 일 등에 영향을 주는 것	실직, '내적 요인', 빚, 약물 중독 문제, 성 정체성
현상 (Phenomenon)	일련의 행위나 상호작용이 전개되거나 다루어지는 또는 그러한 행위와 관련된 중심 아이디어, 사건, 행사, 일	노숙자가 되는 것, 집 없이 살아남는 것
전략 (Strategies)	현상을 다루기 위한, 목적성 있는, 목표지향적인	친구와 함께 지내는 것, 거칠게 사는 것, 기관으로부터의 도움을 찾는 것
맥락 (Context)	사건의 위치	노숙자들을 위한 쉼터, 거리 문화, 일시적 숙소
매개 조건 (Intervening conditions)	특정한 맥락 안에서 사용된 그러한 전략들을 만들거나, 촉진하거나, 제한하는 상황들	약물, 범죄 기록, 독립에 대한 의지, 성생활
행위/상호작용 (Action/ interaction)	일련의 이해한 조건 하에서 현상을 다루거나 관리하거나 수행하거나 혹은 현상에 반응하기 위해 고안된 전략들	개인적인 접촉, 친구 관계, 약물 치료 센터, 자선단체, 구걸하기, 경범죄, 새로운 지역으로 이동

결과 (Consequences)	전략으로부터 빚어진 행위나 상호작용의 결과 혹은 산출물	집을 구함, 교도소, 병원

Strauss & Corbin(1998)에서 일부 수정

마지막 단계인 선택 코딩은 해당 연구에서 핵심적인 것으로 보이는 현상 혹은 주제 중 하나를 규명하는 것을 포함한다. 이러한 현상이나 주제는 쉽게 인식될 수 있는데, 왜냐하면 이것들은 대개 모형의 많은 다른 요인들과 연결되어 있거나 코딩 위계에서 높은 곳에 나타나기 때문이다. Strauss와 Corbin은 두 개의 후보가 있는 경우 하나만 선택할 것을 권한다. 이것은 종종 어려울 수 있다. 중요한 것은 중심 현상을 둘러싸고 연구를 구성하는 대부분 요인을 수반하는 이야기를 구성하는 것이다. 노숙자에 관한 연구에서 나타난 몇몇 후보는 '노숙자가 되는 것'과 '노숙의 의존성'이다. 노숙자가 되는 것의 경우 그것이 하루아침에 일어난 것이 아니라는 것이 분명하다. 이것은 노숙자가 되기로 한 개인의 결정과 외적인(구조적인) 여러 요소가 결합되는 과정이다. 그러나 일단 노숙자가 되고 나면, 거처를 위해 타인(친구, 자선단체, 혹은 정부)에게 의존하게 되며, 직장을 잃은 경우에는 생계를 위해 수입을 제공할 누군가를 찾게 된다. 많은 노숙자들이 그들이 얼마나 의존적이게 되었는지, 타인의 도움을 받고 싶지 않은지를 이야기하면서 고통스러워하듯 이는 노숙자들에게 분명 긴장을 유발한다. '노숙자가 되는 것' 혹은 '노숙의 의존성'은 중심 현상이 될 수 있지만, 각각은 연구를 매우 다른 방향으로 정의할 것이므로 반드시 둘 중 하나만 선택해야 한다.

중심 현상을 선택하고 나면, 다른 코드들과 체계적으로 연결하는 방식으로 선택 코딩이 이루어진다. 이 경우 다른 코드들을 좀 더 다듬어야 할 수도 있으며, 이들의 특징과 차원을 채워나가는 작업이 요구될 수도

있다. 이 단계에서 이루어지는 대부분 작업은 코드들을 옮기거나, 새로운 코드를 만들거나, 병합하거나 나누는 등 코드들을 다루는 작업을 포함한다. 이 단계에서의 작업은 분석적이고 이론적이어야 한다(Flick, 2018c, 2018d 참고).

이론 및 설명 구축하기

이 장의 서두에서 제안했듯, 어떤 질적 분석은 연구자가 발견한 것을 서술적인 방식으로 요약하는 것을 넘어서지 못하기도 한다. 그러나 질적 분석은 분명 그보다 더 많은 것을 해낼 수 있다. 앞 절에서는 비교와 모형 구축을 위해 표를 사용하면 코드와 범주, 현상 간의 많은 관계를 규명할 수 있다는 점을 제시하였다. 다음으로 필요한 것은 그러한 관계, 그리고 당신이 발견한 현상의 유형 혹은 종류를 설명하기 위한 모종의 이론이라 할 수 있다.

많은 경우 이론이 이미 존재할지도 모른다. 당신이 발견한 관계를 설명한 선행 연구나 분석이 있을 것이다. 그러나 이것이 당신의 연구가 가치가 없음을 의미하지는 않는다. 이론은 매우 다른 맥락 혹은 학문 분야에서 만들어질 수 있으며, 당신이 발견한 것은 당신 연구의 맥락, 당신이 탐구한 연구 참여자가 살아가는 장소와 행위에 적용되는 것이다. 따라서 당신의 연구는 단순한 반복이 아니며, 기존 이론의 반경을 새로운 장소와 사람으로 확장하는 것이다. 그러나 기존의 이론을 발견하는 것이 쉬운 일은 아니다. 운이 좋다면 연구 제안서를 작성하거나 혹은 문헌을 고찰하는 단계에서 (해당 연구의 설계를 이끌어줄 만한) 이론을 발견할 수 있다. 그렇지 않다면, 그러한 이론을 개발하거나 적용한 기존의 문헌을 검색하기 위한 기술과 함께 고된 작업이 요구된다.

그러나 가끔은 기존의 이론이나 당신의 연구에서 얻은 결과에 상응하는 선행 연구가 부재한 경우가 있으며, 그러한 이론이나 연구들이 당신이 찾은 관계나 연관성을 충분히 설명해주지 못하는 경우도 있다. 이러한 경우에는 당신이 새로운 이론을 만들어야 한다. 이러한 작업은 질적 분석의 가장 흥미롭고 흥분되며, 보람 있는 지점이기도 하지만, 가장 도전적이고 가장 어려운 지점이기도 하다. 이 작업이 도전적으로 보이는 이유는 '이론'이라는 용어에 위축되기 때문이다. 이론은 무언가 대단하고 규모가 크며, 보편적이고 추상적인 것으로 생각된다. 그러나 전혀 그럴 필요가 없다. 물론 당신이 그러한 이론을 개발하고 그것이 정확하고 유용한 것으로 확인된다면 당신은 굉장히 유명해질 것이다. 반면, 많은 이론들은 훨씬 작은 규모일 수 있으며, 보다 국소적으로 적용되거나 특정 상황에 한정되기도 한다. Robert Merton은 이러한 것들을 중간 범위의 이론(theories of the middle range)이라고 부른다(Merton, 1968). 제한된 관점에서는 이론이 연구 결과에 대한 설명을 제공하는 단순한 것으로 생각될 수 있다. 그러나 이론은 특정한 대상에 대한 단순한 묘사를 넘어서는 것이다. 다음의 두 가지 측면에서 그러하다.

첫째, 이론은 개념적이며, 현상에 관한 여러 개념을 포함한다. 연구를 통해 발견한 관계와 연관성을 설명할 수 있는 힘을 이론에 부여하는 것은 바로 개념들과 그러한 개념들 사이의 관계이다. 노숙자에 관한 연구를 예로 들면, 표 6.7에 제시된 Strauss와 Corbin의 모형을 적용할 수 있을 것이다. 이 경우 우리는 누군가의 삶에서 노숙은 대개는 일시적인 상황이라고 인식할 것이며, 이에 따라 전환이라는 개념을 중심에 두고 이론을 개발하게 될 것이다. 이러한 개념의 핵심 의미와 이에 대한 설명은 노숙자들이 집으로 돌아가는 전환점을 만들기 위해 상황을 어떻게 관리하는지에 주목하게 할 것이다. 어떤 이들은 이러한 전환점에 쉽게 도달하는 반면, 다른 이들에게는 약물에 대한 의존도를 낮추고 채용을 위한 훈련과 자격을 얻는 데 수년이 걸릴 수 있다. 각각의 사례에서 전환

이론은 그러한 전환에 성공하고 삶에서 직면하는 모든 사회 구조적 요인들에 대처하는 것과 관련하여 인간의 행위주체성(agency)에 주목하도록 할 것이다.

둘째, 이론은 당신이 분석하고 있는 연구보다 더 넓은 맥락으로 일반화할 수 있다는 점에서 서술과는 다르다. 무언가에 대한 이론을 제시함으로써, 당신은 그것이 당신의 연구, 표본, 환경 등에 있는 사람들뿐만 아니라 다른 상황에 있는 비슷한 사람들에게도 적용된다고 주장할 수 있게 된다. 이론을 제안할 때에는 해당 연구가 수행된 환경이나 모집단 이상으로 적용할 수 있는 범위를 구체적으로 밝혀야 한다. 예를 들어 노숙자들에 대한 전환 이론의 경우, 노숙자가 전환 과정을 관리하는 방법은 난민이 된 상황이나 이제 막 교도소에서 복역을 마치고 나온 상황 등과 같은 다른 상황에서도 찾아볼 수 있다는 점을 제안할 수 있다.

이론을 발전시키는 것과 관련한 가장 큰 도전은 무언가 참신한 것을 생각해내는 것이다. 연구에 대한 이론을 발전시키는 일은 창의성을 요구하는데, 그것은 매우 어려우며 대부분 사람들이 피하려고 하는 것이다. 심리학자들은 일찍이 인간이 인지적 편의를 지향하는 경향이 있다는 것을 알고 있었다. 즉, 친숙하고 빈번하게 발생하는 것들에 대한 지향성이 있다는 것이다. 이는 Kahneman과 Tversky의 의사결정 분야에서 활발하게 연구되어왔으며, Kahneman은 그의 최근 저서 『생각하고, 빠르고, 천천히』(Kahneman, 2011)에서 이러한 연구들을 요약하고 있다. Kahneman은 결정이 필요한 상황에서 인간은 대부분 빠르게 생각한다고 말한다. 많은 그리고 정확한 생각 없이 빠르게 결정을 하며, 큰 노력 없이 결정한다는 것이다. Kahneman은 이것을 시스템 1, 보다 간단하게는 빠르게 생각하기(thinking fast)라고 부른다. 대개의 경우 시스템 1은 잘 작동하며, 우리는 큰 어려움 없이 결정을 내리게 된다. 그러나 가끔은 이처럼 빠른 방식으로 다루기 어려운 문제나 의사결정 상황을 만나게 될 수도 있다.

그럴 때 우리는 Kahneman이 시스템 2 또는 느리게 생각하기(slow thinking)라고 명명한 것을 따르게 된다. 직면한 과제에 대해 어느 정도 노력을 기울여야 하고, 모종의 인지적 긴장을 경험하게 되며, 실질적인 노력을 기울여야 하고, 사실상 쉽고 빠르게 해낼 수 없다. Kahneman은 수학의 예를 제시한다. 만약 당신이 2 곱하기 2는 무엇인지에 대한 질문을 받는다면 거의 무의식적으로 4를 생각하게 될 것이다. 4라는 답을 생각하는 것을 멈추기란 거의 불가능하다. 이것이 바로 빠르게 생각하기(thinking fast)이다. 대부분 상황과 시간에 우리는 이러한 방식으로 생각한다. 그러나 만약 17 곱하기 24는 무엇인지에 대한 질문을 받는다면 정확한 답을 계산하기 위해 조금 더 긴 시간이 필요할 것이다. 아마도 큰 수의 곱셈을 정확하게 계산하기 위해 배웠던 다양한 전략들을 적용해야 할 것이며, 심지어 계산식을 적어야 할 수도 있다. 당신은 이를 해낼 테지만, 집중과 노력이 필요할 것이다. 이것이 바로 느리게 생각하기(thinking slow)이다.

Kahneman에 따르면, 우리는 가능한 한 노력이 들지 않는 빠른 생각을 할 수 있을 때마다 그렇게 하기 때문에 여러 문제가 발생한다. 그러한 성향 때문에 때때로 부적절하며, 편견에 기반한 혹은 부정확한 답변이나 결정을 하게 되는 것이다. 가끔은 이러한 편견을 인식하지도 못한다. 필자는 이러한 사고방식이 질적 분석을 할 때 우리가 직면하는 몇 가지 문제점들을 설명해 준다고 생각한다. 우리는 언어 사용자이자 사회과학자이며, 이러한 두 위치는 빠른 사고와 관련하여 편견을 갖게 하거나 제한된 사고를 하게 할 수도 있다. 따라서 우리는 첫째, 자료를 읽거나 들을 때 우리가 자신에게 어떤 이야기를 하는지 이해하려고 노력해야 한다. 이것은 우리가 항상 하는 것이고 대부분 많은 생각 없이 매우 빠르게 한다. 우리는 우리가 자신에게 이야기하는 것을 매우 빠르게 이해하지만, 때때로 이러한 빠른 사고는 표현되거나 묘사된 여타의 것들을 보지 못하게 할 수 있다. 물론, 우리가 우리에게 무슨 말을 하는지 천천히 그리고 끊임없이 의문을 갖는다면, 우리 자신이 매우 이상하게 생각될지도 모른다. 누군가가 우리에게 말하는 것을 이해하고 해석하는 것은 보다 빠르게 이루어진다. 이것이 바로 질적 분석에서 반복적인 읽기와 다시 읽기를 통해 자료를 면밀히 검토해야 하는 이유 중 하나다. 우리가 기대하지 않았던 새로운 것, 놀라운 것을 발견할 수 있는지 살펴보아야 한다. 둘째, 우리는 사회과학자로서 사회과학적 현상과 그 설명에 대한 상당한 지식을 지니고 있다. 그래서 우리는 자료를 사회과학적으로 탐구하거나 설명하려고 할 때 빠른 사고에서 비롯된 편견을 경험하기도 한다. 우리가 이미 알고 있는 것들을 보려는 경향과 이미 익숙한 이론과 설명을 사용하여 설명하려는 경향이 있기 때문이다. 그러한 경향은 대개는 큰 문제가 없으며 그러한 사고방식 또한 적절하겠지만, 또 한편 그러한 경향과 사고방식은 다르게 생각하는 것, 창의적으로 생각하는 것, 새로운 이론과 설명을 생각해내는 것을 어렵게 한다.

이론을 만들기 위한 전략

새로운 이론을 내놓는 것은 쉽지 않다. 그것은 창의적일 것을 요구하며, 무엇이 효과가 있을지 확인하기 위해 많은 인지적 노력을 기울일 것을 요구한다. 불행하게도 그것은 17에 24를 곱하는 경우와 달리 단순히 규칙과 절차를 따르는 문제가 아니다. 창의성 발휘와 직결되어 있으나 사실상 보장된 방법이 없다는 것은 그리 놀라운 일이 아니다. 하지만 다행스럽게도 당신이 유용하다고 생각하는 새로운 아이디어와 이론을 개발하는 데 도움이 되는 몇 가지 전략이 있다. 본서의 4장에서 코딩을 발전시키는 방법에 대한 근거 이론의 제안을 논의할 때 그 일부를 언급했다. 현재 상황에서는 코딩의 과정보다 이론적 사고에 적용해야 하지만 말이다. 즉, 자료를 읽으면서 접한 이론을 개발하거나 수정하는 데 그러한 전략들을 적용해보자. 4장에서 논의한 전략들 중에는 플립–플랍(flip–flop), 혹은 극단으로 치닫기(taking things to an extreme)라는 기술이 포함되어 있다. 아마도 당신이 접한 이론은 특정 범위나 유형의 현상을 다루고 있을 것이다. 그러한 이론의 범위를 가장 극단의 범위까지 – 심지어 그 이상으로 – 밀어붙이려고 노력해보자. 이것은 효과가 없을 수도 있고, 말도 안 되는 것일 수 있지만, 당신이 자료에서 확인한 패턴과 연관성에 대한 새로운 생각을 불러일으킬 수도 있다. 여기서 유용하게 활용될 수 있는 전략으로 4장에서 제시한 두 번째 아이디어는 '먼 비교(far out comparisons)'이다. 다른 영역, 심지어는 다른 분야에서 아이디어, 개념 또는 이론을 가져와 그것이 당신의 연구에 유용한 아이디어와 설명을 생성하는지 확인해보는 것이다.

이 두 가지 전략 모두 연구에서 민감한 개념을 사용하는 것에 관해 Blumer가 제안한 것과 유사하다(Blumer, 1954). Blumer는 민감한(sensitizing) 개념과 확정적(definitive) 개념을 대조적으로 설명한다. 그는 후자가 질적 연구에 부적절하다고 생각하며, 그러한 개념은 일반적으로 정의와 측정 문제에 집중하도록 강요한다는 점을 지적한다. 반면, 민감한 개념은 '경험적 사례에 접근하는 데 있어 참조체계에 대한 일반적인 감각과 지침을 더해준다. 확정적 개념이 무엇을 보아야 할지에 대한 처방을 제공하는 반면, 민감한 개념은 무엇을 보아야 하는지에 대한 방향만을 제안해줄 뿐이다'(Blumer, 1954, p. 7). 이러한 생각은 근거 이론을 장려하는 사람들에 의해 널리 받아들여져 왔다. 예를 들어, Charmaz(2014, 2015)는 연구의 설계와 분석의 모든 단계에서 기존의 이론이나 편견, 관념 등에서 비롯된 혹은 다양한 학문 분야에서 비롯된 민감한 개념들이 전반적인 연구 문제를 인식하는 데 필요한 아이디어를 제공할 수 있다고 제안한다. 그러나 그것들은 단지 시작일 뿐이다. 그것들은 우리에게 무엇이 무엇인지, 어떻게 설명해야 하는지가 아닌, 그것이 무엇과 유사한지, 무엇이 중요하고 유의미한지를 말해줄 뿐이다. 따라서 그러한 것들은 개발되어야 한다. 여기서 민감한 개념과 함께 플립-플랍(flip-flop) 기술과 '먼 비교(far out comparisons)' 전략이 활용될 수 있다.

문화기술지에서의 창의성에 관한 논의에서 Atkinson(2013)은 참신한 이론을 개발하기 위한 몇몇 전략을 제안한다. 그것은 바로 도치(inversion)와 문자 그대로 따르는 것(being literal)이다. 도치는 이론적 관점을 가장 우위에 두는 것을 의미한다. 한 연구에서 그는 오페라 회사의 전략과 그들의 업무에 관한 연구를 수행하고 있었다. 그는 Goffman의 연출 기법 은유를 진지하게 사용하면서도 그것을 도치시켰다(Goffman, 1990). Goffman의 은유는 '일상의 삶이 공연장에 있는 것처럼 연구하라'는 가르침을 준다. 그러나 오페라 회사의 업무는 이미 공연장에 있으므로, Atkinson은 Goffman의 가르침을 뒤바꿔 공연장을 일상의 삶처럼 연구했다. 이러한 전략의 또 다른 예는 개발 연구라는 매우 다른 분야에서 찾아볼 수 있다. 한때 작가들, 특히 라틴계 미국인 작가들은 라틴 아메리카와 같은 많은 개발도상국에 대한 지배적인 접근 방식에 도전하고자 했다. 그러한 전통적인 접근은 개발도상국들이 다양한 이유에서 미국이나 서유럽과 같이 개발된 사회로의 긴 여행을 해본 적이 없다는 메시지를 함축하고 있었다. 당시 작가들은 개발도상국을 동사로 사용하여 이 이론을 다른 방향으로 전환하고, 라틴 아메리카의 국가들이 개발을 통해 변화하지 않거나 거의 변화되지 않은 것이 아니라 의존적이고, 종속적이며, 미개발된 국가로 전환된 것이라고 설명했다. 이들에게 미개발이라는 것은 단순히 개발이 충분히 이루어지지 않은 상태를 의미하는 것이 아니라 사실상 경제적, 정치적, 문화적 의존의 상태로 변화된 것을 의미하는 것이었다.

Atkinson이 사용한 두 번째 전략은 유리 부는 직공이라는 공예사에 대한 연구에서 활용되었다. 당시 공예에 관한 전통적인 문헌들은 체화된 지식들에 관해, 그리고 종종 훈련된 손(hand)에 대해 진술하고 있었다. Atkinson은 이러한 지식체를 문자 그대로 취한 후, 단순히 손이 아닌 신체 전체에 초점을 맞추었다. 이러한 접근은 자세, 신체 리듬, 같은 작업실에서 일하는 다른 공예사들의 신체와의 조화에 대해 생각해보도록 했다. 그는 유리 부는 직공들의 작업실을 안무를 위한 장소로서 개념화하였으며, 그들의 작업이 어떻게 조화를 만들어내는지, 그들이 어떻게 움직이며 어떻게 움직임의 신체 리듬을 만들어내는지 살펴보았다. 이러한 종류의 더 많은 전략이 Howard Becker의 저서 『Tricks of the Trade』 (Becker, 1998)에서 논의되고 있다. 그중 필자가 가장 좋아하는 전략은 Bernie Beck의 전략이다. 이는 사실 Becker가 제시한 전략이라 할 수 없는데, Beck이 그의 동료 중 하나에게 배운 것이기 때문이다. 첫 번째 단계는 누군가에게 당신이 연구에서 발견한 중요한 무언가를 특정한 사례에 대한 언급 없이 설명하는 것이다. Becker는 시카고 교사들에 관한 그의 연구를 기반으로 이와 같은 시도의 예를 설명한다.

> 이 교사들은 더 높은 혹은 더 나은 수입을 위한 자리로 승진을 하거나 다른 도시의 학교 시스템으로 이동하기보다는 시카고 학교 시스템 내의 학교를 옮겨 다니면서 자신의 경력을 쌓아갑니다. 그들의 관내 이동은 그들이 함께 지내고 싶은, 그러니까 교사들이 기대하는 방식으로 더 많이 혹은 적게 행동할 수 있는 사람들(학생들, 학부모들, 학교 관리자들, 동료 교사들)이 있는 학교를 찾기 위한 노력으로 이해될 수 있죠. (Becker, 1998, p. 126)

이제 중요한 단계는 연구의 구체적인 장소나 맥락을 알려주는 중요한 용어들을 사용하지 않고 위의 내용을 재진술하는 것이다. 이 경우 '교사', '학교', '학생', '교장', '시카고'와 같은 용어들을 의미한다. Becker는 다음과 같이 진술한다.

> 이 연구는 관료제 하에서 사람들이 그들이 최대화하고자 하는 것이 무엇이든지 간에 다른 사람들이 그들을 어떻게 대할 것인지를 평가하고 최상의 균형을 추구할 수 있는 장소를 선택함으로써 잠재적 지위들 사이에서 자신의 지위를 선택해나가는 과정을 보여준다. (1998, p. 127)

첫 번째 단계는 연구 결과 중에서 당신이 무엇을 중요하게 생각하는지를 표현하도록 이끌 것이다. 이는 당신이 지금 막 만난 사람에게 당신의 연구가 무엇에 관한 것인지 간략하게 설명하는 것과 같으며, 오직 이 경우에만 당신은 다른 사회과학자 혹은 적어도 당신의 관리자가 이해할 수 있는 용어를 사용할 수 있다. 두 번째 단계는 보다 개념적인 단계로 당신의 연구 결과를 이론적 측면에서 표현하는 것이다. 이 단계는 일반화의 단계이며, 보다 광범위한 장소와 사람에 관한 주장을 만드는 단계이다. 이 단계에서는 얼마나 많은 다른 환경에서 해당 연구의 결과와 유사한 결과가 도출될 수 있을지, 혹은 당신이 연구를 수행한 장소 혹은 사람들의 어떤 측면이 그러한 방식으로 행동하도록 이끄는지 고려해보아야 한다.

(Becker가 논의한 다른 전략들을 비롯한) 이와 같은 전략들은 당신이 개념적인 사고를 개발하도록 도울 것이다. 시스템 2의 느리게 생각하기가 요구될지도 모른다. 이러한 힘든 작업과 더불어 관련 선행 연구 및 이론과 친숙해지는 것은 당신이 연구에서 참신한 이론을 제안하도록 이끌 것이다. 그러나 이러한 것들은 단지 전략일 뿐이다. 이러한 전략들이 당신의 창의적인 사고를 보장할 수 없다는 것이다. 반면, 이러한 전략들은 많은 질적 연구자들이 그들의 연구에서 개념과 이론을 발전시켜온 방법을 당신에게 도움이 될 만한 분야 및 적용방안 등과 함께 보여준다.

이 장의 핵심 내용

- 코딩 위계는 부모 코드가 하나 혹은 그 이상의 자녀 코드들을 지니게 하는 방식으로, 그리고 그러한 자녀 코드들이 다른 코드들의 부모 코드가 되게 하는 방식으로 코드들을 배열하는 것이다. 이러한 배열은 코드들을 간결하게 유지하는 데 유용하며, 코드의 중복을 방지한다. 이와 같은 범주화는 자료 분석의 첫 단계라 할 수 있다.
- 비교는 서술의 수준을 넘어서도록 하는 중요한 분석 단계이다. 표는 이러한 비교를 용이하게 하기 위해 자료를 배치하는 데 도움이 된다. 가끔 자료의 양에 따라 어떤 자료를 표의 셀 안에 넣어야 할지 결정하는 데 세심한 주의를 기울여야 하지만 말이다. 셀 안에 들어가는 자료는 코딩된 텍스트로부터의 개요나 요약, 주요 인용구, 혹은 중요한 단어들이 될 수 있다.
- 이와 같은 표를 사용하면 일반적으로 사례별 비교를 수행하는 데 도움이 된다. 이를 통해 둘 혹은 그 이상의 코딩에 담긴 의미들을 기반으로 한 사례의 유형 분류 체계가 만들어질 수 있다.
- 표는 하나의 코드 세트를 다른 코드 세트와 비교하는 데에도 활용될 수 있다. 각각의 코드 세트가 같은 종류이고, 코드 체계 내에서 형제자매 관계에 있다면 가장 좋다. 또한, 표는 시간에 따른 비교를 하는 데에도 유용하게 활용될 수 있다. 몇몇 사례 혹은 응답자들이 시간에 따라 혹은 연구 단계에 따라 어떻게 변화해왔는지를 살펴볼 수 있다.
- 분석의 마지막은 참신한 개념과 그러한 개념들 간의 관계를 설명하는 이론을 개발하는 것이다. 이는 결코 쉬운 작업이 아니며, 반드시 따라야 할 절차나 과정이 있는 것도 아니다. 그러나 연구 결과에 대해 창의적, 개념적으로 접근하기 위해 이제까지 많은 연구자들이 발견한 여러 전략이 존재한다.

더 읽을거리

다음 책은 비교하기 및 개념과 이론 발전시키기에 관한 내용을 보다 자세히 다루고 있다.

Becker, H. S. (1998) Tricks of the Trade: How to Think about Your Research While You're Doing It. Chicago and London: University of Chicago Press.

Kuckartz, U. (2014) Qualitative Text Analysis: A Guide to Methods, Practice and Using Software. London: Sage.

Lofland, J., Snow, D., Anderson, L. and Lofland, L. H. (2006) Analyzing Social Settings: A Guide to Qualitative Observation and Analysis. Belmont, CA: Wadsworth/Thomson.

Miles, M. B. and Huberman, A. M. (1994) Qualitative Data Analysis: A Sourcebook of New Methods. Beverly Hills, CA: Sage.

Spencer, L., Ritchie, J., O'Connor, W., Morrell, G. and Ormston, R. (2014) 'Analysis in practice', in J. Ritchie, J. Lewis, C. McNaughton Nicholls and R. Ormston (eds), Qualitative Research Practice: A Guide for Social Science Students and Researchers, 2nd ed. London: Sage, pp. 295–346.

제7장

분석의 질과 윤리

- 질(質)에 대한 전통적 접근들
- 성찰
- 타당도
- 신뢰도
- 일반화 가능성
- 분석 윤리

제7장

분석의 질과 윤리

• 이 장의 목적 •

- 연구의 질과 관련하여 타당도와 신뢰도, **일반화 가능성**에 초점을 둔 전통적인 지침들의 적합성이 질적 분석과 관련하여 논쟁의 여지가 있음을 안다.
- 중요한 현안으로서 모든 과학자와 같이 질적 연구자들의 인식 또한 어느 정도 그들이 연구를 수행하는 방식과 연관되어 있으며, 연구자의 배경 및 사회적 환경, 선호 등을 반영한다는 점을 이해한다.
- 이러한 현안이 실천적이고도 윤리적인 함의를 지니고 있음을 안다.

질(質)에 대한 전통적 접근들

분석을 망치게 되는 일도 물론 가능하다. 분석을 제대로 못하거나 잘못되게 할 수도 있다. 당신이 서술하거나 주장한 것이 왜곡되거나 편향된 것일 수도 있고 실제 어떤 일이 벌어졌는지에 대해 의심스러운 관계가 도출될 수도 있다. 이러한 상황이 당신의 연구에 해당하지 않는다는 것을 어떻게 확인할 수 있는가? 당신의 연구가 최상의 질을 지니고 있다고 어떻게 확신할 수 있는가?

연구의 질에 관한 많은 생각은 주로 양적 연구 맥락에서 발전되어 왔다. 관찰된 현상의 참된 원인에 대해 확신하기 위해 연구 결과의 타당

도와 신뢰도, 그리고 일반화 가능성을 확증하는 것에 큰 강조점을 두어 왔다. 간단히 이야기하면 연구 결과는

- 연구 결과에 대한 설명이 진정 참되거나 정확하고 실제 벌어지고 있는 일들을 정확히 포착한다면 그것은 타당한(valid) 것이다.
- 다른 환경에서 다른 연구자가 반복적으로 연구를 수행해도 일관된 결과가 도출된다면 그것은 믿을만한(reliable) 것이다.
- 해당 연구가 수행된 환경을 넘어서서 광범위한 (그러나 구체적인) 환경에 적용될 수 있다면 그것은 일반화가 가능한(generalizable) 것이다.

양적 연구자들은 그들의 연구 결과가 가능한 한 타당하고, 믿을만하며, 일반화가 가능하다고 보장하기 위한 일련의 접근과 기술들을 발전시켜왔다. 그러나 이러한 것들은 경험적 설계, 이중 맹검, 무선 표집과 같이 질적 연구와 분석에 적합하지 않은 혹은 거의 활용되지 않는 것들이다.

그렇다면 이러한 사실이 질적 연구는 연구의 질을 평가할 수 없다는 것을 의미하는가? 이러한 질문은 질적 연구에서 연구의 질을 보장할 수 있는 기술들이 있는지, 심지어 그러한 생각들이 모든 질적 자료에 적용될 수 있는지에 관한 논쟁을 낳았다.

타당도는 분석이 실제 일어나고 있는 것에 가까우면 가까울수록 가치가 있다는 것을 보장하려는 시도라는 점에서 실재론자들의 생각을 가장 잘 반영하고 있다. 반면, 이상론자 혹은 구성주의자의 입장에서는 분석에 대한 단순한 실재는 존재하지 않으며, 다양한 관점과 해석이 존재할 뿐이다. 따라서 그러한 질문을 제시하는 것 자체가 그리 중요하지 않다. 그러나 아무리 이상론자라 할지라도 다양한 해석과 묘사를 제시하는 것은 가능하지만 이들 중 일부는 분명 편향되거나 치우쳐 있거나 또 어떤 일부는 분명 터무니없거나 잘못될 수 있다는 점을 인정할 필요가 있

다. 절대적인 진리란 존재하지 않을 수 있지만, 오류는 여전히 존재한다. 따라서 질 높은 연구라는 것을 어떻게 확신할 수 있는지에 대한 문제를 피할 수 없다(Brinkmann and Kval, 2018 참고). 지금부터는 이와 같은 위협의 영향을 완화하기에 좋은 실천방안들을 제안하고, 이와 관련된 생각들의 일부를 살펴보고자 한다. 지난 수십 년간 연구자들은 우리가 주목해야 할 보다 근본적인 문제를 규명해왔는데, 바로 성찰(reflectivity)에 관한 것이다.

성찰

간단히 이야기하면, 성찰은 연구의 결과가 불가피하게 연구자의 배경과 사회적 환경, 선호도를 일부 반영한다는 것에 대한 인식을 의미한다. 과학적 모형에서 좋은 연구란 객관적이고, 정확하며, 편향되지 않은 것이다. 그러나 성찰을 강조하는 이들은 그 어떤 연구자도 그러한 객관성을 보장할 수 없다는 점을 강조한다. 질적 연구자들은 그들의 연구 보고서를 둘러싼 맥락 밖 혹은 그러한 맥락을 뛰어넘는 객관적이며, 권위적이고, 정치적으로 중립적인 관찰자가 될 수 있다고 주장하지 않는다.

Brewer는 Garfinkel과 Grouldner의 연구로 돌아가 이와 관련한 염려를 전한다(Brewer, 2000, pp. 126－32; Garfinkel, 1967; Grouldner, 1973). Garfinkel은 사회과학 연구자들이 그들이 설명하는 세계 내에서 어떠한 방식으로 존재하며 어떻게 그러한 세계의 일부가 연구에 불가피하게 반영될 수밖에 없는지를 보여준다. Grouldner는 연구자들이 결코 가치중립적일 수 없으며 그들이 속한 사회와 일터에서 통용되는 가치들을 공유하기 때문에 연구자라는 특별한 정당성을 확보할 수 없다고 주장한다. Grouldner의 관점은 지난 20여 년간 여성주의 작가들에 의해 활용되고 강화되어왔다. 이들에게 연구란 그것에 대한 평가, 해석, 결론을 살펴보는 과정에 대한 자기-비판적 초점을 확보하고 그 자체를 재현된 것으로 바라볼 때 정당성을 확보할 수 있다. 즉, 목소리를 내지 못한 이들이 연구에서 목소리를 내도록 하는 것을 의미한다. 객관적인 과학의 가능성에 대한 이와 같은 비평은 반-실재론자 혹은 탈근대주의자인 작가들에 의해 지속되어왔다. 그들에게 연구자의 영향력을 제거하는 것은 무의미한 일이며, 연구자는 이러한 영향들을 이해하고 관찰하며 보고할 필요가 있을 뿐이다. Brewer는 이를 다음과 같이 설명한다.

> 우리는 연구의 과정, 수집된 자료, 작성의 방식 등을 설명하는 데 있어 성찰적이도록 고무될 필요가 있다. 왜냐하면 성찰은 실재에 대한 우리의 표상이 지닌 본질의 일부를 비롯해 경합하는 여러 실재의 다양성을 나타내기 때문이다. (Brewer, 2000, p. 129)

결국 중요한 것은 Denzin과 Lincoln이 명명한 '성찰적 설명으로서의 타당도(validity as reflecxive accounting, Denzin and Lincoln, 1998, p. 278)'이다. 이들에 따르면, 연구자들은 그들의 선입견, 해당 분야에서의 권력 관계, 연구자-응답자 간 관계의 본질에 관한 그들의 해석과 이해가 어떻게 변화되어 왔는지, 보다 일반적으로는 그들의 기저에 놓인 인식론이 어떠한지에 관해 명료하게 제시할 필요가 있다. 연구 과정에 대한 이와 같은 설명은 동료 평가에 개방적이며, 이를 위한 몇 가지 제안이 Box 7.1에 제시되어 있다.

Box 7.1 좋은 성찰적 실행을 위한 제안

1. 프로젝트와 프로젝트를 둘러싼 환경의 광범위한 관련성을 조사하라. 그리고 가능하다면, 그러한 환경의 대표성과 보다 광범위한 차원에 대한 특수한 사례 연구로서 지닌 일반적인 특징 혹은 기능 등을 비롯한 경험적 일반화의 근거들을 조사하라.
2. 프로젝트의 특징과 함께 아직 연구되지 않은 환경에 대해 논의하라. 이어서, 당신이 왜 그러한 선택을 했는지 그러한 연구 결과의 함의는 무엇인지를 논의하라.
3. 연구에서 사용된 이론적 틀이 무엇인지, (정치적, 종교적, 이론적 등) 보다 넓은 차원의 가치와 신념은 무엇인지를 명확하게 밝히라.
4. 다음을 고려하면서 연구자로서 작가로서 당신의 진실성을 비판적으로 평가하라.

· 당신이 주장한 지식이 정당화될 수 있는 근거(현장연구의 기간, 연구에서 협상된 특별한 접근, 응답자와 형성한 신뢰와 라포 등)
· 연구 환경 및 주제에 대한 당신의 배경과 경험
· 연구의 모든 단계에서 당신이 경험한 것, 특히 그 안에서 강요된 제한들에 대한 언급
· 연구 설계 및 전략의 강점과 약점

5. 다음의 방식을 통해 데이터를 비판적으로 평가하라.

· 연구의 모든 단계에서 발생한 문제들을 논의하라.
· 데이터를 해석하는 데 활용된 분류체계를 형성한 근거를 밝히고, 그것이 응답자 자신들에 의해 사용되는 토착의 것인지(in-vivo 개념) 혹은 분석가가 구성한 것인지 명확히 밝히라. 만약, 후자의 경우라면 그것을 뒷받침하는 근거를 제시하라.
· 대항적 설명과 데이터 조직의 대안적인 방식들을 논의하라.
· 데이터로부터의 충분한 발췌를 제공함으로써 독자들이 그로부터 도출된 추론과 그에 대한 해석을 평가할 수 있도록 하라.
· 연구 내, 연구자와 연구 참여자 사이에, 연구진 내에 흐르는 권력 관계에

대해 논의함으로써 연구를 수행하고 작성하는 과정에 계급, 성별, 인종, 종교 등이 미친 영향력을 알게 하라.

6. 데이터의 복잡성을 보여주라. 당신이 조사한 상황과 그에 대한 이론적 설명이 들어맞는다는 단순한 진술을 제시하는 것을 피하라.

· 일반적인 패턴 및 범주에서 벗어난 부정적 사례들에 대해 논의하라. 그러한 부정적 사례들은 가끔 긍정적인 사례들을 일종의 예시로 제시하거나 그것들을 뒷받침하는 데 활용된다.

· 응답자들이 직접 제공한 다양한 혹은 모순되는 진술들을 제시하라.

· 응답자의 진술과 설명의 맥락적 본질을 강조하고, 그러한 것들을 구조화하도록 돕는 특징들을 확인하라.

(Brewer, 2000, pp. 132-3의 내용을 재구성)

타당도

연구의 타당성 또는 정확성을 높이기 위한 몇 가지 기술이 있다. 이러한 기술을 사용함으로써 작업이 실제 상황을 그리고 있다고 보장할 수 있는 것은 아니지만, 명백한 실수를 제거하고 데이터에 대한 보다 풍부한 설명을 만들어 낼 수 있다.

삼각검증법

삼각검증법은 땅을 측량할 때 사용되는 원리에서 그 명칭을 얻었다. 멀리 있는 물체의 거리를 정확하게 추정하기 위해 밑면이 측정된 직선상에 삼각형을 만들고 밑면의 양쪽 끝에서 멀리 있는 물체 사이의 각도를 관찰하는 것이다. 이와 같은 간단한 삼각검증법으로 물체까지의 실제 거리를 계산할 수 있다. 이를 비유적으로 사용하여 이와 유사한 논리가 사회 연구에도 적용되었다. 주제에 대한 하나 이상의 관점을 얻음으로써 해당 주제에 대해 정확한 (또는 더 정확한) 관점을 얻는 것이다. 이 같은 여러 관점은 다음의 요인을 토대로 한다.

· 표본과 자료 묶음 (면담, 관찰, 문서분석을 통해 수집된 자료로 시간순으로, 지리적으로 떨어져 있는 자료)
· 연구자들 (서로 다른 장소에서 연구를 수행한 연구팀 혹은 서로 분리된 연구집단)
· 연구 방법론과 이론들 (문화기술지, 담화 분석, 근거 이론, 여성주의연구 등)

(Denzin, 1970)

일부 저자들은 타당도가 과연 질적 연구에 적합한 것인지 의문을 제기한다. 예를 들면 Silverman은 하나의 근본적인 실재에 대한 서로 다른 관점이 존재한다고 가정하기 때문에 이러한 접근을 거부한다(Silverman, 2000, p. 177). Silverman은 구성주의자들처럼 각각의 연구가 발견한 것에 대한 자신만의 해석을 제공할 수 있을 뿐이며, 어떤 것이 근본적인 실재에 더 가까운지를 묻는 것은 이치에 맞지 않는다고 믿는다. 삼각검증법은 실재에 대한 유효하고 정확한 해석을 제공하는 궁극적인 방법으로 활용될 수는 없지만, 여전히 실용적인 목적으로 활용된다.

1. 해석 과정에서 늘 실수를 할 수 있으며, 해당 상황에 대한 다른 관점은 연구의 한계를 밝히거나 서로 경합하는 해석들 중 어느 것이 더 높은 가능성을 지니고 있는지를 제시하도록 돕는다. Silverman 자신은 질적 연구에서 정량적 데이터가 어떻게 연구의 결론을 강화하고 일련의 유익한 연구들을 제안할 수 있는지를 보여주고자 할 때 이를 수행한다(Silverman, 2000, pp. 145-7).
2. 다음 절에서 제시하겠지만, 연구에서는 정보제공자의 언행이 일관되지 않을 가능성이 항상 존재한다. 그들은 종종 자신이 생각하고

말하는 것에 대한 생각을 바꿀 수도 있고, 말과 행동이 다를 수도 있다. 삼각검증에 사용되는 자료의 형태(예: 응답자의 행동에 대한 관찰과 면담)는 정보제공자가 거짓말을 하거나 틀렸음을 보여주는 것이 아니라 인간은 항상 일관되게 행동하지 않는다는 사회적 현실의 새로운 차원을 보여준다는 점에서 의미가 있다(자세한 내용은 Flick, 2018a 참조).

응답자 타당화

2장에서 제시한 바와 같이 전사의 과정은 한 매체가 다른 매체로 전환되는 과정의 한 형태로 볼 수 있으며, 이러한 과정은 불가피하게 모종의 해석을 내포한다. 전사 과정에서 당신은 응답자의 세계관을 충실하게 포착하기 위해 노력할 것이다. 전사의 정확성을 확인하기 위한 한 가지 방법은 응답자들에게 전사가 제대로 되었는지 확인을 부탁하는 것이다. 물론 응답자들이 그들이 말한 것을 말한 그대로 기억하리라고 기대할 수는 없지만, 명백히 말이 안 되는 해석들을 지적할 수는 있을 것이다. 가령 그들이 절대 말할 수 없었을 것들을 지적할 수 있을 것이다. 그러나 응답자들은 종종 기록된 파일에 분명히 나타나는 것에 대해서도 동의하지 않을 수도 있다. 이에는 다양한 이유가 있을 수 있다.

- 중간에 마음을 바꾸었기 때문
- 잘못 기억하고 있기 때문
- 전사본을 잘못 해석했기 때문
- 중간에 일어난 어떠한 사건이 상황을 전환시켜 이제는 그것을 공공연하게 이야기할 수 없기 때문
- 애초에 그러한 것을 공공연하게 이야기하고 싶지 않았기 때문
- 그들의 의견을 바꿀 것에 대한 동료 혹은 권위자의 압력을 느끼기

때문

• 그렇게 말한 것에 대해 현재는 당혹감을 느끼기 때문

이는 전사본이 실제 발화한 것에 대한 진실된 사본이 될 수 있는지에 대한 의심을 불러온다. 무엇보다도, 사적인 공간에서 이야기된 것들이 전사본에서는 공적 문서로서 존재하거나 그렇게 될 가능성을 지니고 있다. 이는 매우 다른 두 형태의 의사소통이라 할 수 있다. 한 단계 더 나아가 연구 참여자에게 당신이 분석한 내용(혹은 요약본)을 제공하고, 그러한 설명이 수용 가능하고, 확실하며, 믿을만한 설명인지를 검토해달라고 부탁하는 것도 가능하다. 물론 분석의 일부를 제공하는 것이 연구 참여자에게 큰 부담이 될 수도 있으며(예를 들면, 어린 아이의 언어 습득에 관한 연구), 당신의 분석에 대한 피드백을 받는 것은 위험한 일이 될 수도 있다(예를 들면, 공격적이고 극단적으로 보수적인 원리주의자들에 관한 문화기술지 연구). 다시 말해, 연구 참여자가 당신이 분석한 일부 내용에 동의하지 않을 때 당신은 일종의 딜레마 상황에 놓이게 된다. 그렇다면, 연구 참여자가 동의하지 않을 때 어떻게 해야 하는가? 이에 대한 두 가지 선택사항이 있다.

1. 그들의 진술을 새로운 자료로 취급하고, 그들의 의견이 변경된 이유나 분석에 동의하지 않는 이유를 살펴볼 수 있다. 그러한 의견의 변화를 일종의 흥미로운 자료로 다뤄볼 수 있다는 것이다.
2. 연구 참여자가 이전의 진술을 삭제하고 사용하지 않기를 원하는 경우도 있다. 더욱이 당신이 연구 참여에 대한 철회의 권리를 언급하는 등의 정보가 충분히 제공된 연구참여 동의서를 사용한 경우, 그러한 철회는 분명 연구 참여자의 권리가 된다. 이 경우, 연구 참여자의 의사를 존중하는 것 외에는 다른 선택의 여지가 없

다. 가능하다면, 연구 참여자에게 변경사항 그 자체가 타당한 자료로서 받아들여질 수 있다는 점을 납득시켜 볼 수도 있다. 그러나 이러한 시도에 성공하지 못한 경우 연구 참여자의 의사를 존중하고 자료를 폐기해야 한다(Flick, 2018c 참조).

지속적 비교

4장에서는 지속적 비교를 일종의 기술로서 소개하였다. 당시 지속적 비교는 코드를 생성하는 초기 코딩 과정에서 사례 내, 사례 간 확인을 위해 활용된다는 점을 제시하였다. 6장에서는 자료에 대한 분석적 사고를 발전시키는 중요한 방법으로서 사례별 비교와 함께 보다 높은 수준의 비교를 살펴보았다. 이러한 비교에서 중요한 것은 그것이 지속적으로 수행되어야 한다는 점이다. 비교 작업은 분석의 전 과정에 걸쳐 지속된다. 이론이나 설명을 구축하는 데에만 사용되는 것이 아니라 분석의 서술적인 풍부함을 높이고 그러한 서술이 연구 참여자들이 이야기한 것과 일어난 일들을 밀접하게 포착하고 있음을 보여주는 것이다. 이러한 지속적 과정에는 다음의 두 가지 측면이 존재한다.

- 코드를 처음 개발할 때 비교를 통해 코드 적용의 일관성과 정확성을 점검하라. 같은 코드로 코딩된 구절들이 실제로도 유사하다는 것을 확인하기 위해 노력하라. 그러나 이와 동시에 그것들이 어떻게 다른지도 지켜볼 필요가 있다. 동일한 코드로 코딩된 것들에 대한 세부정보를 입력하면 다음 코딩을 이어가는 과정에서 변이와 관련된 아이디어를 얻을 수 있게 된다. 이는 순환적인 또는 반복적인 과정이다. 그러므로 코드를 개발하고, 자료에서 다른 무엇이 발생했는지 확인한 후, 그러한 발생을 기존의 코드와 비교하고, 필요한 경우 코딩(및 관련 메모)을 수정할 것을 권한다.

- 코딩된 활동, 경험, 행동 등의 차이와 변화를 분명하게 찾아보라. 보다 구체적으로는 여러 사례, 장소, 사건 간에 나타나는 변이를 살펴볼 필요가 있다. 특히 사회적, 심리적 주요 요인들이 코딩된 현상에 어떤 영향을 미치는지 살펴볼 필요가 있다. 예를 들어, 연구 참여자들은 성별(남성, 여성), 연령(청년, 중년, 노년), 태도(운명론적인, 낙관적인, 자기효능감이 높은, 의존적인), 사회적 배경(직업, 사회계층, 부동산) 또는 교육(사립, 주립, 고등교육)에 따라 차이가 있을 수 있다.

지속적 비교는 광범위한 자료와 부정적인 사례를 처리하는 두 상황에서 연구의 타당도를 보장하는 데 중요한 역할을 한다. 질적 분석에서는 제시된 설명과 일반화의 적용가능성에 의문이 제기될만한 내용이 없는지 확인하기 위해 자료를 지속적으로 비교할 필요가 있다. 본질적으로 이는 부정적이거나 일탈적인 사례들을 찾는 것을 의미한다. 당신이 전하고자 하는 일반적인 요점에 맞지 않는 상황과 예시들을 찾는 것이다. 그러나 질적 분석에서 부정적인 사례 혹은 직감에 반하는 증거가 발견되었다고 해서 반드시 그러한 직감이 즉각적으로 거부되는 것은 아니다. 이러한 상황에서 연구자는 부정적인 사례를 면밀히 조사할 필요가 있으며, 그것들이 왜 발생했는지, 어떤 상황에서 발생했는지 이해하려고 노력해야 한다. 결과적으로는 기존 코드의 배후에 있는 생각들을 부정적인 사례를 둘러싼 환경을 포함하는 범위까지 확장할 수 있으며, 이를 통해 코딩의 풍부함을 확장할 수 있다.

증거

성찰적인 좋은 연구 보고서는 그것이 어떠한 방식으로 자료의 수집과 해석에 기초하고 있는지를 명확하게 보여준다. 이 작업을 수행하는 중요한 방법은 독자에게 현장 노트, 면담일지, 또는 수집된 다른 자료들로부터의 인용문을 증거로 제시하는 것이다. 인용문을 포함하는 것은 독자로 하여금 당신이 연구한 장소와 사람들의 미학을 느낄 수 있도록 돕는다. 또한, 독자가 자료에 더 가까이 다가갈 수 있게 하고, 연구자가 논의한 아이디어나 이론들이 연구 참여자에 의해 어떻게 표현되는지를 선명하게 보여준다. 하지만, 인용문이 너무 길거나 너무 짧을 경우 여러 위험이 있기 때문에 이에 대한 통제가 필요하다.

인용문이 너무 긴 경우

- 분석의 요점을 제시하는 상황에서 당신의 언어가 아닌 인용문을 사용하는 경우이다. 이는 아마도 학부생들의 연구에서 가장 흔히 발견되는 인용문 사용의 부적절한 예라고 할 수 있을 것이다. 이것은 독자들에게 그들 스스로 분석을 하라고 하는 것이나 마찬가지다.
- 긴 인용문은 많은 분석적 아이디어들을 포함하기 때문에 독자는 그러한 인용문이 묘사하고자 하는 바가 무엇인지 규명하는 데 어려움을 겪을 수 있다. 긴 인용문을 사용하는 경우 그러한 인용문을 어떻게 해석할 수 있으며 그것들이 당신의 분석과 어떻게 연결되는지를 독자에게 설명할 필요가 있다.

인용문이 너무 짧은 경우

- 탈맥락화를 초래할 수 있다. (인용문이 짧은 경우) 본문 내에 인용문을 삽입하는 것도 가능하지만, 만약 그것이 어떤 특정한 혹은 흔히 사용되지 않는 (in-vivo 개념과 같은) 단어를 보여주는 경우가 아니라면 그럴만한 큰 가치가 없을 것이다.

Box 7.2는 연구 보고서에 인용문을 포함시키는 것에 대한 가이드라인을 요약하고 있다.

Box 7.2 인용문 제시를 위한 가이드라인

· 인용문은 반드시 본문과 관련이 있어야 한다. 예를 들면, 연구 참여자의 '체험된 세계' 혹은 당신의 이론적 아이디어를 들 수 있다.
· 인용문은 반드시 맥락화되어야 한다. 예를 들면, 그러한 응답에 대한 질문은 무엇이었는가? 그 이전과 이후에 (관련된) 무엇이 있었는가?
· 인용문은 반드시 해석되어야 한다. 해당 인용구는 어떠한 관점을 지지하거나, 보여주거나, 반증하고 있는가?
· 본문과 인용문 사이에 균형을 갖추어야 한다. 연구 결과를 제시하는 어떠한 절 혹은 장에서도 인용문이 본문의 절반 이상을 차지해서는 안 된다.
· 인용문은 대체적으로 짧아야 한다. 긴 인용문은 짧은 단위로 쪼개고, 각각에 대한 연구자의 코멘트를 연결하기 위해 노력하라.
· 최상의 인용문만을 사용하라. 얼마나 많은 사람들이 그와 동일한 요점을 이야기하는지를 밝히라. 만약 그들이 여러 다른 답변을 제시하는 경우에는 몇몇의 인용문들을 사용하라.
· 면담을 통해 수집된 인용문은 서면 양식으로 제시되어야 한다. 디테일이 중요한 연구(예를 들면, 사회언어학 연구)를 제외하고는 해당 문구, 특히 너무 긴 문구들은 간결하게 정돈해도 된다. 연구 참여자가 말하기를 주저하는 부분, 여담, 방언 등을 발화된 그대로 상세하게 제시하면 가독성이 떨어질 수 있다. 주제에서 벗어난 이야기를 표시하기 위한 방법으로 말줄임표(…)를 활용하라.
· 인용문의 편집과 관련한 간단한 서명 시스템이 있어야 한다. 보고서 마지막에 인용문을 편집한 방법(예: 익명성을 유지하기 위해 연구 참여자의 이름을 바꿨지만 실제 이름이 바뀐 것은 아님)을 설명하고, 일시적인 중지, 생략 등에 사용된 기호들의 목록을 제공하라.

신뢰도

연구를 혼자 수행하는 경우에는 연구에 대한 당신의 접근 방식이 다른 연구자들과 다른 연구 프로젝트에서도 일관되게 나타난다는 것을 보여주기 어려울 수 있다. 그러나 당신의 분석에 자기모순이 없으며 믿을 만하다는 점을 보증할 수 있는 몇 가지 방법이 있다.

전사본 확인

힘들긴 하지만 간단하게 해볼 수 있는 한 가지는 모든 전사본이 그 어떤 명확한 실수도 포함하고 있지 않다는 점을 확실히 하는 것이다. 본서의 2장에서는 전사 서비스를 이용할 때 발생할 수 있는 일반적인 문제들에 대해 논의하였다. 여기서 전하는 바는 간단하다. 확인하고 또 확인하는 것이다. 이것은 결국 피할 수 없는 일이며, 대개 당신만이 할 수 있다. 이는 시간이 매우 많이 걸리는 일이지만, 자료들을 확인하는 과정에서 그러한 자료들에 매우 친숙해질 것이다.

코딩의 명백한 표류

코딩 시스템을 만들 때, 특히 방대한 자료들을 지니고 있을 때 발생할 수 있는 문제는 연구 초기 단계에서 생성한 코드들을 가지고 연구 후반의 자료를 코딩하고자 할 때 연구 초기에 코딩된 자료들과 다소 다른 방식으로 코딩이 이루어질 수 있다는 점이다. 이와 같은 '명백한 표류(definitional drift)'는 불연속성의 한 형태이며, 이에 적절히 대처할 필요가 있다. 재차 강조하건대 지속적인 확인이 분명 도움이 된다. 코딩 방식으로서 지속적 비교를 사용하고 있다면 자료를 분석하는 과정에서 불연속성이 만들어지는 지점을 감지하게 될 가능성이 크다. 도움이 될 만한 또 다른 방법은 코드에 메모를 기입하는 것이다. 이러한 방법을 활용하면 해당 코드를 처음 만들 때 어떠한 생각이 그 이면에 있었는지 기억할 수 있다. 코딩 과정에서 일관성을 확인하기 위한 방법으로 이후에 이러한 메모들을 다시 읽어보기 바란다.

팀

최근 많은 질적 연구 프로젝트들은 한 명 이상의 연구자에 의해 수행되며, 종종 하나 이상의 장소에서 수행된다. 팀 단위로 연구를 수행하는 것은 연구의 질을 위협할 수도 있고 연구에 도움이 될 수도 있다. 특히 팀원들이 자료에 대해 치우친 관점을 지니고 있거나 분석에 대해 서로 다른 견해를 가지고 있는 경우, 이와 같이 분절된 작업과 관점들을 조화시키는 과정에서 여러 문제가 발생할 수 있다. 이러한 팀에서 질적 분석가들이 활용해볼 수 있는 두 가지 방법이 있다.

1. 분업을 활용하라. 여러 연구자들이 서로 다른 장소에서 수행되는 연구 프로젝트의 한 부분을 맡거나 한 연구 내에서 서로 다른 역할을 수행하도록 할 수 있다. 예를 들면, 한 명은 연구를 조직하고 보고서를 작성하며, 다른 한 명은 면담을 수행하고, 또 다른 한 명은 관찰을 하면서 분석에 참여하는 것이다. 여기서 문제는 이러한 연구자들에 의해 수행된 작업을 어떻게 조직할 것인지, 그리고 이들 사이에 원활한 의사소통을 어떻게 보장할 것인지에 관한 것이다. 간단히 답하면, 이 장에서 논의한 모든 좋은 실천들을 행하는 것, 분석을 발전시켜나가는 과정에서 모든 팀원들의 공유를 촉진할 수 있는 정기적인 회의를 진행하고 이를 기록하는 것이다. 또한, 연구 프로젝트에서 산출된 모든 문서에 모든 팀원들이 수월하게 접근할 수 있도록 보장할 필요가 있다. 이러한 문서는 연구에서 수집된 자료를 비롯하여 팀원들이 작성한 이메일, 서신, 보고서 초안, 그 밖에 연구와 분석을 발전시키고자 진행된 회의와 논의 내용을 기록한 문서 등을 포함한다. 만약 CAQDAS를 이용하는 경우라면, 팀원들에게 프로젝트 자료와 소프트웨어에

대한 접근 권한을 제공할 수 있다. 이렇게 하는 경우, 분석에 대한 충돌이나 수정사항이 기록에 남지 않는 상황을 미연에 방지하기 위해 자료에 대해 읽기 전용(read-only) 권한을 부여하는 방안(또는 읽기 전용 버전의 자료를 보내는 방안)을 고려해볼 수 있다.

2. 한 번에 한 명 이상이 분석에 참여하도록 하라. 이러한 방식은 자신이 무엇을 하고 있는지 다른 연구자가 인식하고 있다는 것을 모든 연구자들이 알게 하는 등 엄격한 공동 작업을 필요로 하지만, 이처럼 분석을 공유하는 것에는 여러 이점이 있을 수 있다. 한 분석가의 작업을 다른 분석가의 작업과 비교함으로써 분석의 편향성을 피하고, 누락된 것을 감지하며, 분석의 일관성을 보장할 수 있기 때문이다.

코드 교차검토

분석에 대한 협업은 한 연구자가 작업한 내용을 다른 연구자가 작업한 내용과 대조하여 연구자 편향을 최소화하고 코딩의 신뢰성을 측정할 수 있음을 의미한다. 예를 들어, 동일한 자료를 사용하는 경우 한 연구자의 코딩을 다른 연구자의 코딩과 비교할 수 있다. 이는 이미 합의된 코드 세트가 있는 경우에만 의미가 있으며, 코드의 의미가 명확한지, 연구자들이 텍스트를 얼마나 일관성 있게 제대로 코딩을 하고 있는지 확인할 수 있도록 한다. 연구자들이 코딩하기로 결정한 단어나 구절에는 불가피하게 작은 차이가 있을 수 있다. 코딩이 어디서 시작되고 끝나는지에 대해서도 다소 임의적인 측면이 있다는 점을 기억하라. 이보다 중요한 것은 코드 이면에 존재하는 개념이나 아이디어이다. 바로 이것이 팀 내에서 합의해야 할 사항인 것이다. 이러한 개념은 명확하고 모호하지 않아야 한다. 이와 같은 절차는 팀이 해당 문제에 집중하는 데 도움이 될 것이다.

일반화 가능성

연구 보고서 작성 시 인용문뿐만 아니라 사례와 예시를 참고하도록 함으로써 당신의 분석이 자료에 어떻게 기초하고 있는지를 입증할 수 있다. 그러나 이러한 방법에는 위험이 있기도 하다. 첫 번째는 지나친 일반화의 유혹이다. 당신이 전하고자 하는 바가 '주택을 찾는 사람들 중 하나'를 의미할 때 '주택을 찾는 사람들…'이라고 쓰는 것은 너무 쉽다. 당신은 '주택을 찾는 사람들'이라는 말에 '일부'라는 단어가 함축되어 있다고 생각할지도 모르지만, '소수', '반 이상', 혹은 '주택을 찾는 사람들 중 60%'라고 말한다면 (어느 것이 적절하든 간에) 여러분의 분석에 확신을 더해 줄 것이다. 또한, 이와 같은 용어의 사용은 '선택적 일화주의(selective anecdotalism)'라고 불리는 것을 경계하도록 돕는다. 선택적 일화주의는 일반적인 주장을 하기 위해 전형적인 예를 사용하는 것을 의미한다. 당신의 분석을 설명하기 위해 아주 매력적인 예시들이나 심지어 이국적인 예시들을 골라내고 싶은 유혹을 느끼게 될 것이다. Bryman이 지적하듯, 연구 보고서에는 몇 가지 예시만 제시되는데 독자들은 그러한 예시들이 전형적인지 알 수 없고 저자들 또한 그들이 그러한 예시를 선택한 근거를 좀처럼 제시하지 않는다(Bryman, 1988). 여기서 제기될 수 있는 위험한 상황은 이국적이지만 전형적이지 않은 예를 사용하여 일반적인 장면으로 묘사하는 것이다. 그러나 빈도에 대한 참조를 사용하면 이러한 문제를 방지할 수 있다.

연구 프로젝트에서 탐구된 집단 및 장소를 넘어서는 일반화에 대해 주의해야 한다. 양적 설문에서는 무작위 표본 추출 전략을 기반으로, 예를 들면 여성 양육자의 40%만이 기관의 지원을 받은 반면, 남성 양육자의 경우에는 84%가 기관의 지원을 받았다고 제시하는 것이 가능하다. 무작위 표집이 적절한 방식으로 이루어졌다면, 이를 전체 모집단으로 일반화하여 일반적으로 남성이 여성보다 기관으로부터 더 많은 지원을 받는다고 정당화할 수 있다는 것이다. 그러나 질적 연구의 경우 무선 표집이 이루어지는 경우가 거의 없기 때문에 이를 보증할 수 있는 방법이 없다. 보다 일반적으로, 질적 연구에서의 표본 추출은 이론적 기반에 기초를 두고 이루어진다. 즉, 개인이 속한 하위집단이 일반 인구에서 차지하는 비율을 고려하기보다 해당 집단의 대표성을 지닌 개인(예: 나이 든 아시아 여성)이 연구에 참여한다. 질적 연구에서는 흥미롭고 다양한 응답을 제공할 것으로 판단되는 이들이 연구 참여자로 선정된다. (질적 연구에서) 집단 간에 발견되는 차이는 집단이라는 요인이 어떠한 영향을 미치는지 알려주기도 한다. 그러나 응답자의 비율을 토대로 그보다 넓은 모집단으로 일반화하려는 시도는 지양해야 한다.

이러한 점에서 볼 때 '해당 집단의 50%가 …라고 생각했다'와 같이 진술하는 것이 좋은 예가 될 수 있다. 왜냐하면 이것이 해당 연구의 참여자들 사이에서 상당히 일반적인 반응이었다는 것을 보다 정확하게 보여주기 때문이다. 반대로, '따라서 (표본이 추출된) 일반 인구의 50%가 …라고 생각한다'라고 말하는 것은 좋은 예가 아니다. 해당 연구의 참여자들이 인구 전체로 일반화될 수 있다고 보장할 수 없기 때문이다. '표본은 꽤 전형적이어서 인구의 절반 정도가 그렇게 생각할 것으로 예상된다'라고 진술하는 것이 최선일 것이다. 그러나 이 경우에도 표본이 실제 전형적이며 응답자에게 질문한 내용과 조사 방법이 그들의 답변을 편향시킬 가능성이 거의 없다는 점을 입증할 적절한 근거가 필요하다.

분석 윤리

윤리적 실천은 분석의 질을 높인다. 이와 동시에, 제대로 수행되지 않거나 보고되지 않은 분석은 비윤리적이다. 모든 연구는 모종의 해를 끼치거나 비용을 요구한다. 적어도 이러한 모든 것들은 자신의 삶에 접근하도록 허용하고 면담을 진행할 시간을 제공하는 이들의 호의에 달려 있다. 다행스럽게도, 좋은 연구는 어느 정도 선한 일을 할 수 있다. 인간과 사회에 유익한 방식으로 우리의 이해를 확장하고, 모든 이에게 도움을 주는 실천과 행동의 변화를 일으킬 수 있는 것이다. 연구 윤리의 핵심은 연구에 따르는 피해나 비용을 최소화하고 이러한 이점을 극대화하는 것이다.

Mason은 질적 연구와 분석이 지닌 특정한 본질이 자료의 풍부함과 새로운 설명이라는 두 가지 특정한 상황을 만들어내며, 연구라는 이러한 상황을 허용할 필요가 있다고 주장한다(Mason, 1996, pp. 166-7).

풍부한 자료

질적 자료는 비교적 풍부하고 상세하며, 이러한 특징은 연구에 관여한 사람들의 기밀성과 사생활을 유지하기 어렵게 한다. 면담자인 당신은 오직 친한 친구들만이 들을 수 있는 자세한 것들을 들을 수 있게 될 것이다. 이것은 연구자와 정보제공자의 관계가 상호신뢰와 친밀함의 일종임을 의미한다. 연구를 설계할 때 이러한 관계를 반영하는 것은 매우 중요하다. 여기서 연구를 이끄는 두 가지 원칙은 첫째, 연구 참여자들에게 해를 끼치지 않아야 한다는 것이고, 둘째, 연구가 긍정적이고도 분명한 이점들을 창출해내야 한다는 것이다. 당신은 질적 연구를 비롯한 어떤 종류의 연구에서 연구 참여자들에게 요구되는 것이 오직 시간뿐일지라도 그에 대한 비용을 지불해야 한다고 생각할지도 모른다. 그러나 질적 연구의 많은 참여자들은 실제로 그러한 참여 자체를 즐기며, 그러한 활동으로부터 실질적인 이익을 얻게 된다. 그럼에도 불구하고, 어떤 경우에는 연구 참여자들이 이야기하는 것들이 그들에게 스트레스를 주거나 감정적 해를 입힐 수도 있고, 어떤 경우에는 그들이 전한 이야기가 그들을 어떠한 위험에 처하게 할 수도 있다(예를 들면, 연구 상황에서 당신이 그러한 사실을 알게 되는 것을 원치 않는 타인들에 의해 연구 참여자가 위험에 처하게 되는 것). 자료 분석의 측면에서도 역시 비슷한 문제가 발생할 수 있다. 따라서 다음의 사항들을 특별히 고려해야 한다.

- 연구참여 동의: 정보제공자들이 당신을 돕기로 결정하고 그들에게 익숙한 언어로 그러한 협조를 결정을 할 수 있도록(예를 들면, 지나치게 전문적인 용어는 피할 것) 연구에 관한 정보를 제공하라. 서면 동의서를 받고, 만약 연구 참여자가 이에 능숙하지 않은 경우라면(예를 들면, 어린 아이들) 대리인의 동의를 받는다. 상술했듯, 이러한 동의서를 통해 연구 참여자는 결과적으로 언제든지 연구참여를 철회할 수 있는 권리를 갖게 되며, 연구자가 응답자를 대상으로 연구의 타당성을 검증하는 경우 응답자들은 그들이 말한 내용을 철회할 수 있는 권리를 갖게 된다.
- 전사본의 익명성: 본서의 2장에서는 익명성을 보장하기 위한 몇몇 기술을 논의하였다. 질적 연구에서 수집되는 자료의 풍부함 때문에 기밀성과 사생활을 보장하는 일은 질적 연구에서 상당히 까다로운 문제가 되곤 한다. 연구가 가정이나 직장에서 수행되는 경우에는 이러한 문제가 더욱 커질 수 있는데, 응답자와 장소에 관한 세부 사항들을 익명화하거나 숨기기 어렵기 때문이다. 그러므로 연구 참여자의 사전 동의를 구하는 과정에서 당신이 모든 자료에

대한 익명성을 보장하는 데에는 한계가 있음을 분명히 밝힐 필요가 있다. 당신이 연구를 수행하는 장소에 가까이 있는 이들에게 누가 누구이고, 어디가 어디인지 알아내는 것이 그리 어렵지 않다는 것을 알 것이다.

이러한 문제는 단순히 연구 보고서상 연구 결과에 익명표기를 하는 것을 넘어선다. 접근 권한이 없는 사람들이 당신의 익명화된 자료에 접근하지 못하도록 하는 것이 중요하다. 가장 기본적인 수준에서는 친구나 동료들이 원자료를 보지 못하게 하는 것을 의미할 수 있다. 당신의 친구나 동료들이 원자료에 대해 다른 이들에게 이야기하고, 당신이 탐구한 장소에 있는 이들에게 이러한 정보가 전달되는 경우를 생각해보면, 이 문제가 매우 중요함을 알 수 있다. 연구가 수행되는 곳이 커다란 논쟁의 여지가 있거나, 불법적이거나, 위험하거나, 혹은 이 모든 특징을 지니고 있는 곳이라며 문제는 더욱 커질 수 있다. 내 동료 중 하나는 북아일랜드 테러리스트 집단에 속했던 연구 참여자를 만난 적이 있었다. 당시 그는 누구(적합한 배경을 지닌 믿을만한 누군가)와 면담을 해야 하는지에 관해서 뿐만 아니라 전사본을 안전하고 무사한 곳에 저장할 수 있는 장소를 찾는 데 있어서도 매우 세심한 주의를 기울였다. 그가 북아일랜드 사람이 아니라는 점은 이러한 과정에 도움이 되었지만, 그럼에도 불구하고 그러한 정보저장소에 대해 커다란 주의를 기울여야 했다. 물론 (익명표기를 하지 말라는 연구 참여자의 허락이 있는 경우가 아니라면) 그가 출간한 어떤 문헌도 익명이 사용될 것이라는 점에는 두말할 나위가 없다.

- 전사: 물론 (면담이나 현장 노트의) 전사본이 최대한 원문에 충실해야 할 것이다. 그러나 본서의 2장에서 제안한 것처럼 전사자들을 고용하는 경우 그들도 모든 것을 들을 수 있다는 점을 기억해야

한다. 이는 전사자들을 고용하는 것이 연구의 그 어떤 기밀성도 깨뜨리지 않을 것이며, 전사자들 역시 그들이 전사하고 있는 내용의 영향을 받을 수 있다는 점을 분명히 해야 한다는 것을 의미한다. 여기서 생각해보아야 할 또 다른 문제는 최종 보고서에서 인용된 발췌문이 연구 참여자들에 어떤 인상을 주게 될 것인지에 관한 것이다. 연구 참여자들은 평범하게, 파편화된 방식으로, 주저하거나 문법에 맞지 않는 방식으로, 또는 구어적인 방식으로 이야기했을 수도 있다. 그리고 그것을 기록하는 과정에서 당신은 그러한 방식을 어느 정도 보존했을 수 있다. 그러나 대부분의 연구 참여자들은 (익명표기가 되어도) 그러한 단어를 볼 때 그것이 자신의 단어라는 점을 인식할 것이고, 일부는 자신이 말한 것이 문자 그대로 보고된 것에 화가 날 수도 있다. 다시 한번 말하지만, 만약 당신의 연구에서 이러한 과정을 거칠 예정이라면 연구참여 동의를 얻을 때 이러한 사안에 대해 언급할 필요가 있다.

• 장기적인 폐기 또는 보존: 특정 시간이 지난 후 연구자들이 연구 프로젝트의 모든 자료를 파기하는 일은 윤리위원회의 요청에 따라 점점 더 일상화되어가고 있다. 이 작업이 제대로 수행된다면, 기밀성과 익명성에 대해 더 이상 염려할 필요가 없을 것이다. 그러나 이와 같은 파기는 지나치게 조심스러운 것으로 느껴지기도 한다. 물론 자료 보관과 관련한 요구 사항을 수행하는 것에도 직접적인 어려움이 있다. 최근에는 질적 자료를 재분석하는 것에 대한 관심이 높아지고 있다. 오래된 연구 프로젝트에서 수집되었던 자료들을 보관하거나 적어도 보존하지 않았더라면 불가능했을 일이다. 게다가, 그들이 전한 이야기가 모종의 변화를 만들어 낼 수 있다는 희망을 가지고 연구 프로젝트에 아낌없이 시간을 내어 준 많은 응답자들은 그들이 전한 이야기가 파기되고 있다는 것을 알게 될 때

불쾌감을 느낄 수 있다. 그러므로 장기적인 비밀유지와 익명성의 문제만 적절하게 다뤄질 수 있다면, 필자는 나중에 다른 연구자들이 그러한 자료를 사용할 수 있도록 연구 자료를 보존할 수 있는 적절한 방법을 찾아야 한다고 생각한다. 가장 간단한 방법은 이러한 목적에서 만들어진 자료 보관소에 자료를 보관하는 것이다. 영국의 경우 국가적으로 중요한 자금지원 연구 프로젝트와 자료를 보관하는 국가 수준의 자료 저장소가 있지만, 대학 및 지방 정부와 같은 다른 많은 기관들도 자료 보관소를 운영하고 있다. 국가 수준의 자료 보관소에는 보존의 대상, 익명성을 보장하기 위한 방법, 자료 보관 형식에 관한 표준이 잘 정의되어 있다. 마지막으로, 전자/디지털 자료를 다룰 때 이러한 문제는 특히 중요하다. 인쇄본의 경우, 시간이 지남에 따라 잉크는 희미해지고 종이는 썩거나 먼지로 변할 수 있지만 적절한 큐레이션을 거치면 수백 년 동안 지속될 수 있다. 그러나 디지털 파일에는 이러한 방법이 적용되지 않는다. 일부 디지털 저장매체의 경우 몇 년이 지난 후 데이터 손실이 발생하는 경우도 있지만, 이보다 더 일시적인 것은 이와 같은 자료가 저장되는 형식이다. 불과 10여 년 만에 이전의 소프트웨어에서 만들어진 파일들은 그 형식이 바뀌었고, 그러한 파일을 읽을 수 있는 소프트웨어를 현재는 사용할 수 없거나 현재의 컴퓨터에서는 그러한 소프트웨어가 실행되지 않아 결국 읽을 수 없게 되었다. 이는 지역의 자료 보관소에 자료를 보관할 경우 고려해야 할 사항이다. 가장 좋은 방법은 국가 수준의 자료 보관소가 규정한 문서 관련 지침을 따르는 것이다. 이 경우 이후에 읽을 수 없게 될 파일 형식을 사용하는 것을 피할 수 있다. 현재 CAQDAS를 사용하고 있다면 특히 문제가 된다. 수년간 많은 프로그램이 제작과 유지 및 배포를 중단했다. 이제 이러한 프로그램에서 연구 프로젝트의 파일을 읽는 것이 매우 어렵다. 가장 좋은 것은 당신의 연구를 출판하고, 그것에 대한 보고서를 만들고, 실제 수행된 분석 작업들이 그러한 문서에 보존되는 것이다. 그러나 수집된 자료에 대해서는 별도의 보존이 필요할 것이다. 이러한 자료는 CAQDAS 프로그램의 프로젝트 파일이 아닌 워드 프로세서와 이미지 및 비디오 파일로 보관하는 것이 좋다.

예기치 않은 변경에 대한 설명

질적 연구에서는 무엇을 발견하고 어떤 결론에 도달하게 될지 처음부터 예측하는 것이 어렵다. 분석 도중에 연구의 초점이 변경될 수도 있는데, 이러한 경우 새로운 윤리적 딜레마가 발생될 수 있다. Mason이 전하는 바와 같이, 이는 질적 연구자들이 이처럼 도중에 발생하는 사안들을 다루기 위해 윤리적, 정치적으로 의식 있는 관행들을 만들어 갈 필요가 있음을 의미한다. 이러한 사안들은 다음에 영향을 줄 수 있다.

- 피드백: 당신은 연구 참여자들에게 연구 결과에 대한 몇몇 피드백을 제공할 수 있다. 이 경우 피드백은 연구 참여자가 이해할 수 있으면서도 연구 참여자들의 기밀성과 사생활을 보호하고, 연구에 협조하기로 결정한 연구 참여자들의 노력이 가치 있는 일이었다는 것을 보여주는 방식으로 제공되어야 한다. 연구 참여자를 통해 흥미롭고 가치 있는 결과들이 도출되었다는 것을 알려주는 것이다. 그러나 이것이 늘 간단하지는 않다. 일반적인 원칙이 있다면, 그러한 피드백이 당신의 연구에 관여한 사람들뿐 아니라 더 넓은 사회에도 어느 정도 도움이 되어야 한다는 것이다. 연구에 참여함으로써 모종의 이익을 얻게 된다고 생각하지 않는 사람들을 연구하는 경우에는 문제가 생길 수 있다. 가장 먼저 떠오르는 예는 범죄자나 증오

집단에 대한 연구를 수행하는 경우이다. 물론 개인적, 정치적 입장에서는 연구 참여자로 선정하고 싶으나 연구 참여에 대한 혜택은 제공하고 싶지 않은 보다 광범위한 집단을 생각해볼 수도 있다. 가령, 연구자들이 그들이 연구한 축구 훌리건과 국민전선(영국의 극단적이고 인종차별적인 정치 집단)의 일원들에게 늘 공감하는 것은 아닐 것이다. 연구 참여자들이 당신의 분석 내용을 읽을 때 발생할 수 있는 또 다른 문제는 당신이 그들의 입장에 충분한 비중을 두거나 신뢰하지 않았다고 느낄 수 있다는 것이다. 당신의 연구에서 다양한 관점을 조사한 경우, 당신은 그러한 관점들 중 특정한 관점에 우선순위를 두거나 지위를 부여해야 할 어떠한 이론적 필요성도 느끼지 못할 것이다. 달리 말하면, 당신은 일종의 상대주의자(relativist) 혹은 구성주의 관점을 취하게 되는 것이다. 그러나 연구 참여자들은 이러한 식으로 보지 못할 수 있고, 당신이 그들에 대해 설명한 것이 그들의 입장을 비하하거나 심지어는 사실이 아니라고 느낄 수도 있다. 여기서 사용할 수 있는 한 가지 전략은 특정 집단에게 그 집단에 대한 정보만을 제공하는 별도의 보고서를 준비하는 것이다. 연구에서 수행된 비교 분석은 상대적으로 덜 공개적이고 더 수용적인 학술지 독자들을 위해 잠시 보류해둘 수 있다.

- 출판: Finch(1984)는 연구자와 정보제공자 사이에 만들어진 높은 신뢰도를 생각할 때 질적 연구자는 다른 이들이 자신의 연구를 어떻게 사용할지 예측해야 하는 특별한 책임이 있다고 주장한다. 이는 특히 위에서 논의한 성찰과 관련된 사안 중 하나로 볼 수 있다. 예를 들면, (물론, 위에서 언급했듯 반드시 발언권이 있어야 한다고 느껴지지 않는 경우도 있겠지만) 자신의 견해를 표현할 기회가 거의 없는 연구 참여자들에게 발언권을 주는 것이다. 보조금을 지원받은 연구의 경우에는 이에 더하여 또 다른 문제를 다루어야 한다. 분석

결과의 예측 불가능성이 보조금 제공자들의 이익에 예상치 못한 영향을 끼치게 되는 경우가 있기 때문이다. 최근 몇 년간 보건 및 범죄 연구에서 연구 후원자(정부 및 경찰 포함)가 질적 연구의 최종 결과에 불만을 품은 사례가 여러 건 있었다. 이는 다루기 어려운 사안이며, 쉽게 따를 수 있는 지침도 존재하지 않는다.

이 장의 핵심 내용

- 연구의 질에 관한 전통적인 염려는 연구가 타당하고(어떤 일이 벌어지고 있는지를 정확히 포착하고), 신뢰성이 있으며(일관된 결과를 제공하며), 일반화 가능성이 높아야(보다 광범위한 환경에도 적용할 수 있는) 한다는 것이었다. 그러나 이러한 생각을 질적 연구에 적용하는 것은 어렵고, 논쟁적이며, 심지어 적절하지도 않다.
- 질적 연구자들은 그들의 연구가 불가피하게 그들 자신의 배경 및 사회적 환경과 선호도를 반영한다는 것을 인식할 필요가 있다. 따라서 그러한 것들이 연구에 미칠 수 있는 영향에 대해 숨기지 않고, 연구의 결론과 여러 설명들이 도출된 과정을 분명하게 설명하는 것이 좋다. 이러한 개방성을 보여주는 주된 방법은 연구 보고서에 인용문을 사용하여 그 증거를 제시하는 것이다.
- 삼각검증법과 응답자 점검 모두 명백한 오류와 누락을 피하는 데 활용될 수 있다. 삼각검증법은 다양한 원천으로부터의 정보를 활용하는 것을 포함한다. 전사본이나 분석 내용을 연구 참여자들과 함께 확인하는 것은 새로운 탐구나 참신한 해석을 가능하게 할 수도 있다. 적절한 변이들이 설명되었는지, 코딩이 일관성 있게 진행되고 있는지를 확인하기 위해서는 지속적 비교를 활용하라. (이러한 과정은 코딩 과정에서 발생하는 명백한 표류를 피하도록 할 것이다.)
- 팀 단위로 연구를 수행할 때에는 작업을 수행하고 분석 내용을 조율하는 데 있어 많은 추가적인 문제가 야기될 수 있으나, 또 한편으로는 교차점검(예를 들면, 코딩에 대한)이 가능해진다.
- 선택적 일화주의를 피하고, 연구 결과가 보다 광범위한 장소에 주는 유의미성에 대해 설명할 때 특별한 주의를 기울임으로써 과도한 일반화의 유혹을 피하라.
- 연구 윤리의 핵심은 연구의 혜택과 (아주 사소한 것일지라도) 그러한 혜택에 반하여 초래될 수 있는 해악 사이에 균형을 맞추는 것이다. 질적 자료는 매우 상세하기 때문에 기밀성이 침해될 수 있는 위험이 늘 존재한다. 따라서 익명표기가 특히 중요하다.

더 읽을거리

질적 연구의 질 관리와 윤리 문제에 대한 추가 정보는 아래 문헌에서 확인할 수 있다.

Brinkmann, S. and Kvale, S. (2018) Doing Interviews (Book 2 of The SAGE Qualitative Research Kit, 2nd ed.). London: Sage.

Flick, U. (2018) Managing Quality in Qualitative Research (Book 10 of The SAGE Qualitative Research Kit, 2nd ed.). London: Sage.

Marshall, C. and Rossman, G. B. (2015) Designing Qualitative Research, 6th ed. London: Sage.

Ryen, A. (2004) 'Ethical issues', in C.F. Seale, G. Gobo, J.F. Gubrium and D. Silverman (eds), Qualitative Research Practice. London: Sage, pp. 230–47.

Seale, C. F. (1999) The Quality of Qualitative Research. London: Sage.

제8장

컴퓨터 기반 질적 데이터 분석의 기초

데이터의 질적 분석을 지원하는 프로그램

프로젝트에 텍스트 데이터를 가져오기 위한 준비

새로운 프로젝트

문서

코딩

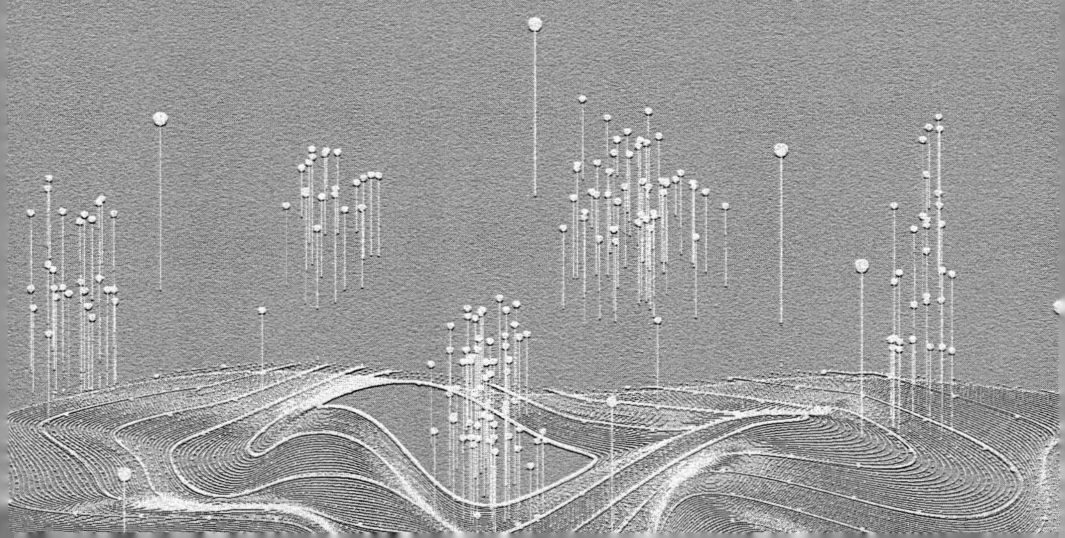

제8장

컴퓨터 기반 질적 데이터 분석의 기초

• 이 장의 목적 •

- 컴퓨터 기반의 질적 분석 소프트웨어의 장점과 일부 단점을 이해한다.
- 이 장에서 구체적으로 다루고자 하는 세 개의 프로그램(ATLAS.it, MAXQDA, NVivo)에 대해 안다.
- 문서를 준비하고, 프로젝트를 시작하며, 문서를 불러오고 검토하는 방법을 이해한다.
- 소프트웨어를 사용하여 코딩하고 텍스트를 검색하는 방법을 안다.

테크놀로지의 활용은 질적 데이터 분석을 여러 면에서 변화시켰다. 첫째, 녹음 장비의 도입으로 인해 질적 데이터의 수집 방식이 바뀌었을 뿐 아니라 새로운 분석 방법도 가능해졌다. 인터뷰, 대화 등과 같이 완전한 기록처럼 보이는 것을 쉽게 얻을 수 있어 말한 내용과 표현 방식을 훨씬 더 면밀히 검토할 수 있다. 내러티브, 대화 및 담화 분석은 음성 녹음을 하지 않고서는 불가능하다고 볼 수는 없어도 매우 어려울 수 있다. 그러나 무엇보다도 1980년대 중반 이후 질적 연구에 가장 큰 영향을 미친 기술은 개인용 컴퓨터였으며, 초기에는 컴퓨터가 지원하는 질적 데이터 분석 소프트웨어(CAQDAS)에서 시작하여 최근에는 디지털 카메라, 디지털 오디오 및 비디오 등과 같은 디지털 테크놀로지의 도입에 이르고 있다.

데이터의 질적 분석을 지원하는 프로그램

질적 분석을 수행하려면 많은 양의 텍스트, 코드, 메모, 노트 등을 주의 깊고 복합적으로 관리해야 함을 앞 장에서 언급하였다. 실제로 효과적인 질적 분석의 전제 조건은 효율적이고 일관되며 체계적인 데이터 관리라고 말할 수 있다. 이러한 요구 사항을 충족하는 컴퓨터는 이상적인 작업 환경을 제공한다. 질적 분석을 위한 소프트웨어는 이러한 분석의 모든 측면을 관리하는 강력하고 구조화된 방법을 제공한다. 기본적으로 CAQDAS 프로그램은 일종의 데이터베이스지만 대부분의 데이터베이스를 훨씬 능가하는 데이터 처리 방법을 지원한다. 이를 통해 연구자는 자신의 직감, 아이디어, 검색 및 분석의 결과 등을 효과적으로 관리하고 기록할 수 있으며, 데이터에 접근하여 조사 및 분석을 실시할 수 있다. 그러나 질적 분석 프로그램은 워드 프로세서 자체가 의미 있는 텍스트를 작성해 주지 않지만 문서를 작성하고 편집하는 과정을 훨씬 수월하게 해주는 것처럼 연구에 도움을 준다. CAQDAS를 사용하면 질적 데이터를 더 쉽고 정확하며 신뢰할 수 있고 투명하게 분석할 수 있지만, 그렇다고 해서 이 프로그램이 연구자를 위해 읽고 생각해 주지는 않는다. CAQDAS에는 보고서 및 요약을 생성할 수 있는 다양한 도구가 있지만 이에 대한 해석은 결국 연구자의 몫이다.

정교한 검색과 결합된 텍스트의 코딩과 검색을 가능하게 하는 소프트웨어의 도입은 중요한 발전이었다. 이러한 코드 및 검색 기능을 사용하면 텍스트 덩어리(또는 이미지의 일부)로부터 특정 데이터를 선택하여 코드를 부여할 수 있을 뿐만 아니라, 문맥을 보존하면서 유사하게 코딩된 모든 텍스트를 쉽게 검색할 수 있다. 즉, 특정 텍스트가 어디에서 왔는지에 대한 정보가 사라지지 않는다. 최근 일부 CAQDAS는 분석 절차를 지원해 주기도 한다. 프로그램은 연구자가 텍스트의 특징과 상호 관계를 연구하는 데 도움이 되는 다양한 기능을 제공한다. 이러한 기능은 종종 이론 구축자(theory builder)라고 불린다. 그 이유는 프로그램 스스로 이론을 구축할 수 있기 때문이 아니라, 연구자가 이론적 아이디어를 도출하고, 비교하고, 가설을 검증하는 데 도움이 되는 다양한 도구를 포함하고 있기 때문이다.

CAQDAS의 단점

CAQDAS를 사용하면 얻을 수 있는 많은 이점이 있지만 동시에 한계도 있다. Fielding과 Lee(1998)는 그러한 단점에 대해 다루고 있다. 이들은 CAQDAS를 활용한 연구에서 면담을 실시한 연구자들의 경험에 비추어 질적 연구와 컴퓨터에 의한 지원에 대해 논의한다. 그들이 지적하는 문제 중 하나는 면담을 통해 수집된 데이터와의 거리가 발생한다는 점이다. 종이로 된 자료를 분석하는 연구자들은 컴퓨터를 사용하는 것보다 면담 참여자의 말이나 현장 노트를 더 가깝게 느낀다고 말한다. 이것은 아마도 초기의 많은 프로그램이 코딩될 때 검색된 텍스트의 맥락을 분석하기 위해 데이터로 돌아가지 않았기 때문일 것이다. 이와 달리 최근에 나온 프로그램은 이런 점에서 탁월한 기능을 보유하고 있다. 많은 사용자와 일부 연구자들이 제기하는 두 번째 문제는 많은 소프트웨어가 근거이론의 영향을 너무 많이 받는 것처럼 느낀다는 점이다. 4장과 6장에서 논의된 이 접근 방식은 질적 연구자와 소프트웨어 개발자 모두에게 매우 인기가 있다. 그러나 Fielding과 Lee가 지적한 바와 같이, 프로그램이 더욱 정교해짐에 따라 어떤 분석적 접근 방식과의 연관성은 줄어들고 만다. 세 번째 문제는 일부 사람들이 지적하고 있듯 코딩과 검색 접근 방식을 지나치게 강조한다는 점이다. 일부 연구자들은 이것이 데이터를 분석하기 위해 사용되는 전혀 다른 기술(예: 하이퍼링크)을 사용하려는 연구자에게는 적합하지 않다는 점을 언급한다. 그러나 대부분의 CAQDAS를 통해 가장 잘 지원되는 분석 방법에서 코딩은 핵심에 해당되며, 일부 소프트웨어에는 연결 기능이 있지만 코딩을 원활하게 지원할 만큼 잘 개발되어 있지는 않다.

프로그램의 주요 특징

CAQDAS의 코드 및 검색 기능의 보급에도 불구하고 프로그램 간의 접근 방식에는 뚜렷한 차이가 있다. 우리는 하나의 프로그램이 시장을 지배하는 워드 프로세싱 주도의 상황에 살고 있다. 어떤 프로그램은 특정 종류의 분석에서 더 뛰어나고 어떤 목적에서 다른 것보다 우위에 있다. 분석을 시작하기 전에 어떤 소프트웨어를 사용할지 선택하기 위해서는 해당 소프트웨어가 어떤 장점이 있는지를 아는 것은 매우 중요하다. 이를 확인할 수 있는 하나의 방법은 소프트웨어 개발을 담당하는 기관에서 운영하는 웹 사이트이다. 해당 회사의 홈페이지는 종종 프로그램 시험을 위해 다운로드가 가능한 데모 버전의 프로그램을 제공한다. 데모 프로그램은 저장 기능이 활성화되어 있지 않거나 문서 혹은 분석 실행의 횟수를 제한한다.

이 글을 쓰는 현재를 기준으로 질적 연구자들이 가장 많이 사용하는 프로그램은 세 가지 정도이며, 그중 많은 프로그램이 대학 네트워크를 통해 학생들에게 제공되고 있다. 대표적으로 버전 8이 출시된 ATLAS.ti, WinMax로 시작된 프로그램의 최신 버전인 MAXQDA 12, 그리고 Nud.ist.에서 출발하여 현재 버전 11까지 나온 NVivo이다[3]. 이 외에도 분석 프로그램은 더 있다. HyperResearch와 QDAMiner가 출시된 지도 이미 수십 년이 되었으며, Quirkos 및 f4Analyse와 같은 프로그램은 비교적 최근에 나왔다. 일부는 멀티미디어, 특히 영상 분석에 중점을 두고

3) 역자 주: 원문 그대로를 옮기기는 하였으나 번역을 하는 시점에는 이미 각 분석 패키지의 후속 버전이 출시되었다.

있으며 여기에는 DRS(디지털 재생 시스템), Transana, MiMeG(혼합 미디어 그리드)가 있다. 최근에는 DEDOOSE, Saturate, QCAmap과 같이 인터넷을 통해 작동하는 소프트웨어도 나왔다. 마지막으로, AQUAD, QCAMap, QDAMiner Lite, RQDA, Weft와 같은 무료 프로그램도 있지만 현재는 더 이상 지원이 되지 않는 경우도 있다.

앞서 언급한 대표적인 세 가지 프로그램은 다음과 같은 유사한 기능을 보유하고 있다.

- 많은 양의 텍스트 불러오기와 보여주기
- 대부분의 경우, 위계 구조의 형태로 코드 목록을 구성하기
- 코딩된 텍스트 검색
- 원본 문서의 맥락에서 코드화된 텍스트의 검사
- 코드 및 문서에 연결할 수 있는 메모 작성
- 차트의 항목이 프로젝트의 질적 코드 및 데이터와 직접 연결되는 유연한 네트워킹 또는 차트 작성 기능

그러나 차이점도 있다. MAXQDA와 NVivo는 위계적 코딩을 매우 간단하게 지원하지만 ATLAS.ti는 네트워크 기능과 코드 그룹을 통해 위계를 지원한다. 모든 프로그램은 텍스트 파일, Word 문서 및 pdf 문서를 불러오고 편집할 수 있다. MAXQDA는 가장 배우기 쉽고 접근하기 쉬운 인터페이스를 가지고 있다. 모든 프로그램에는 매우 강력한 쿼리(query)[4] 기능이 있으며, NVivo가 아마도 가장 강력할 것이다. 비교를 위한 표 사용을 지원할 수 있는 유형의 매트릭스 검색이 포함되어 있기 때문이다(뒤에서 더 다룰 예정). ATLAS.ti는 다른 프로그램과 마찬가지로 네트워킹(차트) 기능을 가지고 있으며 이는 분석에 직접 연결된 논리적

4) 역자 주: 단어 빈도 분석 등이 가능한 NVivo의 기능

관계의 내장된 세트와 함께 제공된다.

모든 프로그램에서 이미지, 음성, 영상 및 설문조사 데이터(엑셀 스프레드시트 형식)를 불러와서 재생하거나 보여줄 수 있고 이를 코딩할 수 있다. ATLAS.ti는 재생 시간이 긴 영상 및 음성 녹음 자료를 처리하는 데에 최고의 인터페이스를 가지고 있다. 여기에서 이와 같은 데이터를 다루는 방법에 대한 세부 정보를 제공하기는 어렵기 때문에 소프트웨어 안내 영상을 확인하거나 가이드 내용을 읽어볼 것을 권한다.

이하 내용에서는 먼저 이 세 가지 프로그램의 기본적인 기능을 살펴보고 앞서 논의한 분석의 종류를 반영하여 다루게 될 것이다. 프로젝트를 설정하는 방법, 분석할 문서를 소개하는 방법, 간단한 코딩 및 검색 방법을 제시한 뒤, 다음 장에서는 CAQDAS 프로그램에서 가장 중요한 도구인 검색 및 쿼리 기능을 검토하고자 한다.

프로그램 사용 방법 학습과 도움받기

각각의 프로그램에는 전용 웹 사이트가 있으며 이로부터 프로그램 다루는 방법을 학습하는 데에 도움이 되는 많은 정보를 찾을 수 있다. 각 사이트에는 교육 또는 학습 자료 모음에 대한 링크가 있다. 간단한 시작하기 문서와 동영상 등이 도움이 될 것이다. 여기에서 이 자료를 재생하기보다는 각 프로그램에서 수행해야 하는 주요 작업과 절차를 간략하게 설명하고 단계를 배우기 위해 사용 중인 프로그램을 다루고 있는 적당한 영상을 보는 것은 여러분의 몫으로 남기고자 한다. 필자는 이 소프트웨어를 수년간 사용해 왔지만 설명보다 오히려 소프트웨어 사용법에 대한 짧은 영상이 더 유용하다는 것을 알게 되었다. 영상은 프로그램에서 어떤 작업을 수행하는 구체적인 방법이 소개되어 있고, 연구자가 거의 사용하지 않는 방법에 대해서도 알려주며, 새롭게 배워야 할 기능 및 사용 방법을 설명해주기 때문이다. 대부분의 경우, 이러한 영상은 소프트웨어 사용 방법을 알려주긴 하나 질적 분석을 수행하는 방법 자체를 알려주지는 않는다. 즉, 분석에서 수행하려는 작업은 이미 연구자가 알고 있다고 가정하고 소프트웨어가 이를 수행하는 데에 어떤 도움이 되는지를 설명한다. 이 장에서는 소프트웨어가 어떻게 작동하는지 뿐만 아니라 분석을 지원하는 방법도 설명하여 이러한 문제를 해결하고자 한다.

소프트웨어 개발 회사는 새로운 사용자들을 지원하기 위한 여러 방법을 가지고 있다. 많은 곳에서 교육과정(대면, 비대면)을 운영하며, 이후에 무료로 제공되는 영상 버전의 교육 자료를 제공하기도 한다. 회사들은 이제 프로그램 기능을 사용하는 것 이상의 지원에 대한 수요가 있음을 인식하고 있으며, 소프트웨어를 사용하여 특정 유형의 분석을 수행하는 방법을 다루는 질적 연구자의 연구물, 강연, 영상 등을 제공한다.

모든 소프트웨어 개발사는 사용자가 소프트웨어 사용에 대한 질문을 게시할 수 있는 온라인 포럼을 운영한다. 이러한 질문에 대해 경험이 풍부한 다른 사용자(예: 소프트웨어 관련 책의 저자)가 읽고 답하기도 하지만 회사 자체의 전문가도 답변을 제공한다. 따라서 권위 있는 답변을 얻을 수 있다. 포럼은 소프트웨어를 배울 때 그다지 유용하지는 않아도, 일단 프로그램에 익숙해지면 운영과 관련된 어려운 문제의 답을 찾거나 특이한 유형의 데이터 및 분석 작업을 처리하는 방법을 배울 수 있다. 새로운 질문을 올리기 전에 이전에 다른 사람들이 올린 질문과 답변을 검색해 보라.

또한 프로그램에는 그 안에서 접근할 수 있는 온라인 도움말 시스템이 있다. 이는 각 프로그램에 대한 신뢰할만한 정보라고 할 수 있으며, 질문이 정확할수록 특정 절차를 수행하는 방법에 대한 정확하고 폭넓은 답변을 얻을 수 있는 훌륭한 방법이 된다. 그러나 프로그램을 시작하는 단계에서는 사용하기가 쉽지 않다. 먼저 프로그램이 수행할 수 있는 작업이 무엇인지를 알아야 한다.

Windows와 Mac

최근의 중요한 변화 중 하나는 세 가지 프로그램이 모두 Windows와 Mac 버전으로 제공된다는 사실이다. 불과 몇 년 전만 해도 Windows 버전만 사용할 수 있었다. 이 점은 Mac 버전이 Windows 버전의 기능에는 다소 뒤처져 있음을 의미한다. MAXQDA는 이 점에서 가장 발전된 프로그램으로 Mac과 Windows 버전이 거의 동일하다. ATLAS.ti 및 NVivo의 Windows 버전에는 Mac 버전에 없는 몇 가지 기능이 있으며 반대로 Mac 버전에는 아직 Windows 버전에 없는 한두 가지 기능이 있다. 이 두 프로그램의 웹 사이트에는 어떤 기능이 있고 어떤 것은 없는지를 보여주는 비교 문서가 있다.

데이터와 프로젝트는 Mac 버전에서 Windows로 또는 그 반대로 전송할 수 있지만 프로젝트를 다른 운영 체제로 전송하기 전에 내보낼 버전을 '다른 이름으로 저장'해야 가능하다.

일부 프로그램에는 태블릿용 버전도 있다. 일반적으로 이들은 연구 현장에서 필요한 몇 가지 제한된 기능만을 제공하기 위한 것으로, 전체적인 분석을 수행하기 위해서는 데이터를 PC 소프트웨어 프로젝트에 업로드해야 한다. MAXQDA 및 ATLAS.ti에는 iOS 및 안드로이드용 무료 버전이 있다.

프로그램에는 프로젝트를 높은 수준에서 병합할 수 있는 기능도 있다. 이는 팀으로 작업하는 경우, 개별 연구자가 작업한 프로젝트를 병합할 때 유연하게 관리할 수 있는 방법을 제공한다는 점에서 매우 중요하다. NVivo는 공동 연구자들이 동시에 같은 프로젝트에서 함께 작업할 수 있는 서버 버전이 있으므로 이 분야에서 가장 진보된 기능을 제공하기 때문에 별도의 프로젝트 병합이 필요하지 않다.

프로젝트에 텍스트 데이터를 가져오기 위한 준비

앞서 2장은 전사와 분석을 위한 파일 준비에 대해 논의하고 이를 배치하는 몇 가지 방법을 다루었다. 이러한 권장 사항 외에도 이 세 가지 프로그램을 사용할 때 염두에 두어야 할 몇 가지 추가 지침이 있다. 모든 프로그램은 일반 텍스트 형식, 서식 있는 텍스트 형식(.rtf), 워드 파일(doc, docx)의 문서 파일을 불러올 수 있으며, 일부는 odf 파일도 가능하다. 아래 Box 8.1을 참고하라.

또한 pdf 파일을 불러와서 문서의 모든 서식과 이미지 및 시각적 레이아웃을 유지할 수 있다. pdf를 제외한 모든 문서는 프로그램에서 편집할 수 있지만 일반적으로 문서를 가져오기 전에 최대한 많이 편집하고 수정하는 것이 좋다.

Box 8.1 일반 텍스트, rtf 파일 및 pdf 파일

- **일반 텍스트**: 이는 최소한의 기준이 되는 문서 유형이다. 여기에는 다양한 글꼴, 색상, 글자 크기, 굵게, 기울이기, 로마자 텍스트, 줄 맞춤에 대한 정보가 포함되지는 않는다. 일반적인 텍스트에는 문자와 제한된 범위의 구두점 및 기호가 포함된다. 파일은 txt 확장자를 사용한다.
- **MS 워드 문서**: 이 형식을 사용하면 다양한 글꼴, 색상, 글자 크기, 굵게, 기울임 및 로마자 텍스트와 선 정렬 방식 등의 맞춤 형식을 유지할 수 있다. 파일을 프로그램에서 불러오기 전에 이 모든 포맷 작업을 수행하는 것이 가장 좋다. 그러나 워드 문서에는 각주, 주석, 이미지 등과 같은 다른 많은 기능도 포함될 수 있다. 이러한 기능은 파일을 가져올 때 프로그램에서 제대로 처리되지 않는다. 여기서 한 가지 선택은 파일에서 이러한 기능을 사용하지 않거나(문서가 면담 대본 또는 현장 노트인 경우 필요하지 않음), 문서를 워드 프로세서에서 pdf로 저장하지 않는 것이다.

- **rtf (rich text format) 파일**: MS Word를 사용하지 않고 파일이 doc 또는 docx 형식으로 저장되지 않으면 파일을 rtf로 저장해야 할 수 있다. 이 형식을 사용하면 다양한 글꼴, 색상, 글자 크기, 굵게, 기울임 및 로마자 텍스트와 선 정렬 방식과 같은 맞춤의 특정 형식을 유지할 수 있다. 그러나 워드 파일의 각주, 주석 및 기타 여러 기능은 저장되지 않는다.
- **pdf (portable document format) 파일**: pdf 파일은 이미지를 포함하여 문서의 모든 레이아웃과 시각적 기능을 담아내고 유지하도록 설계된 읽기 전용 형식의 파일이다. 세 가지 프로그램 모두 pdf 문서를 불러올 수 있고 모든 서식을 유지할 수 있지만 프로그램 내에서 pdf 파일을 편집할 수는 없다. 그러나 이미지의 모든 텍스트와 영역을 코딩하는 것은 가능하다.

ATLAS.ti에서는 문단을 그룹으로 묶을 수 있다. 문단 그룹의 끝은 두 개의 복귀하기로 표시된다. 이것은 코드에 링크할 인용문으로 문단 그룹을 선택할 수 있는 **자동 코드** 기능을 사용하고자 하는 경우에 중요하다. 예를 들어, 면담 참여자와의 인터뷰에서 각 참여자 응답 끝에 두 개의 복귀하기 기능을 넣고 다른 곳에서는 하나의 복귀하기를 사용할 수 있다.

NVivo는 문단 스타일을 사용하여 파일의 구역과 부분을 인식한다. 이는 MS Word의 스타일과 동일하며 한 가지 예외를 제외하면 기본 Word 형식을 적용한다. 구역은 제목 1, 제목 2 등의 제목 스타일을 사용하여 표시된다. 구역은 제목 형식에 있는 다음 문단의 시작 부분에서 끝이 난다. 이와 같은 구역은 NVivo에서 문서의 자동 코딩을 가능하게 한다. 여기서 일반적인 관행은 말하는 이의 이름을 문단 앞에 넣고 제목 스타일을 지정하는 것이다. 텍스트 검색 도구는 찾은 텍스트를 둘러싸는 구역으로 확산하고 생성된 새 코드로 코딩할 수 있다.

일반적인 내용

- 텍스트 전체를 통틀어 반복되는 말하는 이의 식별, 질문 머리글, 각 구역의 머리글 및 주제 머리글의 철자, 간격 등을 항상 일관되게 하라. 예를 들어, 'QU1:'과 'Q1:'을 혼합해서 사용해서는 안 된다. 텍스트 검색을 수행할 때 이 일관성에 의존해야 할 수도 있다. 비슷한 표기가 아니라 정확한 문자열을 찾는 텍스트 검색 도구를 사용하는 것이 더 쉽다. 파일을 깔끔하게 배치하라. 예를 들어, 말하는 이의 이름(또는 ID)을 대문자로 입력한 다음, 실제 텍스트 앞에 콜론이나 탭을 입력한다. 말하는 이의 이름을 뒤에 오는 텍스트와 같은 줄에 유지하는 것이 일반적인 방법이다. 그러나 NVivo를 사용하는 연구자라면 말하는 이의 이름을 한 줄에(즉, 그 문단에) 넣으면 프로그램에 구역 나누기를 표시하고 다음에서 사용할 수 있는 제목 스타일을 지정하거나, 특정 검색 및 자동 코딩 옵션을 사용할 수 있다. 각 화자(speaker) 앞에 두 개의 복귀하기를 넣으면 전사 자료를 더 쉽게 읽을 수 있다(온라인에서든 출력물이든 모두). ATLAS.ti를 사용하는 경우, 자동 코딩을 수행할 때 중요한 문단 나누기를 표시하기 위해 두 개의 복귀하기 기능을 사용할 수 있다. 이 경우 예를 들어 두 개의 복귀하기를 사용하면 면담자의 질문과 참여자의 응답 각 쌍의 시작 부분으로 제한할 수 있다.
- 가능하다면 너무 많은 데이터를 전사하기에 앞서 CAQDAS 프로그램을 사용하여 하나 또는 둘 정도의 파일로 작은 파일럿 프로젝트를 만들라. 코딩 및 검색, 텍스트 검색을 수행하여 데이터 형식이 제대로 작동하는지 테스트해 보는 것이 좋다.

새로운 프로젝트

프로그램을 처음 시작할 때 기존 프로젝트를 사용할지 아니면 새 프로젝트를 만들지 묻는 메시지가 표시된다. 이 시점에서 튜토리얼 파일을 열 수도 있다.

기본 ATLAS.ti 작업화면이 열린다. 이것은 열려 있는 상태로 유지되고, 메뉴와 탭을 통해 프로그램 기능을 사용할 수 있다. 아래 그림 8.1은 열린 텍스트 문서(4장에서 언급된 Barry와의 면담 내용)와 일부 코딩을 보여준다. 코드화된 라인은 색상이 있는 막대와 직사각형으로 표시되며 연관된 코드 또는 메모의 이름이 막대의 상단과 일렬로 표시된다. 막대 또는 코드 이름 위로 마우스를 가져가면 코드화된 실제 단어가 강조 표시된다. 왼쪽 창은 프로젝트에 사용된 문서, 코드, 메모 네트워크 및 그룹화의 위계 목록을 보여주는 프로젝트 탐색기이다.

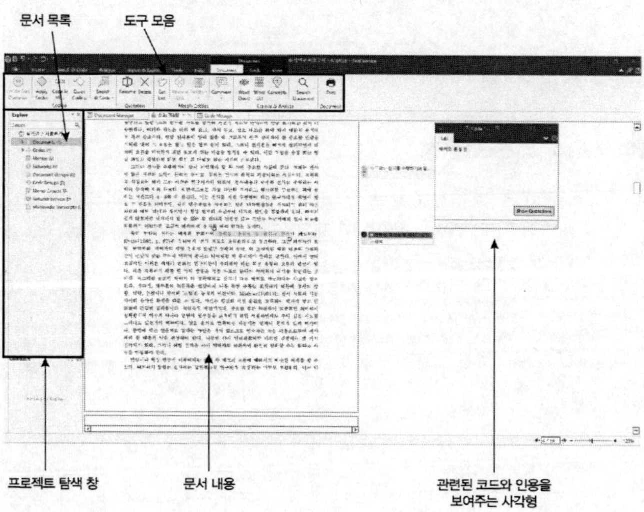

| 그림 8.1 | ATLAS. ti 작업화면

MAXQDA 데스크탑이 열린다. 그림 8.2를 참조하라. 네 개의 창, 즉 문서 시스템, 텍스트 브라우저, 코드 시스템 및 검색된 세그먼트가 있다. 각 창은 독립적으로 표시하거나 숨길 수 있으며 전체 창으로 확장할 수도 있다.

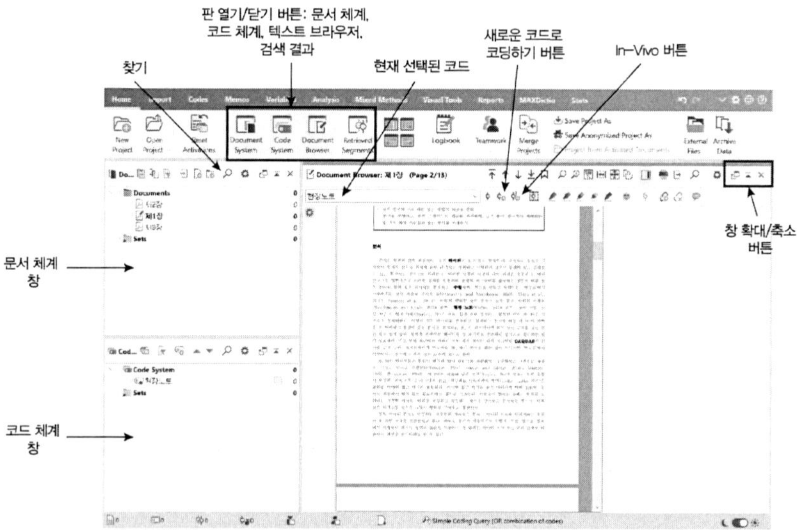

| 그림 8.2 | MAXQDA 데스크탑 창

메인 NVivo 창이 열리고 제목 표시줄에 새 프로젝트의 이름이 표시된다. 그림 8.3을 참조하라.

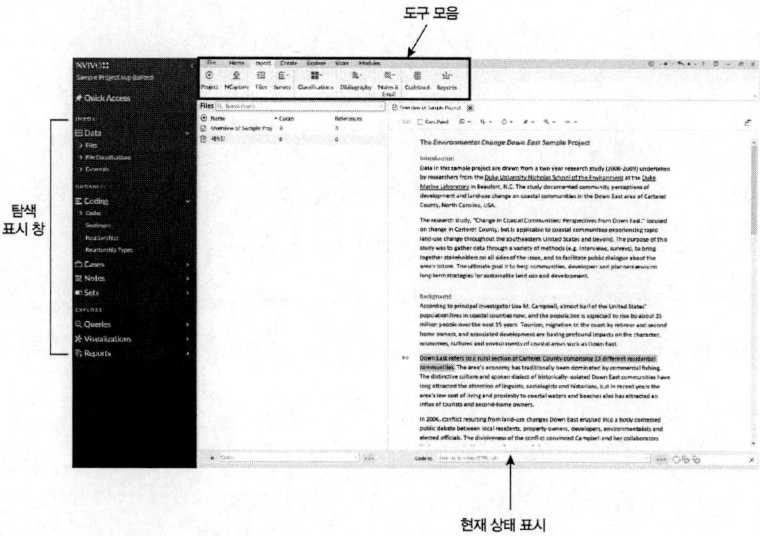

| 그림 8.3 | NVivo 초기 화면

백업과 보안

프로젝트를 생성하고 분석을 진행하면서 파일과 구조가 만들어지면 이를 잃어버리지 않도록 해야 한다. 이를 위해 데이터를 정기적으로 저장해야 한다. 일부 프로그램은 정기적으로 데이터를 자동 저장하거나 백업 파일을 생성하기 때문에 프로그램이나 컴퓨터에 문제가 생기더라도 모든 작업이 손실되지는 않는다.

생성되는 대부분의 데이터는 매우 압축적이다. 코드 및 링크에 대한 정보는 적은 공간을 차지하지만 문서 및 보고서는 많은 저장 공간이 필요하다. 따라서 정기적인 백업을 수행할 수 있는 충분한 여유 공간이 있어야 한다. 대용량 USB 메모리 스틱이나 백업용으로 가벼운 외장 하드 드라이브를 사용하는 것이 좋다. 그러나 메모리 스틱은 고장이 날 수 있으며, 최신 하드 디스크가 매우 안정적이긴 하지만 하나의 복사본에만 의존해서는 안 된다. 또한, 컴퓨터를 도난당하거나 누군가의 실수로 파일이 사라질 수도 있다. 프로젝트에서 몇 달간 작업한 후에 작업의 결과를 잃고 싶은 사람은 없을 것이다. 대학에서 일하는 사람들의 경우 백업을 만들 수 있는 대학의 파일 보관 시스템에 접근할 수도 있다. 대학은 이러한 시스템을 정기적으로 백업할 것이므로 안전한 저장 공간이 된다.

데이터 손실을 방지할 뿐만 아니라 권한이 없는 사람이 데이터에 접근하지 못하도록 할 필요도 있다. 이는 연구 참여자에게 익명을 약속한 경우 특히 중요하다. 연구진 내의 신뢰할 수 있는 구성원 외에는 그 누구도 참여자의 실제 신원과 그들이 속한 상황과 기관에 대한 정보에 접근해서는 안 된다. 이런 정보가 담긴 출력물을 잠금장치가 있는 보관함에 넣어놓더라도 전자 사본에 비해서는 덜 조심하게 된다. 모든 파일을 암호화할 필요는 없지만 컴퓨터와 CAQDAS 프로그램 프로젝트에는 암호를 설정하는 것이 바람직하다. 모니터에 비밀번호를 적어서 붙여놓지 말라. 데이터의 최종 폐기 방법에 대해서도 생각할 필요가 있다. 연구가 종료되고 모든 출판물이 완료되면 데이터를 CD-ROM, DVD, M-Disc(쓰기가 가능한 DVD 및 Blu-Ray 미디어의 강력한 형태) 또는 외장 하드 드라이브(최소 2개 사본)에 담아 안전한 곳에 보관하라. 이후에 컴퓨터에 보관된 모든 데이터(예: 하드 디스크)를 삭제하는 것이 좋다. 하드 디스크나 메모리 스틱에 있는 데이터의 삭제된 복사본을 덮어쓰는 특수 프로그램을 구입하는 것도 한 가지 방법이다. (컴퓨터에서 삭제하면 실제로 데이터가 삭제되지 않고 그것의 참조 파일만 제거된다.)

문서

기본적으로 세 프로그램은 모두 다음 두 가지 기본 작업을 수행한다. 텍스트 또는 문서(멀티미디어 문서 포함)의 저장 및 수정을 지원하고, 코드의 생성, 적용 및 수정 기능을 지원한다. 이 두 기본 기능을 중심으로 프로그램은 데이터에 대한 새로운 아이디어를 생성 및 검토(예: 검색, 메모 작성, 차트 작성 등을 통해)하고 결과를 검색하며, 보고하기 위한 도구도 제공한다.

새로운 전사 문서를 프로그램에 불러오기

새 프로젝트를 시작할 때 할 수 있는 두 가지 방법이 있다. 복사한 문서(이미 작성된 메모 포함)를 불러오거나 코딩 시스템을 설정하는 것이다. 물론 데이터 분석에 대한 귀납적 탐색 접근법을 따르는 경우 코딩을 하기 전에 문서를 불러와야 한다. 그러나 일부의 이전 이론 및 연구에 기반하여 코딩을 수행하는 경우 처음에 작업할 문서 없이 프로젝트에 코드를 입력하고, 문서는 나중에 추가할 수 있다. 그러나 대부분의 경우 문서 작업을 하고 문서에서 전체는 아니지만 일부 코드를 생성하고 싶을 것이다. 따라서 먼저 몇 가지 문서를 불러와야 한다.

문서 검토

파일을 불러오면 프로젝트의 일부로 유지되어 언제든지 검토를 할 수 있다. 일반적으로 문서 또는 참고문헌 목록에서 문서를 찾고(모든 내용을 보기 위해서는 폴더를 열어야 할 수도 있음) 해당 이름을 두 번 클릭하여 문서를 연다.

코딩

앞서 4장에서도 코딩 과정에 대해 다루었다. 거기에서는 연구자가 찾고자 하는 어떤 유형의 현상과 개념에 대한 데이터를 분석하기 전에 좋은 아이디어가 있는 상황에 적합한 텍스트를 참조하지 않고 코드를 설정할 수 있다고 제안하였다. 그런 다음 텍스트 구역을 선택하고 여기에 우선순위 코드를 할당하거나 연결할 수 있다. 반면에 모든 프로그램은 텍스트에서 직접 코딩을 할 수 있는 기능을 지원한다. 이를 위해서는 일부 텍스트를 선택한 다음 새로운 코드나 기존 코드를 할당하면 된다.

ATLAS.ti에서의 코딩 과정은 분석 중인 텍스트, 이미지 또는 미디어에 인용표기를 넣는 것을 기반으로 한다. 특정 부분의 텍스트를 선택한 다음 마우스 오른쪽 메뉴를 사용하여 직접 코딩하거나 특정 부분을 먼저 선택한 다음 이미 있던 코드 목록에서 코드명을 끌어다 놓을 수 있다. 또한 코드를 그룹으로 정렬할 수도 있다. ATLAS.ti.에서 코드(문서, 인용, 메모 포함)는 네트워크에서 서로 연결할 수 있다. 네트워크 보기에서 코드는 위계성 있게 또는 다른 방식으로 정렬할 수 있다. 서로 연결했을 때 그 이름을 지정할 수 있는데, 예를 들어, 코드의 경우 '~의 일부' 또는 '~와 반대', 인용의 경우 '비판' 또는 '정당화'와 같은 것이다. 코드, 인용문, 문서 등은 프로젝트 탐색기 창에서 Windows 탐색기와 같은 방식으로 표시할 수 있다.

MAXQDA의 코딩은 코드 시스템 창에서 지원되며 NVivo에서는 노드 창에서 지원된다(NVivo는 코드 '노드'라고 칭함). MAXQDA 및 NVivo의 모든 코드는 위계적으로 배열되어 있다(6장 참조). 위계 구조 속에서 새로 만든 코드를 어디에 넣어야 할지 모를 때에는 임시로 '새 코드'라는 자리 표시 코드를 상위로 만들고 나중에 하위로 이동할 수도 있다. 코드의 위치가 결정되면 나중에 다른 곳으로의 이동이 가능하다.

각 프로그램에서는 코드의 생성, 삭제, 병합, 이동이 가능하고, 이 코드가 지칭하는 텍스트를 바꿀 수도 있다. 언제든지 코딩된 텍스트를 탐색하거나 표시할 수 있으며, 코딩을 변경하고 맥락 속에서 코딩을 볼 수도 있다. 이렇게 하면 종이를 사용할 때보다 코딩 절차가 더 유연해진다. 텍스트 검색 도구(다음 장 참조)를 사용하여 대략적인 코딩을 수행한 다음, 수행한 작업을 검토하고 수정하는 일이 가능하다. 코딩된 텍스트를 변경하거나 원하는 대로 확장 또는 축소할 수 있다. 기존 코드를 찾게 되면 여기에 추가 내용을 코딩할 수 있다. 예를 들어, 하나의 코드로 코딩된 자료가 실제로 두 가지 다른 주제의 아이디어를 나타낸다고 판단한 경우, 코딩된 자료를 양쪽에 할당할 수 있다. 코드 검색도 가능하며, 이와 같이 메모 등의 연결된 데이터를 확인하면서 연구자는 데이터에 대한 질문을 던지고, 이론을 구축하며, 이를 검증해 갈 수 있다. 이에 대해서는 다음 장에서 더 자세히 살펴볼 예정이다.

새로운 코드 생성하기

텍스트를 참조하지 않고 코드를 생성하려는 경우에 이 방법을 활용할 수 있다. 이는 아마도 기존의 이론에 따라 연구를 진행했거나 찾을 수 있을 것이라 기대하는 내용이 있기 때문이다. 어떤 접근 방식으로든 코드를 생성할 때 코드가 나타내는 것과 그에 대한 생각을 주석이나 메모(둘 다 프로젝트 파일에 저장할 수 있음)로 기록하는 것을 기억하라. 코드 메뉴를 사용하여 MAXQDA에서 이 작업을 수행하거나 ATLAS.ti에서 코드 관리자를 열고 리본의 자유 코드 버튼을 사용하거나 NVivo에서 만들기 리본의 노드 버튼을 사용하면 된다. 다음 Box 8.2를 참조하라.

Box 8.2 동일한 과업을 달성하는 여러 가지 방법

일반적으로 분석 프로그램에서 동일한 작업을 선택하거나 수행하는 데에는 여러 가지 방법이 있다.

1. 메뉴 또는 리본 바: 예를 들어, 새 코드를 생성하려면 MAXQDA의 코드 메뉴에 있는 항목을 사용하거나 ATLAS.ti의 코드 관리자 리본에 있는 자유 코드 버튼을 사용하거나 NVivo의 생성 리본에 있는 노드 버튼을 사용한다.
2. 작업을 수행하는 버튼이나 아이콘: 새 코드의 경우 MAXQDA는 코드 시스템 아이콘 표시줄에, ATLAS.ti에는 코드 관리자에 있다.
3. 여러 가지 많은 작업에 유용한 키보드 단축키: 새 코드의 경우 MAXQDA에서는 Alt+N이고, NVivo에서는 Ctrl+Shift+N이다.
4. 특정 상황에 적합한 팝업 메뉴(세 프로그램 모두): 열려 있는 창에서 마우스 오른쪽 버튼을 클릭하면 해당 위치 또는 해당 개체에서 추가로 수행할 수 있는 작업 메뉴 팝업이 열린다(예: 새로운 코드 생성의 경우, MAXQDA는 코드 시스템, ATLAS.ti는 문서 나열하기, NVivo에서는 노드 목록 창). 어떤 작업을 수행하는 방법을 모르거나 잊어버린 경우, 팝업 메뉴를 활용하면 가장 쉽게 그 방법을 찾을 수 있다.

기존의 코드를 사용한 코딩

기존의 코드를 사용하여 코딩하는 방법은 많은 코드가 생성되고 내용을 코딩하는 문서에서 분석이 이루어지는 가장 일반적인 상황이다. 연구자는 텍스트를 읽을 때, 이미 생성된 코드와 연결하여 어떤 주제에 대한 구절을 식별할 수 있다. 가장 간단한 방법은 끌어다 놓기(drag and drop)이다. MAXQDA에서 일부 텍스트를 선택하고 이것을 사용하려는 코드로 끌어다 놓거나, 반대로 코딩하기 위해 선택한 텍스트에 코드를 끌어다 놓을 수 있다. NVivo에서는 선택한 텍스트를 사용하려는 노드로 끌어다 놓는 한 방향으로만 작동한다(노드를 보려면 목록 표시를 변경해야 할 수 있음). ATLAS.ti에서는 이와 반대로 텍스트를 선택한 다음 코드 관리자 창에서 원하는 코드를 선택한 텍스트로 끌어온다.

전사본에 새로운 코드 생성

귀납적 접근 방법을 따를 때 전사본에 새로운 코드를 생성할 수 있다. 텍스트를 읽고 코딩할 수 있는 주제 또는 일부 내용을 식별하여 이에 대한 새로운 코드를 만들고 텍스트를 즉시 코딩하게 된다. 이를 수행하는 한 가지 방법은 코딩할 텍스트를 선택한 다음 상황에 맞는 팝업 메뉴(선택한 텍스트 위에서 마우스 오른쪽 버튼 클릭)를 사용하는 것이다. 이 기능은 세 프로그램 모두에서 작동한다.

기존 코드 탐색하기

일부 코드를 생성하거나 일부 코딩을 완료했다면 이 방법을 사용하여 생성한 코드를 탐색할 수 있다. MAXQDA에서 코드는 코드 시스템 창에 나열된다. NVivo에서 코드는 목록 보기 창에 나열된다. 노드와 폴더를 클릭하여 표시해야 할 수도 있다. NVivo와 MAXQDA에서 코드를 위계 구조로 정렬할 수 있다. 더하기 기호 또는 빼기 기호(NVivo에서), 작은 검정 삼각형(MAXQDA)을 사용하여 위계 구조를 확장하거나 축소한다.

ATLAS.ti에서 기본 문서가 열리면 여백 영역에서 코드를 볼 수 있다. 모든 코드 목록을 보려면 코드 관리자를 열거나 코드를 비어 있는 새 네트워크로 끌어서 정렬하고 관계를 표시하는 선으로 연결한다.

맥락 속에서 코딩된 텍스트 표시하기

코딩된 일부 텍스트를 사용하여 문서를 검사하면 코딩된 방식을 확인할 수 있다. 이는 코딩을 다시 맥락화하는 데 있어 가장 중요한 절차다. 세 프로그램은 코딩 줄, 대괄호, 또는 막대를 활용하여 코딩된 행을 표시한다. 줄/대괄호/막대를 클릭하면 텍스트가 강조 표시되어 코딩된 정확한 단어를 볼 수 있다. 따라서 코딩된 텍스트(text)가 나타나는 맥락(context)을 확인할 수 있으며, 원하는 경우 코딩된 텍스트의 양을 늘리거나 줄일 수 있다.

MAXQDA와 ATLAS.ti는 모두 표시되는 문서에 대해 코딩 막대 또는 대괄호를 표시한다. 이것은 어떤 코드가 어떤 코드로 코딩되었는지 보여준다. 그림 8.4를 참조하라. 코드 이름이나 대괄호/바를 클릭하면 코딩된 텍스트가 정확히 표시된다.

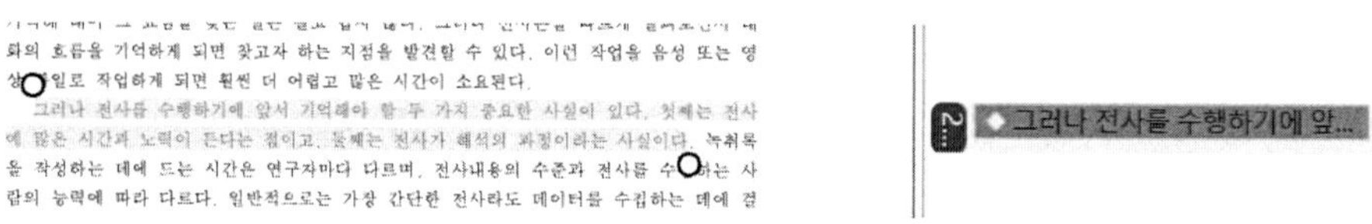

| 그림 8.4 | ATLAS.ti의 인용 부분 표시 화면

NVivo의 경우 코딩 줄을 표시하도록 선택해야 한다. 보기 리본 막대를 선택하고 코딩 줄 버튼에서 옵션 중 하나를 선택한다. 줄을 클릭하면 코딩된 텍스트가 정확히 표시된다. 그림 8.5를 참조하라.

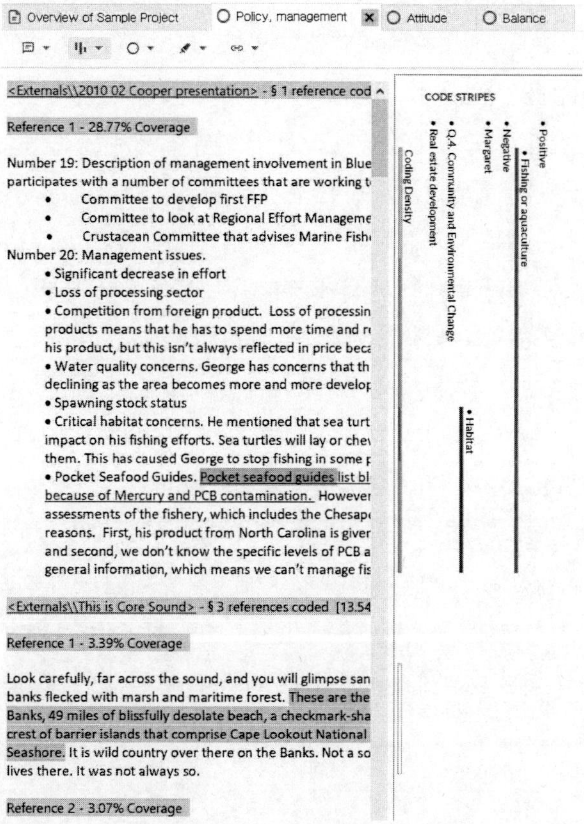

| 그림 8.5 | 코딩 줄을 보여주는 NVivo의 문서

검색

코딩을 한 후에는 특정 코드로 코딩한 모든 텍스트를 검색해야 할 때가 있다. 이 과정을 검색(retrievals)이라고 한다. 검색된 텍스트는 연구의 모든 참여자가 코드가 나타내는 특정 주제에 대해 이야기한 방식에 대해 알려준다. 따라서 지속적인 비교를 지원하고(4장 및 6장 참조) 분석의 질에 기여하는 핵심 기능이다(7장 참조). 텍스트를 잘라내어 워드 프로세서에 붙여넣어 최종 작성할 때 직접 인용할 수 있다.

프로그램에는 이를 관리하는 다양한 방법이 있다. NVivo가 가장 간단하게 검색 기능을 지원한다. 목록 보기 창에서 노드 이름을 두 번 클릭하기만 하면 해당 노드에서 코딩된 모든 데이터가 세부 정보 보기 창의 새 탭에 표시된다. 화면에는 추출된 문서의 출처와 문서의 코딩 횟수 및 양을 나타내는 제목이 포함된다. 내용을 잘라내어 워드 프로세서에 붙여넣을 수 있다. 맥락 속에서 검색된 부분을 보려면 해당 부분에 마우스 오른쪽 버튼을 사용하여 참조 소스 열기를 선택한다. 이것은 코드화된 텍스트가 강조 표시된 문서의 출처를 보여준다.

ATLAS.ti는 코딩할 수 있는 문서의 일부를 '인용'이라고 부르며 별도로 나열할 수 있다. 따라서 먼저 프로젝트 탐색기 또는 코드 탐색기의 코드 목록에서 코드를 두 번 클릭하여 코드에 사용된 인용 내용을 나열하라. 이렇게 하면 코딩된 인용문을 나열하는 새 창이 열리고 각각을 두 번 클릭하면 관련 문서에서 선택한 내용이 표시되므로 컨텍스트가 즉시 표시된다. 잘라내어 워드 프로세서에 붙여넣으려면 선택한 텍스트를 클릭하면 된다.

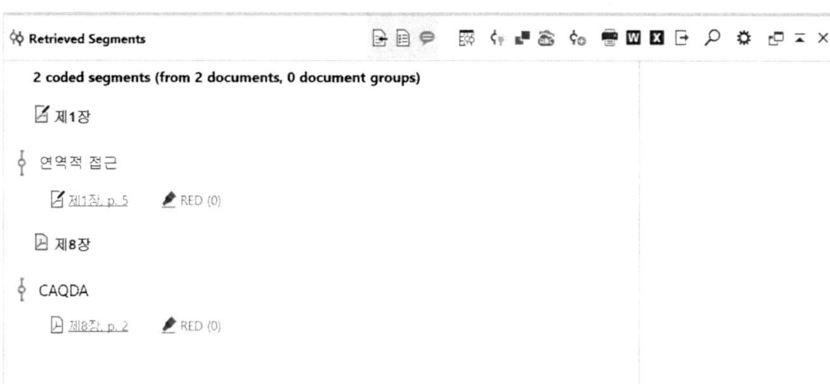

| 그림 8.6 | MAXQDA 검색 분할 화면

MAXQDA에서 검색을 수행하려면 문서와 코드를 활성화해야 한다. 문서 이름과 코드 이름 옆에 있는 회색 점을 클릭하여 활성화한다(해당 내용과 이름이 빨간색으로 바뀜). 문서와 코드를 모두 클릭하면 활성화된 문서에서 활성화된 코드에 대해 검색된 텍스트가 검색된 분할 창에 나타난다. 각 분할에 대한 문서 이름을 클릭하면 해당 컨텍스트에서 코딩된 텍스트를 문서 브라우저 창에서 볼 수 있다. 그림 8.6을 참조하라.

이 장의 핵심 내용

- CAQDAS는 방대하고 복잡한 데이터 세트를 관리하는 데 상당한 도움이 된다. 그러나 실제 분석 아이디어는 연구자 본인에 달려 있다. 코드 및 검색은 대부분의 패키지의 핵심 기능이지만 이 장에서 다룬 패키지는 분석을 지원하는 텍스트 및 코드 검색과 같은 기능이 들어 있다.
- 일부 사용자들이 제기한 단점은 데이터와 소프트웨어 설계가 근거 이론의 영향을 너무 많이 받았다는 인상을 준다는 점이다. 그러나 요즘의 패키지는 컨텍스트에서 코딩을 검색하고 원래 전사 자료로 돌아갈 수 있는 매우 훌륭한 기능을 가지고 있으며 많은 사람들이 실제로 근거 이론의 영향을 받은 것은 사실이나 이제 다양한 접근 방법이 반영된 다양한 기능을 가지고 있다.
- ATLAS.ti, MAXQDA 및 NVivo의 세 패키지가 제공된다. 모두 온라인 문서 처리, 코딩, 텍스트 검색, 컨텍스트 내 코딩 표시 및 메모 작성이라는 공통된 기본 기능을 가지고 있다.
- 문서를 패키지에 입력하려면 먼저 올바른 파일 형식이어야 한다. 프로그램은 Word.doc나 .docx 형식의 파일이 적합하며 이 경우 글꼴, 글자 크기, 단락의 레이아웃, 색상 등을 그대로 유지한다.
- 모든 패키지는 항목을 프로젝트로 정렬한다. 프로젝트에는 모든 온라인 문서, 코딩, 메모, 속성, 차트 등이 포함되어 있다. 사용자는 프로젝트를 정기적으로 백업하는 것이 중요하다.
- 새 문서를 프로젝트에 불러와서 검사하고 인쇄하는 기능이 있다.
- 세 프로그램 각각은 코드 목록을 표시할 수 있으며 코드를 위계적으로 정렬하거나 표시할 수 있다. 이 목록에 새 코드를 추가하면 해당 코드와 연결할 수 있는 텍스트를 찾을 수 있다. 또는 텍스트를 선택한 다음 새 코드 이름을 지정하여 새 코드를 직접 생성할 수 있다.
- 일단 코드를 부여하면 코드에 연결된 텍스트를 단일 파일이나 인쇄물로 검색할 수 있고, 코드화된 구절을 출처 문서의 컨텍스트에서 확인할 수 있다.

더 읽을거리

다음 연구들은 질적 분석을 위한 컴퓨터와 소프트웨어의 활용에 대해 더 많은 정보를 제공한다.

Bazeley, P. and Jackson, K. (2013) Qualitative Data Analysis with NVivo, 2nd ed. London: Sage.

Friese, S. (2012) Qualitative Data Analysis with ATLAS.ti. London: Sage.

Kuckartz, U. (2014) Qualitative Text Analysis: A Guide to Methods, Practice and Using Software. London: Sage.

Silver, C. and Lewins, A. (2014) Using Software in Qualitative Research: A Step-by-Step Guide, 2nd ed. London: Sage.

소프트웨어 웹 사이트:

ATLAS.ti http://atlasti.com

MAXQDA www.maxqda.com

NVivo www.qsrinternational.com

제9장

소프트웨어를 활용한 검색과 분석

검색하기

속성

코드와 속성 검색하기

제9장

소프트웨어를 활용한 검색과 분석

• 이 장의 목적 •

- 중요한 분석 기술로서 검색하기 기능, 컴퓨터가 검색하기에 얼마나 적합한지를 확인한다.
- CAQDAS에서 지원하고 이 장에서 다루고자 하는 두 가지 검색 종류, 즉 **어휘 검색**과 코드 검색에 대해 자세히 알아본다.
- 전자(어휘 검색)는 텍스트 검색과 관련이 있음을 안다.
- 후자(코드 검색)는 6장에서 논의한 분석적 비교가 가능하도록 함을 안다.

검색하기

대부분의 경우 질적 분석은 텍스트를 읽고 그로부터 내용을 찾는 방식으로 구성된다. 작업에 계속 집중하기 어렵기 때문에 질적 분석은 결코 쉽지 않다. 텍스트를 읽으면서 접하는 다른 것들, 즉 질적 연구를 수행하면서 발생하는 어려움에 관심을 갖기가 쉽다. 또한 특정 용어나 문구의 출현을 찾는 것과 같은 반복적인 작업에서 연구자는 지루함을 겪게 된다. 코딩을 할 때 특정적인 편향이 발생하여 분석으로부터 도출되는 결론 또한 편향될 수 있다는 점은 질적 연구의 어려움이다. 컴퓨터가 도움을 줄 수 있는 지점이 바로 이 영역이다. 컴퓨터는 지루함을 느끼지 않는다. 텍스트 또는 코딩된 텍스트의 특정 조합을 검색하는 소프트웨어는 지정된 대로 정확하게 모든 항목을 찾아낸다. 컴퓨터 검색은 읽기와 사고까지 대신해 줄 수는 없어도 텍스트 검색과 분석 모두에서 완결성과 신뢰성에 도움이 된다.

어휘 검색

앞 장에서 다룬 세 가지 CAQDAS 프로그램(ATLAS.ti, MAXQDA, NVivo)에는 이러한 문제를 해결하고 정교한 방식으로 텍스트를 검색할 수 있는 검색 도구가 포함되어 있다. 대부분 텍스트 검색은 다음 두 가지 목적에 따라 사용된다. 우선 텍스트를 코딩하고 완성도를 확인한다. 4장에서 우리는 문서를 읽고 텍스트의 섹션을 표시하여 코딩을 수행하는 방법을 살펴보았다. 이 절차에는 내용(코드 또는 주제)을 결정하고 코드에 연결(텍스트 표시)한 다음 동일한 주제에 대한 더 많은 구절을 찾고 동일한 방식으로 코딩하는 과정이 포함된다. 검색하기가 이를 다음의 몇 가지 방법으로 지원한다.

1. 데이터 알아보기: 검색한 텍스트를 계속 확인해야 하기 때문에 이러한 종류의 검색은 실제로 데이터를 알아가는 데에 도움이 된다. 여기에서 선택할 수 있는 방법은 이론적 직감과 관련될 수 있는 용어를 검색한 다음 원자료 문서에서 검색하거나 찾은 구절을 검토하는 것이다. 각 프로그램에서 검색하기 결과로 새 코딩을 만들 수 있다(자동 코딩이라고도 함). 코딩 결과는 계속 유지해야 하는 것은 아니다. 프로그램이 너무 적거나 너무 많은 텍스트를 찾은 경우에는 언제든지 코드를 삭제하거나 관련 없는 구절의 코드를 해제할 수 있고, 코딩된 텍스트를 수정할 수도 있다.

2. **유사한 구절 찾기**: 코딩의 핵심적인 활동은 상호 유사한 구절을 찾는 일이다. 이미 코딩된 구절에는 다른 곳에 있는 유사한 주제를 나타낼 수 있는 용어, 단어 또는 구문이 포함된다. 이 용어를 텍스트 검색 도구에 입력하여 추가로 발생하는 모든 항목을 찾을 수 있다. 그렇다고 하여 이것이 해당 코드로 코딩할 수 있는 모든 구절을 다 찾았음을 의미하는 것은 아니다. 연구자가 찾는 단어가 포함되지 않은 관련 구절이 있거나 검색한 단어와 동일한 용어 또는 동의어를 사용하여 연구 참여자가 다른 방식으로 의미를 표현한 경우가 있기 때문이다. 이들 중 일부는 초기 검색 작업에서 발견된 새로운 구절에서 찾을 수 있으며, 그런 다음 새로운 검색어로 사용될 수 있다. 그렇다고 해도 검색이 모두 완료되었다고 볼 수는 없다. 사람들은 연구자가 검색한 핵심 용어를 언급하지 않고도 연구자가 관심을 두는 내용에 대해 이야기할 수 있다. 여전히 텍스트를 읽고 코딩할 다른 대상들을 찾아야 한다.

   일부 관련 구절을 찾는 데 실패했을 뿐만 아니라 컴퓨터 검색은 실제로 전혀 관련이 없는 구절을 찾아낼 수도 있다. 여기에는 검색어가 포함되어 있지만 실제로 주제나 아이디어에 관한 것은 아닐 수 있다. 때로는 같은 주제에 대해 서로 다른 또는 반대되는 견해를 표현할 때가 있기 때문이다. 이 경우 새로운 코드의 생성을 고려할 수 있다. 다른 경우에는 원래 코딩 아이디어와 전혀 관련이 없으며, 구절을 무시(또는 코딩 해제)할 수 있다. 따라서 검색 작업의 결과는 발견된 내용을 읽고, 그 의미와 작업 중인 개념과의 관련성을 면밀히 검토해야 한다. 소프트웨어를 사용하여 검색하면 놓칠 수 있는 항목을 찾을 수 있긴 하나, 관련 텍스트만 찾을 수는 없다.

3. **반대되는 사례 찾기:** 텍스트 검색의 또 다른 중요한 용도는 코딩의 완결성과 타당성을 확인하는 일이다. 7장에서 다룬 것처럼 이는 반대되는 사례를 찾는 일이다(Flick, 2018c 참조). 데이터를 철저하게 조사한 후 반대되는 사례를 몇 개(또는 아예 없는 경우)만 찾을 수 있다면 우리의 설명이 데이터에 어느 정도 타당하고 근거가 있다고 더 확신할 수 있다. 특정 컨텍스트와 관련된 반대되는 사례가 있는지 확인하기 위해 코드에서 검색된 텍스트를 사용하는 경우 코딩할 때 중요한 사례를 놓치지 않는 것에 의존하고 있는 것이다. 연구자는 사람이기 때문에 오류 가능성이라는 한계가 불가피하다. 코드 생성 과정에서 코딩해야 할 텍스트를 잘못 입력하기 쉽다. 이는 특정 사례에서 찾을 것으로 기대하지 않거나, 생각하고 있는 단어의 형태를 취하지 않기 때문이다. 타당성 검사에서 매우 중요한 반례를 구성할 가능성이 있다는 점은 대표적인 예가 된다. 컴퓨터는 이러한 오류의 영향을 받지 않는다. 따라서 컴퓨터 검색은 문제의 코드로 코딩되어야 하는 텍스트(당신이 알고 있거나 생각할 수 있는 용어 및 구절 사용)의 명백한 예가 없는지 확인하는 방법이 될 수 있다. 이는 유용하긴 해도 거기에 도취되어서는 안 된다. 어떤 텍스트 검색 패턴에 맞지 않고, 문서를 주의 깊게 읽어야만 발견할 수 있는 텍스트의 예가 항상 존재하기 때문이다.

이와 같은 검색 방식을 어휘 검색이라고 한다. 이는 핵심 용어의 출현을 찾는 일뿐만 아니라 그것이 출현하는 맥락을 검토하는 데에도 매우 유용하다. 이를 통해 용어의 함축 범위와 그와 관련된 이미지 및 은유의 종류를 발견할 수 있다. 그러나 Weaver와 Atkinson(1994)이 언급하였듯 결과 코딩은 다른 전략(예: 텍스트를 자세히 읽기)을 사용하여 생성할 수 있는 것과 상당히 다를 수 있음을 알아야 한다. 그러나 이는 장점이 될 수 있다. 다른 접근 방식은 연구자의 개념을 지나치게 반영하는 경향이 있는 반면, 어휘 검색은 훨씬 더 개방적이다. 텍스트 검색을 할 때 다루려고 하는 용어와 주제만을 고집할 필요는 없다. 텍스트의 한 구절을 확인하는 동안 코딩할 가치가 있는 다른 아이디어, 주제 또는 문제를 발견할 수도 있다. 새 코드에서 텍스트를 빠르게 코딩하고 메모를 작성하여 아이디어를 포착하라. 그런 다음 원래 검색으로 돌아가도록 한다.

간단한 어휘 검색 수행하기

ATLAS.ti QUALITATIVE DATA ANALYSIS

프로젝트 검색 메뉴를 클릭하여 검색 리본을 표시한다. 그림 9.1을 참조하라. 범위 섹션에서 검색하려는 다양한 자료를 선택한다(예: 문서). 검색하려는 용어를 입력하고 원하는 경우 대소문자 구분을 선택한다. 검색 버튼( )을 클릭하거나 엔터 키를 누른다. 텍스트 검색 결과 창이 열리고 한 줄의 텍스트에서 찾은 문서와 찾은 용어를 보여준다. 이들 각각을 차례로 두 번 클릭하면 해당 문서에서 선택한 검색 용어를 볼 수 있다. 이제 원하는 경우 적절한 텍스트를 코딩하고 선택한 텍스트를 확장할 수 있다.

| 그림 9.1 | ATLAS.ti 검색 프로젝트 리본

MAXQDA The Art of Data Analysis

어휘 검색 버튼( )을 클릭하면 검색 대화 상자가 열린다. 새로 만들기 버튼을 클릭하고 검색어 또는 문자열을 입력한다. 확인란을 클릭하여 검색 방법을 결정한다(예:

완성된 단어만 찾기). 검색 결과 창이 열린다. 그림 9.2를 참조하라. 이것은 어떤 문서에서 어떤 검색 문자열이 검색되었는지 보여준다. 텍스트 브라우저 창에서 컨텍스트에서 선택한 문자열을 표시하려면 각각을 차례로 클릭한다. 검색 결과 창은 별도의 모델이 없다. 즉, 열려 있는 동안 문서 텍스트에 대해 작업할 수 있다. 따라서 이렇게 검색한 텍스트를 코딩할 수 있다.

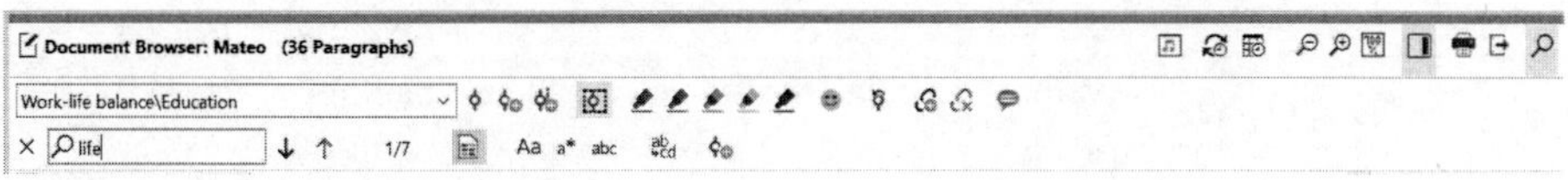

| 그림 9.2 | MAXQDA 검색 결과 창

NVIVO 쿼리 리본 모음 목록을 선택하고 텍스트 검색 아이콘을 클릭한다. 그러면 세부 정보 보기 창에서 새 탭이 열린다. 검색 용어와 창 상단에 나타나는 폴더를 입력한다. 쿼리 실행을 클릭한다. 찾기가 있는 문서 목록이 텍스트 검색 기준 아래 나타난다(왼쪽 상단의 부호를 클릭하면 이를 숨길 수 있음). 오른쪽에 있는 참조 탭을 클릭하면 몇 단어의 컨텍스트가 표시된 각각의 찾기를 볼 수 있다. 문서에서 더 확장된 컨텍스트를 통해 보려면(예: 코딩을 수행하기 위해) 각각의 오른쪽 마우스 메뉴를 사용하면 된다. 그림 9.3을 참조하라.

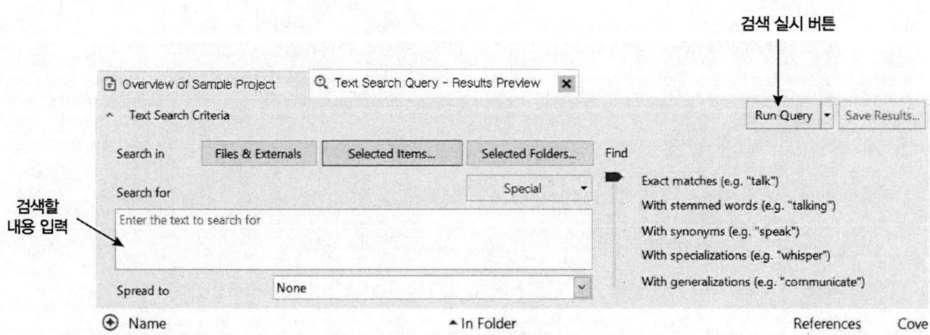

| 그림 9.3 | NVivo 텍스트 검색 쿼리 대화 탭

임의 문자 기호와 특수 문자를 사용하여 한 번에 둘 이상의 단어와 단어 변형을 검색할 수 있다. (예를 들어 | 기호는 Shift와 /를 동시에 누르면 된다.)

| 표 9.1 | 하나 이상의 단어와 그 단어의 변형 검색하기

<table>
<tr><th></th><th>검색어</th><th>검색 결과</th></tr>
<tr><td>ATLAS.ti
QUALITATIVE DATA ANALYSIS</td><td>walk | walking | walks
walk*</td><td>‘walk’, ‘walking’, ‘walks’ 등
‘walk’, ‘walking’, ‘walks’, ‘walked’, ‘walkers’ 등 walk가 들어간 모든 단어</td></tr>
<tr><td>MAXQDA
The Art of Data Analysis</td><td>여러 단어를 입력한 다음 OR 버튼을 클릭</td><td>‘walk’, ‘walking’, ‘walks’ 등</td></tr>
<tr><td>NVIVO</td><td>walk OR walking OR walks
walk*</td><td>‘walk’, ‘walking’, ‘walks’ 등
‘walk’, ‘walking’, ‘walks’, ‘walked’, ‘walkers’ 등 walk가 들어간 모든 단어</td></tr>
</table>

사례

이러한 절차 중 일부를 설명하기 위해 실직 상태였던 요크셔의 여러 사람을 인터뷰한 연구 프로젝트의 사례를 살펴보고자 한다. 무엇보다도 그들은 구직 활동에 대해 질문을 받았다. 여러 참여자가 언급한 활동 중 하나는 구직 수단으로 비공식 네트워크를 활용한다는 점이었고, 한 참여자는 구직 정보를 알아내는 데 ‘입소문’의 역할에 대해 언급했다. 관련 단어에 대한 텍스트 검색을 수행하여 다른 사람이 이에 대해 이야기했는지를 확인해 보자. 예를 들면, ‘동료’, ‘친척’, ‘친구’라는 단어가 검색되었다.

이러한 검색의 결과에는 관련 자료, 일부 누락된 관련 자료, 잘못된 발견, 적절하긴 하지만 관련성이 높지 않은 자료 등이 혼합되어 있다. 위에서 말한 '동료', '친척', '친구'를 검색하면 다음의 인터뷰 내용이 검색된다. 검색어는 굵게 표시되어 있으므로 쉽게 찾을 수 있다. (주의: 이들 참여자 중 일부는 요크셔 지방의 방언으로 on the 대신 ont', I was 대신 I were를 사용했다.)

> 톰: 나는 보통 수요일이나 목요일에 신문을 확인해요. 지역 신문, 그게 전부죠. 글쎄요, 혹시라도 소식을 들은 사람이 있을까 해서 주의 깊게 들어보죠. 계속해서 **친구**들에게 물어보고 찾아봐요.
>
> 아사드: 잘 모르겠어요. 무엇보다 입소문이라고 해야 할까요. **동료**가 뜬금없이 '여기 괜찮은 일거리가 있어'라고 말해줄 때가 있는데 생각하는 것보다 좋은 일일 때가 있죠.
>
> 브라이언: 그는 스톤헤븐 대학에서 화학공학을 전공했기 때문에 함께 일할 수 있지만 실제로 일을 할 기회가 **상대**적으로 적어서 경험이 풍부한 강사가 아니라면 기회는 당연히 적어요.

> 질문: 그 직업에 대해 어떻게 알게 되셨나요?
>
> 말콤: 내 **친구**가 여기 근처에 살아요. 그는 어떤 부서의 매니저로 일하고 있어요.
>
> 애나: 해고되기 전 9월부터 3월까지 일을 좀 했고, 그 후 12개월, 아니 11개월 동안 집에 있었어요. DHSS에서 일하는 **친구**가 있었는데 그 친구한테서 집안일을 도와줄 의사가 있다는 말을 들었어요.

위의 면담 내용에서 처음 두 명의 참여자인 톰과 아사드, 네 번째 말콤의 말에서 검색된 단어는 적절해 보인다. 그러나 아사드가 실제로 비공식 네트워크를 직접 활용하고 있다는 말인지, 아니면 단지 그에 대해서 이야기를 하고 있는지는 불분명하다. 따라서 나머지 전사 자료에 대한 추가 확인이 필요하다. 브라이언의 말에서 검색된 단어는 잘못된 검색이다. 사람을 나타내는 '상대'가 '상대적'이라는 단어의 시작 부분에 있기 때문에 검색된 것일 뿐이다. 이를 피하기 위해서는 전체 단어만 찾는 옵션을 사용하거나 검색 문자열에서 단어 뒤에 공백을 삽입하여 검색하면 된다. 애나의 말은 실제로 친구에 관한 것이지만 비공식 네트워크 사용에 관한 언급은 아니므로 관련이 없다. 위 사례는 텍스트 검색으로 검색된 텍스트를 확인해야 함을 보여준다. 연구자는 그것을 읽고 검색 결과가 정말로 관련이 있는지의 여부를 결정해야 한다. 프로그램이 이미 텍스트를 코딩한 경우라도 관련이 없는 결과라면 코딩을 해제하고 다른 사용자가 모든 관련 텍스트를 포함하도록 코딩을 확장해야 한다. 그렇지 않으면 잘못된 검색을 무시하거나 실제로 '적중'한 경우라면 새 레이블로 코딩할 텍스트를 정확히 결정할 수 있다.

관련성이 없는 검색 결과를 얻기도 하지만, 예를 들어 '동료', '친구', '친척'이라는 용어만을 기반으로 한 검색이 일자리를 찾기 위해 비공식 네트워크를 활용하는 일에 대한 모든 내용을 찾아낼 수 없다는 점은 분명하다. 이를 개선하기 위해 선택할 수 있는 몇 가지 방법이 있다.

- 다른 곳에서 다른 관련 구절을 찾을 수 있는 추가 검색을 수행할 수 있는 다른 용어가 사용되었을 수 있으므로 검색한 텍스트를 살펴보라. 예를 들어, 친구, 동료, 친척이라는 용어를 사용하여 검색에서 찾은 모든 관련 텍스트를 읽으면 '비공식적인', '거래처', '연락처', '가족'과 같이 검색할 추가 단어가 발견된다. 원래 검색어는 '가족'이었지만 일부 경우의 사람들이 특정 가족 구성원을 분명히 언급하기도 하기 때문에 '아버지', '어머니', '딸', '아들', '삼촌', '이

모'와 같은 단어도 도움이 된다.

- 사전을 사용하거나 자신이 알고 있는 바를 통해 추가할 수 있는 용어 및 기타 용어 모음을 보관하라. 특정 용어를 검색하면서 원래 코드로 코딩된 텍스트에 관련 검색 결과를 추가한다. 예를 들어, 동의어 사전에서 '비공식적인'을 검색하면 '임시의', '비형식적인' 등의 추가 용어가 나온다. 일반적으로 키보드 단축키 Ctrl+X, Ctrl+V를 사용하여 검색 대화 상자에 잘라내어 붙여넣을 수 있으므로 이 용어집과 검색하려는 문자열을 CAQDAS 프로젝트의 메모에 보관할 수 있다. (주의: MAXQDA에서는 나중에 다시 사용할 수 있도록 단어와 텍스트 문자열의 조합을 검색 설정으로 저장할 수 있다. NVivo에서는 나중에 쉽게 다시 실행할 수 있도록 프로젝트에 검색 사양을 추가할 수 있다.)

은유적 표현과 설명 찾기

지금까지 다룬 대로 주제별 내용에 따라 코드를 생성하고 추가하는 방법이 있다면, 소프트웨어에서는 텍스트 검색을 사용하여 직유 및 은유적 표현을 포함한 언어의 실제적인 사용을 검색할 수도 있다. 즉, 면담 참여자의 말을 둘러싼 담론을 검토할 수 있다. 예를 들어, 일자리를 찾는 사람들에게서 숙명론의 근거들을 찾을 수 있듯 말이다. 이는 숙명론적 견해를 표현하는 단어와 구의 구체적 사용을 검색함으로써 가능하다. 구직 프로젝트에서 하나 또는 두 개의 문서를 빠르게 읽으면 숙명론과 관련된 것으로 보이는 다음과 같은 용어가 발견된다.

> 포기, 무의미, 함정, 갇힌, 쿵쿵, 더 이상 견디기 힘들어, 절망, 그냥 운이 좋은 날

검색을 활용하여 이러한 단어와 용어가 포함된 모든 항목을 찾을 수 있다. 워드 프로세서에서 동의어 기능을 사용하게 되면 같은 의미로 쓰인 다른 용어도 검색이 가능하다.

은유와 설명의 경우(6장 참조) 텍스트 검색 도구는 특정 용어의 사용에 대해 보여주고 사용 빈도에 대해서도 매끄럽게 표시해 준다. 요크셔의 실업자 연구에서 숙명론적 담론의 증거를 찾는 과정에서 참여자들이 '운'에 대해 얼마나 이야기하고 있는지가 분명하게 드러난다. '행운 | 운이 좋은 | 불운한'과 같은 문자열을 검색하고 해당 용어가 나오는 단락을 읽게 되면 참여자들이 왜 실업 상태였는지 또는 다른 사람들이 어떻게 일자리를 찾았는지 설명하려고 한다는 사실을 알 수 있다. 이는 실업자의 설명에 대한 연구의 시작에 불과하다는 점을 유의할 필요가 있다. 사람들이 어떤 유형의 설명을 제공하고 있는지 확인해야 한다. 다시 말해, 자료를 읽어가는 과정에서 일부 새로운 용어가 발견되면 이를 검색하여 설명을 보완할 수 있다. 예를 들어, 일부 참여자의 말에서 '운'을 검색어로 검색하여 얻은 결과로부터 '운이 좋은'이라는 용어를 사용하고 있음을 알게 된다. 이를 검색 문자열에 추가할 수 있다.

검색은 사용된 단어가 주제를 나타내는 내용을 찾는 데에는 좋지만 이를 통해 내러티브를 모두 포착할 수 있는 것은 아니다. 여기에서 중요한 것은 무엇을 말하고 있는가가 아니라, 그것을 '어떤 방식으로, 왜, 무엇을 말하려는가'에 있다. 따라서 단어에 대한 간단한 검색(용어집을 사용하는 경우에도)으로는 충분하지 않다. 여기에서 다른 형태의 검색을 구성할 필요가 발생한다. 예를 들어 사람들의 이야기가 전환될 때 사용하는 특정 종류의 단어를 찾을 수 있다. 예를 들어, 어떤 대화에 참여할 때 응답자는 '소방관으로서 말하자면…', '할머니로서 내가 겪은 경험에 따르면…', 또는 '우리가 동의할 수 있는 사실은…' 등과 같이 말한다. 이러한 내러티브의 이동을 포착하기 위해 '~로서 말하자면', '내 경험에 따르면',

'모두 동의하는'이나 이와 유사한 용어를 검색할 수 있다. 요약하면 Box 9.1은 검색할 때 몇 가지 알아두면 유용한 방법을 제안한다.

Box 9.1 텍스트 검색 기능을 다양하게 활용함으로써 검색 효과를 높이는 방법

- 먼저 검색을 한 다음 찾아낸 내용을 읽게 되면 데이터에 익숙해질 수 있다.
- 검색한 구절에서 관련성이 더 높은 단어와 용어를 발견하게 되면 이를 사용하여 다시 검색한다.
- 새로운 검색 결과를 그로부터 생성된 관련 있는 이전의 코드와 병합한다.
- 검색할 용어의 용어집을 구성한다. 동의어 사전 또는 연구자의 사전 지식을 사용하여 여기에 추가한다. 메모에 용어집을 보관한다.
- 은유적 표현과 같은 특정 유형의 언어 사용에 주목하고, 연령대가 다른(젊은 사람과 노인) 사람들을 대상으로 하는 연구의 데이터라면 서로 다른 하위집단 간 대조를 실시한다.
- 검색을 사용하여 가정하고 있는 설명에 맞지 않는 반대되는 사례를 찾는다.
- 중심된 주제가 실제로 존재하는지 검색하여 확인한다. 생각보다 자주 발견되지는 않는다.
- 검색을 사용하여 코딩의 완성도를 높이고 주제의 모든 항목이 실제로 코딩되었는지 확인한다.
- 검색 결과를 단락으로 확산하고 찾은 내용을 검토하여 코딩된 텍스트에 적절하게 추가하거나 제거한다.
- 메모에서 검색을 사용하여 분석을 수행할 수도 있다.

(Gibbs, 2002, p. 123에서 일부 수정)

속성

속성이란 질적 분석에 사용되는 가변적인 데이터의 한 유형이다. 일반적으로 연구의 각 사례에는 각각의 속성에 대한 값이 할당될 수 있다. 속성을 적용할 수 없는 경우라면 값이 없을 수도 있다. 속성값의 일반적인 예에는 참여자의 성별(남성, 여성)이나 연령(나이, 특정 장소에 거주한 기간 등) 등이 있다. 이와 같은 정보들은 일반적으로 문서 요약 시트에 기록된다. 이는 양적 연구에서 범주 변수를 사용하는 것과 유사하나, 질적 분석에서는 설정이나 사건과 같은 연구 내의 다른 단위에 속성과 값을 적용하기도 한다. 따라서 연구에서 다른 회사 또는 기업과 같은 설정의 경우, 직원 수, 회사 이름 및 관리자를 기록하거나 사건의 경우 날짜, 시간 및 장소를 기록할 수 있다. 속성은 일반적으로 사람, 상황 등에 대한 사실적 정보의 문제를 말한다. 그러나 나중에 분석에서 속성으로 표시될 수도 있고, 다른 경우에 적용될 수 있는 분류 또는 **분류 체계**를 개발하는 데에 관여하기도 한다. 가장 일반적으로 속성은 비교 가능하도록 코드를 사용하여 검색이나 찾기 기능을 수행할 때 사용된다.

프로젝트에서 속성 생성하기

ATLAS.ti QUALITATIVE DATA ANALYSIS

이 프로그램은 속성을 직접 처리하지는 않지만 문서와 코드를 그룹으로 수집하여 검색에 사용할 수 있다. 문서 그룹(홈 리본의 관리자 영역에 있는 팝업 메뉴)을 클릭하면 문서 그룹 관리자가 열린다. 다음 그림 9.4를 참조하라. 새 그룹을 만들려면 새 그룹 버튼을 클릭한다. 그룹 이름을 입력한다(예: 속성이 성별인 경우 '여성'으로). 만들기를 클릭한다. 이 그룹에 문서를 할당하려면 비회원 문서(오른쪽)를 클릭하고 < 버튼을 클릭한다. 그런 다음 문서 그룹 '남성'에 대해서도 이 작업을 반복한다. 코드, 메모, 견적 및 네트워크는 각각의 그룹 관리자를 사용하여 동일한 방식으로 그룹에 할당할 수 있다.

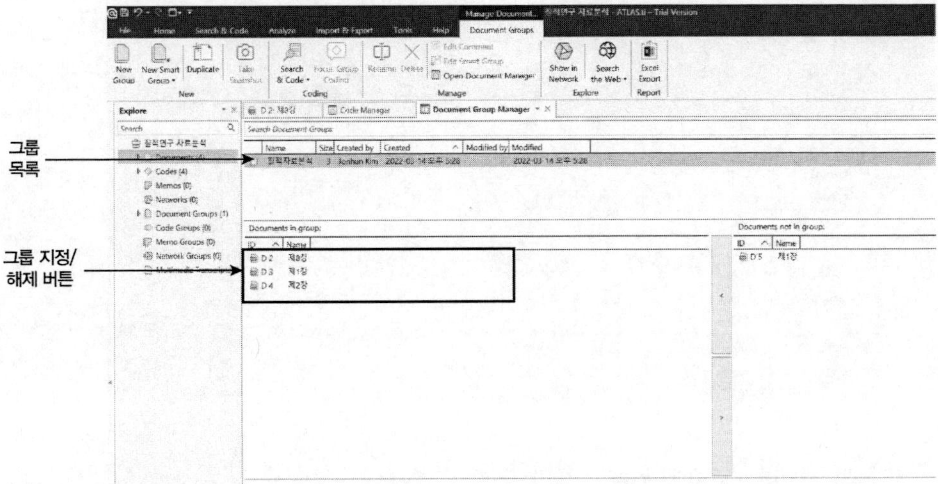

| 그림 9.4 | ATLAS.ti 문서 그룹 관리자

MAXQDA는 속성을 변수라고 부른다. 변수 메뉴에서 문서 변수 목록을 선택한다. 새 변수를 생성하려면 새 변수 버튼( )을 클릭한다. 대화 상자에서 변수 이름을 지정하고 적절한 유형을 선택한다. 값이 텍스트일 경우 텍스트를 선택하면 된다. 확인을 클릭한다. 변수 이름과 함께 새 행이 나타난다. 각 문서에 대한 값을 입력하려면 데이터 편집기( )로 전환하면 된다. 변수 이름이 비어 있는 새 열이 생성된다. 이 열의 셀을 클릭하고 이 문서의 값을 입력한다. 몇 가지 값을 입력한 후 끌어내리기 메뉴를 사용하여 미리 입력된 값을 선택할 수 있다. 셀을 두 번 클릭한 다음 오른쪽 끝에 있는 삼각형 모양을 클릭하여 끌어내리기 메뉴를 가져온다. 원하는 값을 선택한다. 다음 9.5를 참조하라.

Document Variables

List of Document Variables — 13 Variables

Variable	Variable type	To be displayed	Source	Missing value	Categorical	Favorite variable
Document group	Text	☑	System		☑	☐
Document name	Text	☑	System		☑	☐
Created by	Text	☐	System		☐	☐
Created	Date/Time	☐	System		☐	☐
Modified by	Text	☐	System		☐	☐
Modified	Date/Time	☐	System		☐	☐
Coded Segments	Integer	☑	System		☐	☐
Memos	Integer	☑	System		☐	☐
PDF Pages	Integer	☐	System	-9	☐	☐
Paragraphs	Integer	☐	System	-9	☐	☐
Sentences	Integer	☐	System	-9	☐	☐
Words	Integer	☐	System	-9	☐	☐
Characters	Integer	☐	System	-9	☐	☐

| 그림 9.5 | MAXQDA 속성 표

NVIVO

NVivo는 속성을 분류로 그룹화한다. 먼저 새 분류를 생성한다. 탐색 보기 창 목록에서 분류를 클릭하고 나타나는 사례 분류 폴더를 클릭한다. 만들기 리본에서 사례 분류를 클릭한다. 이름(예: '참여자')을 입력하고 확인을 클릭한다. (이미 설정된 많은 관련 속성이 포함된 개인 또는 조직에 대해 앞서 정의된 분류를 사용하도록 선택할 수 있음) 방금 생성한 분류를 선택하고 생성 리본의 분류 그룹에서 속성을 클릭한다. 그러면 새 속성 대화 상자가 열린다. 새 속성 이름(예: '성별')을 입력한다. (값이 텍스트일 경우 텍스트를 선택) 값 탭을 클릭한다. 필요한 값 중 첫 번째 값을 입력한다(예: '여성'). 추가를 클릭하여 필요한 만큼 값을 추가한다. 확인을 클릭하여 완료한다.

다음으로 문서를 사례에 할당해야 한다. 예를 들어, 각 면담이 하나의 문서로 저장되면 각 문서가 사례가 된다. 탐색 보기 창 목록에서 소스를 클릭하고 창 상단에 나타나는 내부 폴더를 클릭한다. 표시된 각 문서를 대소문자로 만들려면 문서 전체를 선택한다(Ctrl+A). 만들기 기본에서 사례로 만들기를 클릭한다. 위치 선택 대화 상자가 나타나면 하단의 메뉴에서 사용하려는 분류(방금 전 생성한 분류)를 선택하고 확인을 클릭한다.

이제 문서와 이름이 같은 사례가 자동으로 생성되며 이러한 사례는 사용자가 생성한 분류를 사용하게 된다. 이제 이러한 사례에 속성값을 할당하고 탐색 보기 창 목록에서 노드를 클릭하고 창 상단 근처에 나타나는 사례 폴더를 클릭한다. 사례 목록이 목록 보기 창에 나타난다. 탐색 리본에서 사례 분류 시트를 클릭하고 팝다운 메뉴에서 방금 생성한 분류를 선택한다. 그러면 세부 정보 보기 창에서 분류 스프레드시트가 열린다. 그림 9.6을 참조하라. 빈 셀을 클릭하고 값의 팝다운 메뉴에서 이 사례에 대한 값을 선택한다. 생성한 각 관련 속성에 대해 반복한다.

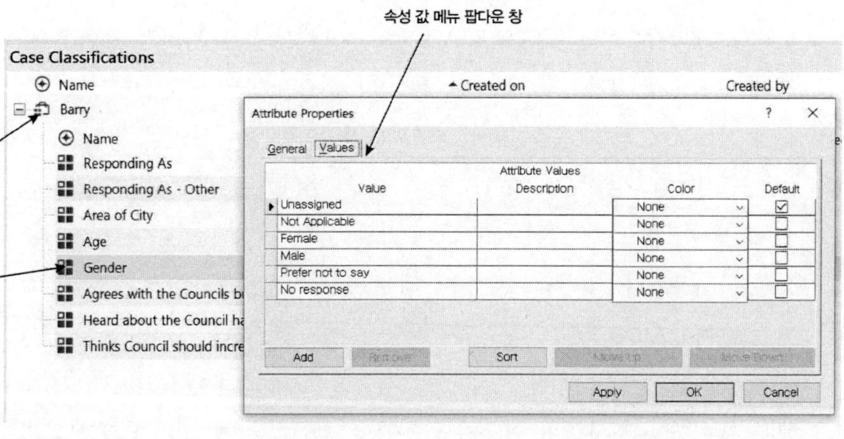

| 그림 9.6 | NVivo 사례 분류 시트 탭

코드와 속성 검색하기

세 가지 프로그램 모두 이미 생성된 코드 및 속성으로 텍스트를 검색하는 기능이 있다. 이를 통해 매우 풍부한 비교가 가능해진다. 6장에서 논의된 모든 다른 종류의 비교는 검색 또는 쿼리 도구를 사용하여 코딩된 텍스트를 검색하고 검사할 수 있다.

텍스트 검색을 수행할 때 검색 대상이자 검색의 장소는 모두 텍스트다. 이것은 코드 및 속성으로 검색할 때 덜 명확하긴 하나, 이것이 사실이라는 점을 인식하는 일은 중요하다. 이 경우 검색을 통해 비교되는 것은 코드 또는 속성에 코딩되거나 연결된 실제 텍스트다. 따라서 가장 간단한 경우에 하나 또는 다른 코드를 검색하면 이러한 코드로 코딩된 텍스트가 비교된다. 검색은 코드 중 하나에 코딩된 모든 텍스트를 검색한다(있는 경우 두 코드 모두에서 코딩된 텍스트 포함).

세 가지 프로그램 모두 둘 이상의 코드(때로는 속성도 포함)를 조합하여 검색할 수 있다. 이러한 조합은 불리언(Boolean)과 근접 두 종류로 나뉜다. 불리언 검색은 '그리고', '또는', '아닌'과 같은 논리적 용어를 사용하여 코드를 결합한다. 이러한 유형의 검색은 이를 처음 공식화한 수학자 불(Boole)의 이름을 따서 명명되었다. 일반적인 불리언 검색은 '또는'('조합' 또는 '결합'이라고도 함) 및 '~와'('교차'라고도 함)이다. 근접 검색은 코딩된 텍스트가 다른 코딩된 텍스트 근처에 있거나 아마도 겹치는 상황에 사용된다. 일반적으로 사용되는 근접 검색은 '~ 다음에'('순서' 또는 '선행'이라고도 함)와 '근처'('동시 발생'이라고도 함)이다. 표 9.2는 이러한 작동 방식을 설명하고 몇 가지 예를 제공한다. 불리언 검색과 근접 검색 모두 데이터를 조사하고 연구자의 직감을 확인하는 데 유용하지만 불리언 검색은 데이터에 대한 가설이나 아이디어를 검토하는 데 가장 유용하고 일관되며 정확한 코딩에 의존하는 반면, 근접 검색은 특히 초기 코딩 단계에서 데이터를 탐색할 때 예측을 통한 탐색에 사용될 수 있다.

| 표 9.2 | 코드 A와 B를 활용한 불리언 검색과 근접 검색

검색	검색 결과	일반적인 활용
A와 B	A와 B 둘 다로 코딩된 텍스트만 있고 코드 A 또는 B 중에서 하나만으로 코딩되거나 둘 다 코딩되지 않은 텍스트가 아님	A가 '설명한다'고 B가 '무단결석을 한다'라고 하면 A와 B는 응답자가 학교를 오지 않은 이유를 설명하는 모든 내용을 검색한다.
A 또는 B	A 또는 B, 또는 둘 다로 코딩된 모든 텍스트. 주의할 점은 한 번에 세 개 이상의 코드에 대해 '또는' 검색을 수행하는 것이 도움이 된다. 이렇게 하면 코드로 코딩된 텍스트를 찾을 수 있다.	파트너와 헤어진 사람들에 대한 연구 프로젝트에서 A가 '버려짐', B가 '떠돌아 흩어짐', C가 '상호 동의'인 경우, A 또는 B 또는 C는 사람들이 자신이 이별하게 된 이유에 대해 설명하는 모든 내용을 검색하여 보여줄 것이다.
A 다음에 B	코드 A로 코딩된 텍스트 다음에 코드 B로 코딩된 어떤 텍스트가 따라온다. 얼마나 근접한 거리에 있는지를 지정해야 할 경우도 있다.	연인과 헤어진 사람들에 대한 프로젝트에서 A가 '전환점'이고 B가 '훈련'이라면 A 다음에 B가 있는 곳에서 사람들이 전환점 이후에 있었던 훈련에 대해 이야기하는 지점을 보여준다.
A 주변 B	한 코드로 코딩된 텍스트만 다른 코드로 코딩된 텍스트 근처에 나타난다(해당 내용 전후 또는 심지어 겹칠 수도 있음). 예를 들어, '2개 문단 이내'와 같이 거리가 어느 정도인지를 정의해야 한다.	노숙자 연구에서 A가 '노숙자가 되다'이고 B가 '분노'라면 B 근처에 있는 A는 노숙자가 된 과정을 이야기하는 사람의 분노 감정과 관련된 내용을 보여준다.

예를 들어, 6장의 표 6.5에 있는 각 셀의 내용을 조합할 수 있는 출력을 생성하려면 '일상적인', '우연한', '기업가'라는 코드와 속성 또는 성별에 관한 변수 또는 '남성' 및 '여성'에 대한 문서가 필요하다. 그런 다음 속성값이 '여성'이고 코드 '일과'로 코딩된 텍스트를 검색한 다음 값이 '남성'이고 코드 '일상'으로 코딩된 텍스트를 검색할 수 있다. 그런 다음 '우연한'과 '기업가'라는 코드에 대해 이를 반복한다.

'일상'으로 코딩되고 속성값이 '남성' 또는 '여성'인 텍스트 검색

남성 문서의 문서 그룹과 여성 문서의 문서 그룹을 설정한다(앞 참조). 분석 리본에서 쿼리 도구 아이콘을 클릭한다. ATLAS.ti 쿼리 도구 탭과 쿼리 도구 리본이 열린다. 그림 9.7을 참조하라. 코드 목록에서 '일상'이라는 코드를 두 번 클릭한다. 해당 이름이 쿼리 목록에 복사된다. 검색된 목록이 검색 목록(우측 하단)에 표시된다. 결과 목록에서 각 인용에 대한 샘플 텍스트를 두 번 클릭하여 프로젝트 기본 창의 탭에 표시된 문서에서 강조 표시된 코딩 테스트를 확인한다.

쿼리 도구 리본에서 범위 편집 버튼을 클릭한다. 쿼리 도구 탭에서 범위 창이 열린다. 문서 그룹 목록에서 그룹 '남성'을 두 번 클릭한다. 범위 목록에 '남성' 그룹이 복사되고, 검색어 검색 인용 목록에 표시되는 인용 목록이 축소되어 남성 그룹의 문서에 있는 인용문만 표시된다. 결과 목록에서 차례로 각각을 두 번 클릭하여 문서의 인용문을 검사한다. 검색어 도구 탭을 별도의 창에 띄우면 더 쉽게 찾을 수 있다(탭 이름의 팝다운 메뉴 사용). 새 쿼리 도구 탭에서 이 프로세스를 반복하되 쿼리 범위 대화 상자에서 '여성' 그룹을 두 번 클릭하여 여성 그룹의 문서에서 해당 인용문만 표시한다.

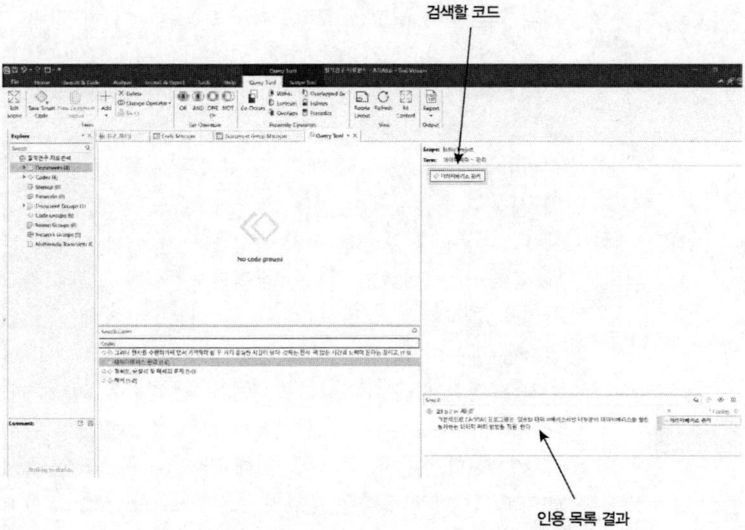

| 그림 9.7 | ATLAS.ti 쿼리 도구 탭

MAXQDA The Art of Data Analysis

남성 텍스트만 먼저 활성화해야 한다. 문서 시스템 창 아이콘 표시줄에서 문서 변수로 활성화 버튼(▤)을 선택한다. 변수로 활성화 대화상자가 열린다. 변수 목록에서 성별을 더블 클릭하여 선택한 목록으로 이동한다. (문서를 속성값 '남성' 또는 '여성'에 이미 할당했다고 가정) 값 아래의 팝다운 메뉴에서 '남성'을 선택한다. 활성화를 클릭한다. 코드 시스템 창에서 '일과'라는 코드를 찾아 그 옆에 있는 회색 점을 클릭하여 활성화한다(빨간색 화살표와 아이콘으로 바뀐다). 검색된 분할 창은 이제 남성 문서에서만 '일과'로 코딩된 텍스트 분할을 표시한다. 여성 텍스트의 경우 변수로 활성화 대화상자를 다시 열고 값 팝다운 메뉴를 사용하여 선택을 '여성'으로 변경한다. 활성화를 클릭한다. '일과' 코드가 여전히 활성화되어 있다고 가정하면 여성 문서에서 '일과'로 코딩된 텍스트 분할이 이제 검색된 분할 창에 표시된다.

NVIVO 쿼리 리본에서 코딩을 클릭한다. 코딩 쿼리 탭이 열린다. 그림 9.8을 참조하라. 첫 번째 팝다운 메뉴에 '전체'가 표시되고 두 번째 팝다운 메뉴에 '코드 위치'가 표시되는지 확인한다. 세 번째 항목에서 'Any Case Where' 항목을 선택하고 옆에 있는 세 개의 점 아이콘을 클릭한다. 그러면 사용할 속성값을 선택할 수 있도록 프로젝트 항목 선택 대화 상자가 열린다. 먼저 속성을 보기 위해 사용한 분류 옆에 있는 더하기 기호를 클릭한다. '성별'을 클릭하고 확인을 클릭한다. 코딩 쿼리로 돌아가서 두 개의 새로운 팝다운 메뉴가 나타난다. 첫 번째 항목이 'Equals Value'인지 확인한 다음 두 번째 항목에서 '남성'값을 선택한다. 다음으로, 이 오른쪽에 있는 더하기 기호를 클릭하여 기준을 추가한다. 이 새 줄의 첫 번째 팝다운 메뉴가 'Coded at'이고 두 번째 팝다운 메뉴가 'All Selected Nodes'인지 확인한 다음 옆에 있는 세 개의 점 아이콘을 클릭한다. 그러면 프로젝트 항목 선택 대화 상자가 다시 열리고 필요한 노드를 선택할 수 있다. 더하기 기호를 사용하여 노드 목록에서 필요한 항목인 '일과'를 찾은 다음 옆에 있는 상자를 클릭하여 선택하고 확인을 클릭한다. 이제 쿼리 실행을 클릭한다. 남성의 경우 '일과'로 코딩된 텍스트는 텍스트 검색 기준 아래에 나타난다(왼쪽 상단의 곡절을 클릭하여 이를 숨길 수 있음). 검색을 반복하되 속성값 '여성'을 선택한다. 결과를 표시하는 두 탭 사이를 전환하여 차이를 확인한다.

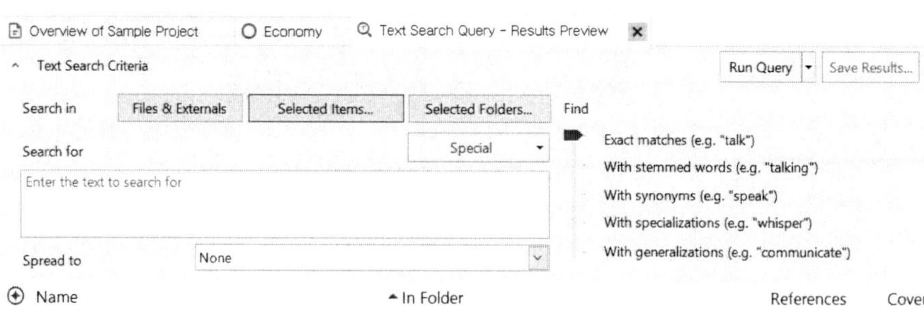

| 그림 9.8 | NVivo 코딩 쿼리 탭

단순히 텍스트 또는 코드를 검색하는 것보다 더 많은 검색이 있다. 세 프로그램 모두 매우 복잡한 검색과 코드의 복잡한 조합(MAXQDA의 경우 변수, ATLAS.ti의 그룹 및 NVivo의 속성)이 가능하다. 특히 매우 유용한 검색 방법 중 하나는 매트릭스 검색이라고 하는 작업을 수행하는 NVivo와 '코드 동시 발생' 쿼리를 수행하는 ATLAS.ti의 기능이다. 이를 사용하면 단일 검색에서 6장에서 설명한 표 중 일부를 지원하는 텍스트 찾기를 생성할 수 있다. 매트릭스 검색의 개념은 한 코드 그룹을 다른 코드 그룹(또는 NVivo, 노드 또는 속성 그룹)에 대해 검색하는 것이다. 6장의 예에서 NVivo를 사용하면 '일과', '우연한' 및 '기업가'의 세 가지 코드에 대해 성별(남성 또는 여성)을 검색하여 얻은 6개의 텍스트 그룹을 한 번에 찾을 수 있다. 수행하기로 선택한 검색 유형(위의 예에서 '그리고')은 각 코드 또는 속성 쌍('남성'–'일과', '여성'–'일과', '남성'–'우연', '여성'–'우연', '남성'–'기업가', '여성'–'기업가')에 차례로 적용된다.

검색하기의 장단점

검색은 CAQDAS 프로그램에서 사용할 수 있는 가장 강력한 도구 중 하나다. 데이터에 대한 탐색적 접근 방식, 데이터가 무엇인지 확인하고 연구자의 직감을 확인하는 데 모두 사용할 수 있다. 위에서 설명한 것처럼 텍스트 검색은 탐색에 매우 유용하지만 이 방법으로도 코드 검색을 사용할 수 있다. 예를 들어, 응답의 차원을 자세히 설명하는 데 사용할 수 있으며 분류를 개발하고 코드 위계 구조의 내용과 구조를 개선하는 방법으로 사용할 수 있다. 예컨대, 요크셔의 실업자 프로젝트에서 다양한 구직 서비스(예: '또는' 검색으로)의 평가에 대한 모든 텍스트를 모으기 위해 코드 검색을 수행했다고 가정해 보자. 이 텍스트를 읽으면 서비스에 대한 여러 종류의 응답이 있음을 알 수 있다. 일부 응답자는 도움이 된다고 생각했고, 다른 응답자는 이런 서비스에 접근할 수 없다고 생각했으며, 다른 응답자는 자신의 필요와 관련이 없다고 생각했다. 평가 개념의 차원으로 이러한 아이디어에 대한 새 코드(연구자가 찾은 텍스트에서의 코드)를 만들 수 있다.

코드 검색은 연구자의 직감과 아이디어를 확인하는 데에도 사용할 수 있다. 사실상 가설 확인의 한 형태이다. 예를 들어, 치매 환자를 위한 간병인에 대한 연구에서 간병인인 남성은 국가 서비스와 자원봉사 및 자선단체로부터 더 많거나 다른 종류의 지원을 받는다는 직감을 가질 수 있다. 다양한 서비스 및 기관에서 제공하는 다양한 종류의 지원에 대한 코드와 관련하여 속성/변수/문서 그룹 '성별'을 검색하면 비교할 수 있는 남성 및 여성용 텍스트가 검색된다. 일부 코드는 여성에 대해 완전히 부재하여 이러한 종류의 도움을 전혀 언급하지 않았음을 나타낸다. 그러나 코드가 부여된 텍스트의 부재 또는 존재보다 더 중요한 것은 서비스에 대해 남성이 언급한 내용과 여성이 말한 내용의 실제를 비교하는 일이다. 이러한 비교를 통해 여성과 남성이 받는 지원이 어떻게 다른지 또는 유사한지 실제적인 인상을 포착할 수 있다.

신뢰도와 검색

반대로 코드 및 속성/변수 검색은 속성의 코딩 또는 할당만큼만 유용하다. 코드가 잘못 정의되고 일관되지 않게 적용되며 개념적으로 중복되거나 혼란스러워지면 코드 검색 결과가 편향되고 신뢰도가 떨어진다. 코드가 명확하게 정의되고 코딩된 텍스트가 관련성이 있으며 일관성이 있는지 확인하는 일은 연구자에게 달려 있다. 코딩에서 누락된 텍스트에도 계속해서 주목해야 한다. 그러나 거의 완벽하게 코딩을 했다고 해도 코드 및 속성/변수 검색은 가설을 검증하고 패턴을 검색하기 위한 완벽한 도구가 아니다. 관계 찾기(또는 찾기 실패)는 텍스트가 그러한 검색에 내재된 가정을 반영하는 경우에만 신뢰할 수 있다. 이러한 가정에는 녹음된 텍스트가 완전하고(실제로 발생했거나 말할 수 있었던 모든 관련 사항이 기록됨) 텍스트가 잘 구성(주제에 대한 모든 대화가 문서 속에서 서로 가까이 위치해 있음)되어 있다는 점이 포함된다.

마지막으로 근접 검색에 대한 특정 문제를 검토할 필요가 있다. 이는 사람들이 한 가지 내용에 대해 이야기할 때 직전 또는 직후에 그와 관련된 이야기를 언급하는 경향이 있다는 사실과 관련이 있다. 물론 그렇지 않은 경우도 있다. 예를 들어,

- 사람들은 인터뷰나 대화의 시점에서 목적에 부합하기 때문에 특정 주제에 대해 집중해서 이야기한다.
- 인터뷰 후반에 응답자는 앞서 이야기하려고 했던 내용을 다시 기억하는 경우가 많다.

이러한 이유로 서로 관련된 문제라고 하더라도 전사본에서 같이 나타나지 않거나 서로 가까이에 있지 않는 경우가 있다. 그러므로 Coffey와 Atkinson의 다음 설명을 주의 깊게 볼 필요가 있다.

> "본질적으로 예측할 수 없는 질적 데이터 구조를 감안한다면, 동시 발생 또는 근접성은 범주 간에 분석적으로 반드시 중요한 관계를 의미하지 않는다. 이는 일반적으로 발생하는 코드의 중요성이 더 크다고 가정하는 것만큼이나 불안정한 가정이다. 분석의 측면에서 볼 때 중요성이란 빈도로 보장되지 않으며, 마찬가지로 상호 관계 역시 근접성에 의해 보장되지 않는다. 그럼에도 불구하고 연구의 절차가 진행됨에 따라 둘 사이의 지속적인 상호작용의 일부로 아이디어와 데이터를 확인하는 이러한 방법에 대한 일반적인 발견상의 가치를 찾을 수 있다"(Coffey & Atkinson, 1996. p. 181).

이 장의 핵심 내용

- 컴퓨터를 사용한 텍스트 검색과 어휘 검색은 코딩을 위한 유사한 구절을 찾거나 반대되는 경우를 찾는 데에 유용하고, 그렇지 않더라도 단순하게 연구자가 데이터에 익숙해지도록 함으로써 분석에 도움을 준다. 이러한 검색은 효율적이기도 하다. 관련성 여부와 관계없이 모든 검색어로 검색이 가능하다. 따라서 검색 결과가 관련성이 있는지를 확인해야 한다.
- 어휘 검색은 검색한 용어만큼만 검색할 수 있으므로 검색할 관련 용어 목록을 작성하는 일이 필요하다. 이는 기존의 이해와 이론, 동의어 사전을 사용하거나 관련 단어에 대해 찾은 용어 근처의 텍스트를 검색하여 제공된다.
- 속성 및 변수는 사례 및 설정에 대한 간단한 정보를 저장하는 간단한 방법이다. 검색을 구체화하는 데 사용할 수 있다.
- 세 가지 CAQDAS 패키지 모두 코드를 사용한 검색을 지원한다. 이 경우 검색되는 것은 지정된 코드와 일치하는 텍스트이다. 이러한 검색은 불리언 검색(예: A와 B, A 또는 B) 및 근접 검색(예: A 다음에 B, A가 B 근처에) 검색으로 결합될 수 있다.
- 어휘 및 코드 검색을 모두 사용하여 데이터를 탐색함으로써 연구자는 데이터에 익숙해질 수 있다. 코드 검색은 패턴을 찾고(비교 사용), 데이터의 관계에 대한 연구자의 직감을 확인하는 데에도 유용하다.

더 읽을거리

아래 책은 질적 데이터 분석을 위한 컴퓨터의 활용에 대해 더 많은 정보를 제공한다.

Bazeley, P. and Jackson, K. (2013) Qualitative Data Analysis with NVivo, 2nd ed. London: Sage.

Friese, S. (2012) Qualitative Data Analysis with ATLAS.ti. London: Sage.

Kuckartz, U. (2014) Qualitative Text Analysis: A Guide to Methods, Practice and Using Software. London: Sage.

Lewins, A. and Silver, C. (2014) Using Software in Qualitative Research: A Step-by-Step Guide, 2nd ed. London: Sage.

제10장

모든 것을 종합하기

제10장

모든 것을 종합하기

• 이 장의 목적 •

- 몇몇 코드를 만들었을 때, 그것들을 위계적으로 조직할 수 있다는 것을 안다.
- 이러한 과정이 실천적이고도 분석적인 활동이라는 것을 안다.
- 특히 표를 사용하는 것이 비교에 도움이 된다는 것을 안다.
- 비교를 통해 자신이 수집한 자료를 보다 깊은 수준에서 이해하고, 용어를 만들며, 모형을 개발할 수 있다는 것을 안다.
- 수집된 자료에 근거한 참신한 이론을 구축하는 데 도움이 되는 전략들을 이해한다.

읽기

질적 분석을 막 시작한 이들이 가장 어렵다고 느끼는 것 중 하나는 수집된 자료에 대한 완전한 해석을 제공하는 것이다. 초보 분석가들은 전사본을 읽을 때 즉각적이고, 즉흥적이며, 표면적으로 읽는 경향이 있다. 따라서 그들이 주목한 내용을 중심으로 해석이 일어나곤 한다. 이런 식으로 해석을 하는 경우 질적 자료가 다층적이며, 그럴듯한 다양한 해석이 가능하다는 것을 인식하지 못하게 된다.

본서는 다양한 해석을 찾고 그러한 해석을 서술적인 차원에서 보다 분석적인 차원으로 옮기는 데 도움이 될 만한 몇몇 기술 혹은 접근들을 제시하고자 노력하였다. 이에 관한 핵심적인 예시는 텍스트를 주의 깊게 읽는 것(또는 텍스트가 아닌 형태의 자료들을 살펴보는 것)으로, 이른바 집중적 읽기를 위한 것이다. 텍스트 혹은 텍스트를 둘러싼 환경에서 벌어지는 일들은 늘 많다. 발화된 내용만이 풍부하고 다양한 것이 아니다. 사람들은 동시에 여러 방식으로 이해될 수 있는 형태로 행동한다. 그들만의 행동과 표현 방식으로 그들 자신과 세상에 대한 것들을 나타내는 것이다. 그러므로 텍스트를 완전히 숙지하고 매번 새로운 질문을 할 수 있도록 텍스트를 읽고, 또다시 읽기를 (또는 텍스트가 아닌 자료들을 다시 검토하기를) 바란다.

쓰기

모든 질적 분석은 쓰기를 포함한다. 자료를 수집하고 분석하는 데 쏟은 많은 수고와 연구 참여자들이 자료를 제공하기 위해 쏟은 노력을 생각하면 연구 결과를 작성하고 발표하는 것이 도리이다. 하지만 질적 자료 분석에서 글을 쓰는 것은 그 이상을 의미한다. 자료에 대해 글을 쓰고 다시 쓰는 과정은 분석 과정에 포함되는 필수적인 과정이다. 자료에 대한 글을 작성하는 것은 기록을 보관하는 한 형태일 뿐만 아니라 연구 프로젝트에 대한 아이디어를 개발하는 창의적인 과정이다. 메모와 노트를 작성하는 것은 기록의 주된 형태이다. 이 모든 것이 분석의 일부로서 아이디어를 만들어내는 데 도움이 될 것이다. 자료에 대한 메모와 노트를 작성하는 것은 분석 과정에 대한 증거를 제공할 것이며, 연구자 자신의 입장이나 관점, 이론, 심지어는 편견이 연구자의 분석의 일부를 형성하거나 그러한 분석을 만들어내는 과정을 규명할 것이다. 분석 과정에 대한 글을 작성하는 것은 연구 일지를 작성하는 것과 같은 것으로 당신이 연구를 보다 반성적으로 수행하도록 도울 것이며, 당신의 입장과 흥미, 편견이 당신의 분석을 어떻게 이끌었는지 알게 해줄 것이다.

코딩

본서는 코딩에 중점을 두었다. 모든 질적 연구자들이 코딩을 하는 것은 아니지만, 대부분 연구자들에게 코딩은 방대한 양의 자료를 분류하고 유지하는 데 필수적인 기술이라 할 수 있다. 코딩은 다양한 방식으로 활용될 수 있다. 가장 일반적인 것은 자료의 주제가 되는 내용을 범주화하는 것이다. 이때 코딩은 당신이 관심 있는 행위와 장소, 전략, 의미, 감정 등의 예시 등을 포함하여 같은 코드로 표시된 자료들을 신속하게 검색하고 비교하도록 도와준다. 그러나 코딩은 당신이 관심 있는 부분, 그리고 아마도 다시 돌아가 확인하고 싶은 부분을 다른 색으로 표시하거나, 동그라미를 치거나, 밑줄을 긋거나, 코멘트를 다는 등 텍스트에 표시할 수 있는 다른 여러 방법들과 함께 보다 특이한 방식으로 사용될 수 있다. 이러한 방식으로 코딩을 사용하는 것은 범주화보다는 북마킹과 유사하다고 할 수 있다. 줄별 코딩 또한 이와 비슷할 수 있으나 줄별로 코딩된 혹은 표시된 많은 자료들은 궁극적으로 보다 체계적이며, 주제를 담은 코드로 범주화될 수 있다.

분석에서 코드는 모종의 개념, 주제 또는 아이디어를 나타내며, 연구자는 코드에 대한 정의 및 메모와 함께 모든 코드를 나열한 코드 목록을 보관할 필요가 있다. 일부 분석가들은 단순히 이러한 방식으로 코드를 나열하는 것이 분석이 아니라 분석을 조직하는 방법일 뿐이라고 주장한다. 다른 이들은 이러한 조직 자체가 모종의 분석적인 목적을 지닐 수 있기 때문에 이 또한 분석의 중요한 부분이라고 주장한다. 중요한 것은 연구 결과에 대한 작성이 코드 목록의 주요 코드에만 의존해서는 안 된다는 것이다. 대개 질이 낮은 학생 논문이나 출판 논문들은 인상주의적이고, 일화적이며, 자료에서 발견한 각각의 주제에 대한 설명이나 요약으로 단순하게 구성되곤 한다. 그러한 연구가 다른 이들이 거의 경험해 보지 못한 설정이나 상황에 관한 것이라면 꽤 흥미로울 수 있지만, 대개는 우리가 이미 알고 있는 것을 요약하고 있는 경우가 많다. 이 수준을 넘어설 필요가 있다. 자료를 다시 살펴보고, 발화된 혹은 행동으로 나타난 것들 중에서 반드시 즉각적으로 명백하다고 할 수 없는 현상들을 찾아내야 한다. 훌륭한 분석은 이러한 과정을 거치며, 무슨 일이 일어나고 있는지를 설명하고 이해하기 위한 이론을 만들어낸다. 뛰어난 연구는 새로운 이론을 제안하거나 적어도 기존 이론에 대한 새로운 적용을 제안한다.

관계와 패턴

서술적이고 인상주의적인 진술을 뛰어넘기 위한 한 가지 방법은 수집된 자료에서 패턴과 관계를 찾아보는 것이다. 여러 사례, 장소, 행위자, 상황, 동기 등에 걸쳐 나타나는 공통점과 차이점을 찾아보라. 이와 같은 탐색의 결과로서 당신은 그러한 공통점과 차이점이 왜 발생했는지에 대한 질문을 만나게 될 것이며, 그러한 패턴에 대한 설명과 근거를 제공해야 하는 임무를 지니게 된다. 여기서는 질적 자료의 풍부함이 도움이 된다. 두터운 서술은 사람들의 동기와 의도, 전략에 대한 증거를 제시하며, 이를 통해 그렇게 행동한 이유에 관한 설명을 제시하기도 한다. (비록 연구 참여자들이 당시 그러한 것들을 인식하지 못하거나 그것들을 직접 언급하지는 않은 경우에도 말이다.) 그러나 편향되거나 편견이 작용한 자료에 근거하여 설명을 제공하는 것은 위험하다. 이것이 바로 자료를 검토할 때 철저하게, 그리고 분석적으로 접근하는 것이 중요한 이유이다. 당신의 설명이 어느 범위까지 일반적인 혹은 특수한 상황에 기반하고 있는지, 당신이 제시한 증거가 그러한 설명에 대해 어느 정도의 확신을 주는지를 솔직하게 제시해야 한다.

분석의 질

당신의 분석이 질적으로 우수하다는 것을 보장하기 위한(보다 확장된 논의를 위해서 Flick, 2018c를 함께 참고할 것), 그리고 당신도 모르는 사이에 연구가 일화주의나 편파성, 편향성으로 전락하지 않도록 하기 위한 간단한 공식은 존재하지 않는다. 이와 관련하여 제시할 수 있는 한 가지 조언이 있다면, 분석을 신중하게 그리고 포괄적으로 하라는 것뿐이다. 코딩 위계, 표, 지속적 비교, 그리고 전사본과 노트, 메모를 여러 번 반복해서 읽음으로써 수집된 자료에 대한 분석이 철저하게 이루어졌으며, 자료와 균형을 이루고 있고, 자료에 의해 지지되고 있다는 점을 확증할 수 있다. CAQDAS 프로그램은 연구가 포괄적이고 철저하게 수행되었음을 보장하는 데 도움이 되고, 실제 많은 연구자들이 그들의 분석 활동에 CAQDAS 프로그램이 중요한 지원을 제공한다고 생각하고 있다. 그러나 이러한 프로그램을 반드시 사용해야 하는 것은 아니다. 컴퓨터는 당신에게 해석을 제공해줄 수 없다. 결국 적절한 이론을 기반으로 해석을 하고, 분석적인 설명을 제시하고, 이를 전반적으로 보강하는 작업은 인간된 연구자로서 당신에게 주어진 책임이라 할 수 있다. 이 작업을 성실하고 포괄적이며 철저하게 수행하는 것은 당신의 분석이 질적으로 우수할 뿐 아니라 궁극적으로 흥미롭고, 설득력이 있으며, 유의미하다는 것을 보장하는 데 도움이 될 것이다.

개방형 코딩(open coding) 근거 이론의 첫 번째 코딩 단계로서 관련된 범주를 식별하기 위해 텍스트를 성찰하며 읽는 것. 텍스트를 읽을 때 새로운 코드가 생성되고, 이론적 또는 분석적(단순한 설명이 아닌) 이름이 부여됨. 관련 텍스트는 동일한 코드에 함께 코딩됨. 연구자는 범주(코드)에 대한 여러 차원들을 도출할 수 있음.

검색(searching) CAQDAS의 주요 기능 중 하나로 어휘 검색(텍스트에서 단어와 구절을 반복적으로 검색)과 코드 검색을 모두 포함함. 코드 검색의 경우, 검색에 의해 발견되지 않는다면 그것은 지정된 방식으로 코딩된(또는 그렇지 않은) 텍스트의 구절이거나 특정 방식으로 다르게 코딩된 구절과 관련이 있기 때문임(예: 중복, 두 코드로 코딩).

귀납법(induction) 다수의 특정 진술, 사건, 또는 관찰로부터 어떤 상황이나 현상에 대한 일반 이론 또는 설명을 이끌어내는 논리적 흐름.

근거 이론(grounded theory) 글레이저(Glaser, B.)와 스트라우스(Strauss, A.)가 고안한 귀납적 방법의 질적 연구로서 데이터 수집과 분석이 동시에 수행됨. 지속적인 비교 및 이론적 선별을 통해 수집된 데이터로부터 이론이 체계적으로 도출됨. 따라서 이론은 추상적으로 생성되는 것이 아니라 관찰에 기반을 둠. 사례, 상황, 또는 응답자의 선별은 분석 중인 데이터에 지속적으로 기반을 두면서 연구로부터 발견되는 점들의 한계를 점검하기 위한 필요로 활용됨.

기술적 코딩(記述的—, descriptive coding) 연구에서 사람, 사건, 상황 등의 표면적 특징을 언급하는 코드로 코딩하는 것.

내러티브 분석(narrative analysis) 텍스트 내의 절차 또는 순서 구성에서 작동하는 텍스트 장치를 연구하고자 하는 담론 분석의 한 형태.

내러티브/서사(narrative) 일반적으로 개인적인 차원을 포함하며, 개인의 관점에서 서술되는 사건과 경험에 대한 이야기를 전달하는 텍스트 또는 발화.

담론 분석(discourse analysis) 사회적 세계의 다양한 층위가 말과 텍스트를 통해 어떻게 생산되는지, 특별히 연구 참여자들이 그들 자신과 타인을 어떻게 구성하는지를 강조하는 접근 방법. 말과 텍스트의 모든 특징들은 모종의 행위(예를 들어, 힘을 행사하거나 타인을 통제하려는 등)를 수행함으로써 드러남.

메모(memo) 연구의 주요 데이터 또는 코드에 대한 연구자의 의견이 담기며 분석의 대상이 되는 문서. 메모는 특정 데이터(특히 CAQDAS 프로그램에서)와 연결되거나 연구 일지를 만들기 위해 수집된 별도의 문서일 수 있음.

모형(model) 연구 현장의 핵심 요소 사이의 관계를 나타내기 위해 설계된, 개념도나 도표로 표현되는 매핑 장치. 모형은 예측적, 인과적, 또는 서술적인 특징을 지니며, 담론적, 수학적, 또는 그래픽의 성격을 가질 수도 있음.

문화기술지(ethnography) 특수한 사회적 상황을 연구하고 집단의 문화를 체계적으로 기술하기 위해 수행되는 복합적 성격의 질적 접근 방법. 문화기술지 연구의 목적은 토착민(natives)/내부자(insiders)가 그들의 세상을 바라보는 관점을 이해하기 위함임. 기원을 거슬러 올라가면 인류학 연구와 맞닿아 있어, 현장 연구(어떤 공동체 속에 들어가 '살아가는')와 같이 자연스러운 방법에 따라 자료를 수집하는 것을 옹호함.

분류(학)(taxonomy) 상위 항목과 하위 항목 간의 관계가 '~의 일종' 또는 '~의 유형'인 항목의 엄격한 계층적 분류.

비교 분석(comparative analysis) 동일한 시점에 다른 설정 또는 집단의 데이터, 또는 특정한 기간 동안 동일한 설정 또는 집단의 데이터를 상호 분석하여 유사점과 차이점을 식별하는 분석. (지속적 분석(constant comparison) 참조)

비밀유지(confidentiality) 응답자가 제공한 정보의 성격을 연구진이 아닌 제3자에게 공개되지 않도록 하는 체계적인 보호.

사례(case) 연구 중인 개별 단위. 사람, 기관, 사건, 국가나 지역, 가족, 환경 또는 조직이 사례가 될 수 있으며 수행 중인 연구에 따라 달라짐.

사회적 구성주의 사회적, 문화적 세계의 현상과 그 의미가 객관적이지 않고 인간의 사회적 상호작용에 의해 생성된다는 인식론적 견해. 즉, 현상과 의미는 사회적으로 구성된다고 보는 입장. 이러한 접근 방식은 전적으로 그런 것은 아니지만, 종종 이상주의 철학을 기반으로 함.

상대주의/상대론자(relativism/relativist) 개념적 또는 윤리적 의미에서 진리나 도덕을 판단함에 있어 절대적인 기준을 거부하는 입장. 문화 상대주의는 다른 문화가 현상을 다른 방식으로 정의하기 때문에 하나의 문화적 관점은 다른 문화의 관점을 판단하거나 이해하는 데에 사용될 수 없다는 견해.

상호텍스트성(intertextuality) 다른 텍스트에서 일어나는 어떤 텍스트의 되울림(echo). 명시적인 상호 참조, 문체적 접근, 또는 암시적 주제의 형태로 이루어짐.

생애사(life history) 연구 참여자의 삶의 이야기에 초점을 맞추는 면담 형식. 생애사 연구의 면담은 인생 과정의 연대기를 중심으로 구성되는 경향이 있지만 이와 동시에 개방적인(open-ended) 성격을 지님.

서술(accounts) 연구 참여자가 자신의 행동이나 상황을 설명, 정당화, 변명,

합리화하는 등의 시도를 하는 특정 형태의 설명.

선택 코딩(selective coding) 중심 현상 또는 핵심 범주가 도출되고 다른 모든 범주가 그것에 연결되는 것으로, 근거 이론의 마지막 단계.

성찰성(reflexivity) 넓은 의미에서 성찰이란 연구자들이 필연적으로 어떤 방식으로든 그를 둘러싼 환경의 관점과 관심을 반영하는 것을 의미함. 또한, 데이터를 생성하거나 연구 결과를 기술할 때 연구자 자신의 행위와 가치를 되돌아보는 연구자의 능력을 일컬음.

속성(attributes) 한 명 혹은 그 이상의 사람, 사건, 또는 상황이 지닌 일반적인 특성. 양적 분석의 변수와 매우 유사한 개념. 속성을 사용하여 집단 내의 유사점이나 차이점을 식별할 수 있음. 속성(예: 성별)에는 여러 값(예: 남성, 여성, 해당 없음)이 있을 수 있으며, 특정한 경우에는 각 속성에 하나의 값만 할당될 수 있음.

수사/레토릭(rhetoric) 사람들을 설득하거나 그들에게 어떤 영향을 미치기 위한 언어 사용 및 그러한 방법의 연구. 여기에는 특정한 인상을 전달하거나 특정 해석을 강화하기 위해 텍스트의 화자 또는 저자가 사용하는 언어 전략이 포함됨.

수합(코드나 데이터의) (retrieving: codes or data) 데이터의 패턴과 공통점을 검사하기 위해 단일 코드로 코딩된 모든 텍스트를 한데 모으는 과정.

신뢰도(reliability) 다른 관찰자, 연구자 등(또는 어떤 경우에는 동일한 관찰자)이 동일한 연구 대상에 대해 동일한 것을 관찰을 하거나, 동일한 데이터를 수집하는 정도. 이 개념은 동일한 연구 대상이 무엇인지 명확하지 않은 경우가 종종 발생하는 질적 연구에서 많은 논쟁의 여지가 있음.

실재론(realism) 우리의 생각과 신념 또는 존재와 무관하게 실재가 존재한다는 견해. 연구는 우리에게 현실 세계의 구성이 아니라, 그 현실에 대한 직접적인 정보를 제공함. 그러나 일부 민감한 실재론자들은 언어의 구성주의적 속성에 동의하기도 함.

어휘 검색(lexical searching) 응답자가 사용한 단어 및 구절을 찾고, 그것을 사용한 맥락을 탐색하기 위한 텍스트 검색.

에피파니(epiphany) 어떤 사람의 전기 또는 생애사에서 중요한 전환점이 된 사건. 에피파니를 기준으로 한 사람의 생애가 전후로 나뉨. 일반적으로 사람들은 이로 인해 인생이 바뀌거나 전혀 다른 사람으로 살게 되었다고 기술함.

연구참여 동의/피험자 동의(informed consent) 개인이 자신에게 미칠 수 있는 이익과 위험에 대한 충분한 이해를 바탕으로 연구참여에 대한 자발적 동의를 얻는 과정.

이상주의(idealism) 세계는 사람의 마음속에 존재하며, 사람의 생각과 무관한 외부의 실체는 없다는 입장.

익명표기(anonymization) 전체적인 의미는 그대로 보존되나 사람이나 소속 기관을 식별하는 이름, 장소, 세부 사항 등을 변경하여 전사 및 연구 결과물을 통해 이들을 식별할 수 없도록 하는 과정.

일반화 가능성(generalizability) 특정한 사례나 예시로부터 밝혀진 결과가 보다 폭넓은 대상을 설명하고 기술하는 데 정당하게 적용될 수 있는 정도.

은유(metaphor) 일종의 수사적 장치로서 발화나 텍스트에서 이미지를 활용하는 것. 은유는 문화적으로 공유된 아이디어를 담아내거나 표현상의 어려움이 있을 때 사용함.

자동코드(autocode) 검색 결과를 코딩하는 CAQDAS 프로그램의 한 기능.

자료(data) 사회 조사를 통해 생성되고 기록된 정보의 항목 또는 단위(datum의 복수형). 데이터는 수치적(양적)이기도 하고, 단어, 이미지, 또는 사물의 특성(질적)이기도 함. 자연스럽게 생성되는 데이터는 연구자의 존재 여부와 관계없이 일어난 사건을 기록한 것. 그럼에도 불구하고 데이터는 수집되기를 기다리는 '거기에 있는' 존재가 아님. 데이터는 연구 자체의 산물이자, 연구 과정에 의해 결정됨.

자료 보관소(data archive) 연구에서 수집된 데이터를 보관하는 공간. 설문조사에서 수집된 내용을 양적으로 코드화하거나, 사회과학 연구의 일부로 질적 자료를 수집하고, 2차 분석을 위해 가용한 형태로 보관함.

자서전(biography) 한 사람의 삶에 대한 폭넓은, 그리고 기록된 형태의 설명 또는 서사. 자서전은 일반적으로 일정한 구조를 가지고 있으며, 에피파니(epiphany; 이야기 속 인물에게 일어난 주요 사건, 또는 중요한 사실을 깨닫는 순간)나 인생의 전환점과 같은 중요한 주제를 중심으로 기술됨. 자서전의 내러티브는 일반적으로 연대기적인 특징을 가짐.

전사(transcription) 음성, 손으로 기록한 메모의 음성 파일, 또는 영상 녹화와 같은 말소리를 문자로 전환하는 과정. 어떤 경우에는 특정 단어가 어떤 방식으로 사용되었는지를 나타내기 위해 특수 문자를 활용하기도 함.

주제(themes) 질적 데이터를 분석하는 과정에서 도출되는, 이전의 이론이나 응답자의 생생한 경험에서 파생되어 반복적으로 등장하는 문제, 아이디어, 또는 개념.

지속적 분석(constant comparison) 이론적 범주를 도출하고 다듬기 위해 새로 수집된 데이터를 이전에 수집된 데이터 및 해당 코딩과 지속적으로 비교하는 근거 이론 연구의 절차. 새롭고 유의미한 방향으로 연구를 진행할 수 있는 새로운 아이디어를 점검하기 위한 목적으로 수행함.

참여 관찰(participant observation) 민속지학 연구자들이 가장 일반적으로 채택하는 방법으로, 연구자가 참여자의 행동을 관찰하면서 공동체 또는 집단의 생활에 참여함. 때로는 암묵적으로, 때로는 명시적으로 이루어짐.

축 코딩(axial coding) 근거 이론에서 범주의 관계를 탐색하고 범주 간의 연결을 만드는 코딩의 두 번째 단계. 이 단계에서 분석가는 데이터의 핵심 쟁점이나 주제를 드러내고 강조하는 코드를 선택하기 시작함.

코드(code) 데이터의 아이디어, 주제, 이론, 차원, 특성 등을 나타내는 용어. 질적 분석 연구에서 텍스트, 이미지 등의 묶음은 동일한 코드로 연결되어 동일한 아이디어, 주제, 특성 등을 나타냄.

코드 목록(codebook) 질적 자료 분석에서 코드에 대한 정의, 코딩에 대한 일련의 규칙 또는 지침 등이 포함된 코드의 목록. 코딩 프레임(coding frame)이라고도 함.

코딩(coding) 어떤 아이디어나 개념을 예시하는 문서나 이미지(의 일부)에서 텍스트 구절을 식별한 다음 해당 아이디어나 개념을 나타내기 위해 명명된 코드에 연결하는 작업.

코딩 브라켓(coding brackets) 전통적으로는 라인이 코딩된 방식을 보여주기 위해 연관된 이름이 있는 텍스트의 여백 아래에 있는 (색칠된) 줄무늬, 막대, 또는 대괄호를 의미함. CAQDAS 프로그램에서는 문서의 바깥 여백(MAXQDA는 왼쪽, ATLAS.ti와 NVivo의 경우 오른쪽) 창에 세로로 색상이 지정된 선으로 표시됨(선택 사항). 각각의 괄호는 텍스트가 부호화된 코드의 제목으로 이름이 지정됨.

타당도(validity)

어떤 사회 현상에 대한 설명이 그 현상을 얼마나 정확하게 보여주는지를 나타내는 정도. 실재론적 연구에서 타당도는 연구가 연구 대상이 되는 상황 또는 사람들에 대한 진정한 설명을 제공하는 정도를 의미하며, 종종 내적 타당성이라고도 함. 외적 타당도는 연구된 집단이나 상황으로부터 수집된 데이터가 더 많은 사람들에게 일반화될 수 있는 정도를 나타냄. 연구가 세계에 대해 단 하나의 진정한 설명을 제공할 수 있다고 주장하는 입장에 회의적인 포스트모더니스트들은 타당도의 가능성 자체에 이의를 제기함.

텍스트(text) 좁은 의미에서 텍스트란 서면 형태의 문서를 말함. 그러나 '읽을' 수 있는 모든 것을 지칭하는 용어로 확장되어 해석이 가능한 의미를 가짐(예: 광고, 음악, 또는 영화 등). 기호학자들은 심지어 레슬링 경기나 코카콜라 캔도 '텍스트'로 간주될 수 있으며 문화적 함의를 분석할 가치가 있다고 봄.

편향(bias) 연구 결과를 체계적으로 왜곡하는 모든 영향. 실증주의적 접근 방식에서 이는 연구 대상의 진정한 본질을 흐리게 하고, 연구자에 의해 또는 표집을 포함한 데이터 수집 과정에서도 발생할 수 있음. 상대론자나 해석적 관점의 연구에서는 연구에 대한 성찰적 설명이 편향과 관련한 신뢰 문제와 관련하여 다루어지기도 하나, 애초에 연구 결과가 편향될 수 있는 본질이 없다고 보기 때문에 편향은 거의 의미가 없음.

포스트모더니즘(postmodernism) 인간 본성 또는 사회 및 문화 세계에 대한 포괄적인 설명을 추구하는 사회과학 개념인 합리성과 진보 및 개념에 대한 모더니즘적 가치를 거부하는 지식인들의 사회 운동 또는 그 흐름. 포스트모더니스트들은 거대 서사를 억압적이라고 보고 그 서사의 몰락을 추구하며, 현대 경험의 파편화되고 분산된 특징을 강조함. 극단적인 형태에서 포스트모더니즘은 절대적인 진리나 지식의 존재, 사회 현상을 설명하는 과학의 힘을 거부함.

해석적 코딩(interpretive coding) 연구자가 어떤 개념, 아이디어, 설명 또는 이해를 생성하기 위해 데이터의 내용을 해석하는 코딩. 해석은 응답자 자신의 견해와 경험, 연구자의 견해 또는 이해, 또는 기존의 이론이나 프레임워크를 기반으로 이루어짐.

현장 노트(field notes) 연구자가 연구하고 있는 현장의 '상황'에 들어가 있을 때 그가 생각하고 관찰한 바를 기록한 노트.

CAQDAS 컴퓨터 기반의 질적 데이터 분석 프로그램(Computer-Assisted Qualitative Data Analysis). 컴퓨터는 단지 지원의 기능을 할 뿐이지 소프트웨어가 분석을 하는 것은 아님. Fielding & Lee(1991)에 의해 처음 소개됨.

역자 약력

김종훈

경인교육대학교와 서울대학교를 졸업하고, 미국 University of Wisconsin-Madison에서 교육과정 전공으로 박사학위를 받았다. 예비교사들에게 감동을 가르치는 교수로, 현직교사들과 함께 공동체를 이루어 가르침의 의미를 고민하는 실천 연구자로 살고 있다. 대표 저서로는 『교사, 함께 할수록 빛나는』, 『코로나 이후, 학교의 미래(공저)』가 있다. 현재 건국대학교 교직과 교수로 재직 중이다.

조현희

이화여자대학교에서 학사, 석사학위를 받고, 미국 워싱턴 대학교에서 교육과정(전공)과 다문화교육(세부전공)으로 박사학위를 받았다. 정의롭고 평등한 교육과정과 수업을 창안하기 위해 교육과정 정책과 실행, 이론과 실제 사이를 항해하며 대안적 공간을 창출해가는 교사들의 인식과 실천을 연구하고 있다. 대표 저서로는 『오늘 만나는 미래학교: 2030 대한민국 미래교육 보고서(공저)』, 『다문화교육(공저)』가 있다. 현재 홍익대학교 교육학과 교수로 재직 중이다.

엄수정

이화여자대학교를 졸업하고 미국 스탠퍼드 대학교에서 교육과정과 교사교육으로 석사학위를, 미국 컬럼비아 대학교에서 교육과정과 교수로 박사학위를 받았다. 교육 장면에서 발생하는 (비)인간 존재의 타자화 문제와 그에 대한 교사들의 비판적이고 창의적인 응답-능력을 탐구하고 있다. 대표 저서로는 『오늘 만나는 미래학교: 2030 대한민국 미래교육 보고서(공저)』, 역서로는 『장애학과 통합교육: 통합학급 운영을 위한 비판적 실제』가 있다. 현재 경기도교육연구원에서 부연구위원으로 재직 중이다.

질적 연구의 자료 분석

초판발행 2022년 8월 31일

지은이 Graham R. Gibbs
옮긴이 김종훈·조현희·엄수정
펴낸이 노 현

편 집 김다혜
기획/마케팅 김한유
표지디자인 Ben Story
제 작 고철민·조영환

펴낸곳 ㈜ 피와이메이트
서울특별시 금천구 가산디지털2로 53, 한라시그마밸리 210호(가산동)
등록 2014. 2. 12. 제2018-000080호
전 화 02)733-6771
f a x 02)736-4818
e-mail pys@pybook.co.kr
homepage www.pybook.co.kr
ISBN 979-11-6519-297-6 93370

* 파본은 구입하신 곳에서 교환해 드립니다. 본서의 무단복제행위를 금합니다.
* 역자와 협의하여 인지첩부를 생략합니다.

정 가 19,000원

박영스토리는 박영사와 함께하는 브랜드입니다.